Xiandai Qiche Jiance yu Guzhang Zhenduan

现代汽车检测与故障诊断

（第二版）

刘仲国　主　编
刘　星　刘彧千　唐　蕊　副主编

人民交通出版社股份有限公司
China Communications Press Co.,Ltd.

内 容 提 要

本书对现代汽车故障的类型、检测诊断的方法和最新的仪器设备作了详细的阐述。内容包括现代汽车的故障和诊断方法，以及整车、发动机、底盘、车身、空调系统和电子控制系统的检测与诊断。既介绍了传统汽车检测诊断的基础知识，还着重介绍了电喷发动机、自动变速器、防抱死制动等电子控制系统的检测诊断。

本书为高等学校汽车服务工程专业的教材，也可供交通运输、车辆工程、载运工具运用工程等专业的学生使用，以及从事汽车服务行业和相关工程技术的人员学习参考。

图书在版编目(CIP)数据

现代汽车检测与故障诊断 / 刘仲国主编. —2 版. —北京：人民交通出版社股份有限公司, 2015.6
ISBN 978-7-114-12270-5

Ⅰ.①现… Ⅱ.①刘… Ⅲ.①汽车—故障检测 ②汽车—故障诊断 Ⅳ.①U472.9

中国版本图书馆 CIP 数据核字(2015)第 115110 号

高等学校汽车服务工程专业教材

书　名：	现代汽车检测与故障诊断（第二版）
著 作 者：	刘仲国
责任编辑：	夏　犇
出版发行：	人民交通出版社股份有限公司
地　　址：	(100011)北京市朝阳区安定门外外馆斜街 3 号
网　　址：	http://www.ccpress.com.cn
销售电话：	(010)59757973
总 经 销：	人民交通出版社股份有限公司发行部
经　　销：	各地新华书店
印　　刷：	北京市密东印刷有限公司
开　　本：	787×1092　1/16
印　　张：	16.25
字　　数：	416 千
版　　次：	2006 年 7 月　第 1 版
	2015 年 8 月　第 2 版
印　　次：	2018 年 9 月　第 2 次印刷
书　　号：	ISBN 978-7-114-12270-5
定　　价：	38.00 元

(有印刷、装订质量问题的图书由本公司负责调换)

前言 Qianyan

本书是根据全国高等学校汽车服务工程专业教材编写会议通过的《现代汽车检测与故障诊断》教材编写大纲,并结合目前教学改革的具体情况编写的。该书为21世纪交通版高等学校汽车服务工程专业系列教材之一,也可供交通运输、车辆工程、载运工具运用工程等专业的学生使用。

汽车的维护和修理,依赖于汽车的检测与诊断。随着汽车高新技术的发展和应用,汽车维修的内涵和方式,汽车的检测和诊断技术,也发生着深刻的变化。一般来说,包含有电子控制系统的汽车,称为现代汽车。与传统的汽车维修相比,现代汽车的维修有以下显著的变化:

(1) 从零部件修复工艺到零部件更换。
(2) 从局部性能的恢复到整体性能的恢复。
(3) 从显性故障的排除到隐性故障的排除。
(4) 从机械、电气、液压的单项修复到综合项目的修复。
(5) 从解体诊断和修理到不解体诊断和修理。

现代汽车检测与诊断,是在不解体条件下,确定汽车的技术状况和工作能力,查明故障部位和原因。随着汽车工业的飞速发展,高新技术的广泛应用,电子化程度的不断提高,对汽车检测与诊断的要求也越来越高,其地位也越来越重要。与过去比较,汽车检测与诊断,本身所包含的知识,侧重的内容,涉及的范围,利用的设备以及采取的方法均发生了很大的变化。所以近年来汽车检测和诊断逐渐成为一门独立的学科,成为汽车行业范畴内一个极其重要的分支。从目前应用的情况看,汽车检测与诊断技术,贯穿于汽车运用、汽车维护、汽车修理以及交通安全和环境保护等各个领域,而且起着日益重要的作用。

本书主要介绍现代汽车中各种类型的故障,以及这些故障的诊断和排除方法,并对所涉及的仪器设备和有关的技术标准作出较详尽的介绍。

本书自2006年出版以来,受到高等院校以及汽车行业工人的欢迎和关心,提出不少中肯的意见和建议,在此表示衷心的感谢!

编 者
2015年5月

目录 Mulu

第1章 现代汽车的故障和诊断方法 ……………………………………………… 1
- 1.1 汽车故障的类型 …………………………………………………………… 1
- 1.2 汽车的常见故障 …………………………………………………………… 1
- 1.3 故障的诊断方法 …………………………………………………………… 9
- 1.4 汽车维修企业的检测设备 ………………………………………………… 29
- 1.5 汽车的检测 ………………………………………………………………… 32
- 1.6 检测诊断的相关标准和法规 ……………………………………………… 42

第2章 整车的检测与诊断 …………………………………………………………… 44
- 2.1 整车输出功率的测定 ……………………………………………………… 44
- 2.2 排气污染物的测定 ………………………………………………………… 50
- 2.3 车速表的检验 ……………………………………………………………… 65
- 2.4 噪声的测定 ………………………………………………………………… 68
- 2.5 灯光的检验 ………………………………………………………………… 73
- 2.6 异响的检测与诊断 ………………………………………………………… 79
- 2.7 汽车密封性的检验 ………………………………………………………… 87
- 2.8 汽车外观的检验 …………………………………………………………… 88

第3章 发动机的检测与诊断 ………………………………………………………… 91
- 3.1 发动机功率与油耗的检测与诊断 ………………………………………… 91
- 3.2 发动机汽缸密封性的检测与诊断 ………………………………………… 98
- 3.3 起动系统的检测与诊断 …………………………………………………… 104
- 3.4 点火系的检测与诊断 ……………………………………………………… 106
- 3.5 燃油供给系的检测与诊断 ………………………………………………… 117
- 3.6 润滑系的检测与诊断 ……………………………………………………… 124
- 3.7 冷却系的检测与诊断 ……………………………………………………… 129

第4章 底盘的检测与诊断 …………………………………………………………… 132
- 4.1 传动系的检测与诊断 ……………………………………………………… 132
- 4.2 转向系的检测与诊断 ……………………………………………………… 135
- 4.3 制动系的检测与诊断 ……………………………………………………… 137
- 4.4 行驶系的检测与诊断 ……………………………………………………… 145
- 4.5 轿车车身的定位检验 ……………………………………………………… 161

第5章　空调系统的检测与诊断 ·· 164
5.1　空调系统的工作压力检验 ··· 164
5.2　空调系统的密封性检验 ·· 169
5.3　空调系统的故障检测与诊断 ·· 171
第6章　电子控制系统的检测与诊断 ·· 177
6.1　电子控制发动机系统的检测与诊断 ··· 180
6.2　电子控制自动变速器的检测与诊断 ··· 208
6.3　电子控制防抱死制动和牵引力控制系统的检测与诊断 ····························· 227
6.4　电子控制安全气囊系统的检测与诊断 ·· 232
6.5　汽车电子控制系统的检测诊断设备 ··· 234
参考文献 ·· 251

第1章 现代汽车的故障和诊断方法

1.1 汽车故障的类型

汽车故障是指汽车中的零部件或总成部分或完全地丧失了汽车原设计规定功能的现象。

汽车故障按影响汽车性能的情况分为功能故障和参数故障。功能故障是指汽车不能继续完成本身的功能，如行驶跑偏、转向失灵、发动机无法起动等；参数故障是指汽车的性能参数达不到规定的指标，如发动机功率下降、百公里油耗异常、排放超标等。

汽车故障按造成后果的严重程度又可分为轻微故障、一般故障、严重故障、致命故障。

（1）轻微故障。一般不会导致汽车停车或性能下降，不需要更换零件，用随车工具作适当调整即可排除，如气门脚响、点火不正时、喷油不正时、怠速过高等。

（2）一般故障。导致汽车停车或性能下降，但一般不会导致主要部件和总成的严重损坏，可更换易损零件或用随车工具在短时间内排除，如来油不畅、滤清器堵塞、个别传感器损坏等。

（3）严重故障。可能导致主要零件的严重损坏，必须停驶，并且不能用更换零件或用随车工具在短时间内排除，如发动机拉缸、抱轴、烧瓦、汽缸裂纹等。

（4）致命故障。可能引起车毁人亡的恶性重大事故，如柴油车飞车、连杆螺栓断裂、活塞碎裂、制动系统失效等。

汽车故障按发生的频率又可分为间歇性故障、持续性故障、突发性故障和渐发性故障几种。

1.2 汽车的常见故障

现代汽车的故障由于其构造的复杂性，呈现的征兆往往是形形色色、变化多样，其常见的故障可以归纳为以下诸多方面。

1. 曲柄连杆机构故障

汽缸垫烧穿或冲毁；

连杆轴承响；

活塞销响；

活塞敲缸响；

活塞环响；

积炭敲缸响；

曲轴主轴承响；

拉缸响；

汽缸窜气响。

2. 配气机构故障

气门脚响；

凸轮轴响；

正时齿轮响；

活塞顶碰气门响；

气门座圈响；

气门弹簧响；

气门挺柱响；

液压挺柱的"泵起"和噪声；

正时链轮响；

气门密封不良；

配气正时不当。

3. 润滑系故障

机油泵故障；

过滤式机油滤清器堵塞；

离心式机油滤清器故障；

机油变质；

机油消耗过多；

曲轴主轴承、连杆轴承烧毁；

发动机运转过程中油压突然下降或升高；

机油压力过低；

机油压力过高；

离心式机油滤清器不工作。

4. 冷却系故障

水泵漏水；

散热器结垢；

散热器漏水；

风扇摆头；

风扇硅油离合器不工作；

冷却液量足而发动机过热；

冷却液量不足引起发动机过热；

发动机在运行中突然过热；

冷却系"过冷"，冷却液温度过低；

冷却液消耗过快；

水泵泵水能力下降；

冷却系统腐蚀严重。

5. 汽油机燃油供给系故障

晶体管电动汽油泵故障；

膜片式汽油泵故障；
化油器回火；
管道油压过低或过高；
混合气过稀；
混合气过浓；
无怠速；
怠速过高；
怠速不稳；
加速不良；
切断点火开关，发动机仍不熄火；
不来油或来油不畅；
气阻；
中、高速不良；
发动机过热；
爆燃、早燃；
汽油机排气冒蓝烟；
汽油机排气冒黑烟；
汽油机排气冒灰色或白色烟雾；
发动机动力不足；
发动机无法起动或起动困难；
发动机在行驶中熄火。

6. 柴油机燃油供给系故障
雾化不良；
针阀卡住；
喷油压力过低；
喷油压力过高；
喷油器喷油很少或不喷油；
喷油器不能迅速断油；
喷油泵不供油；
喷油泵供油量过少；
喷油泵供油量过多；
各缸喷油泵供油不均匀；
供油泵供油时间过早；
供油泵供油时间过迟；
各缸喷油泵供油时间不一致；
无怠速或怠速不良；
调速不稳定；
调速器飞车；
发动机难以起动，排气管不排烟——低压油路故障；
发动机难以起动，排气管不冒烟——高压油路故障；

发动机难以起动,排气管排出大量白烟;
发动机难以起动,起动时排气管排出灰白烟;
发动机难以起动,排气管排出大量黑烟;
发动机运转不均匀,排气管排白烟;
发动机运转不均匀,排气管排黑烟;
游车;
柴油机工作粗暴;
超速。

7. 电子燃油喷射系统(EFI)故障

蓄电池+B(BATT)与发动机搭铁(E1)间无电压;
EFI 主继电器(+B 或+BI)与发动机搭铁(E1)间无电压;
节气门位置传感器(IDL)与发动机搭铁(E1)间无电压;
节气门位置传感器(PSW)与发动机搭铁(E1)间无电压;
点火器(IGT)与发动机搭铁(E1)间无电压;
点火开关(STA)与发动机搭铁(E1)间无电压;
喷射器与发动机搭铁(EO1)或喷射器搭铁(EO2)间无电压;
"CHECK ENGINE"警告灯与发动机搭铁(E1)间无电压;
压力传感器(PIM)与传感器搭铁(E2 或 E21)间无电压;
压力传感器(VCC)与传感器搭铁(E2 或 E21)间无电压;
空气温度传感器(THA)与传感器搭铁(E2 或 E21)间无电压;
冷却液温度传感器(THW)与传感器搭铁(E2 或 E21)间无电压;
燃油泵不能工作;
冷起动喷油器故障;
喷油器的故障;
进排气系统漏气或堵塞;
EFI 主继电器的检查;
开路继电器的检查;
起动喷油器热限时开关的检查;
冷却水温度传感器的检查;
压力传感器的检查;
进气温度传感器的检查;
氧传感器的检查;
电子控制器(ECU)的检查;
发动机不能起动或起动困难(发动机不转或转动缓慢);
发动机不能起动或起动困难(起动后转动正常);
发动机经常熄火;
发动机有时熄火;
发动机怠速不良或失效;
发动机怠速过高;
发动机后燃(混合气过稀);

消声器爆燃(后燃)——混合气过浓；

发动机喘气、加速不良。

8. 离合器、变速器故障

离合器打滑；

离合器分离不彻底；

离合器异响；

离合器抖动；

变速器无输出动力；

变速器换挡困难；

变速器乱挡；

变速器异响；

变速器跳挡；

变速器漏油；

自动变速器无输出动力；

自动变速器不能自动换挡；

离合器油压过低；

离合器摩擦片烧蚀；

强制降挡失灵；

工作油液温度过高。

9. 万向传动装置故障

汽车起步时有撞击声,行驶中始终有异响；

起步时无异响,行驶中有异响；

行驶中有异声,并伴随车身发抖。

10. 驱动桥故障

驱动桥异响；

驱动桥发烫；

漏油。

11. 行驶系故障

汽车行驶跑偏；

汽车行驶侧滑；

低速摆振；

高速摆振；

减振器故障；

悬架弹簧故障。

12. 转向系故障

转向沉重；

单边转向不足；

转向盘不稳；

转向不能回正；

无液压助力。

13. 气压制动系故障
制动气压不足；
气压制动失效；
气压制动反应迟缓；
制动拖滞；
气压制动跑偏。

14. 液压制动系故障
液压制动失效；
液压制动跑偏；
制动反应迟缓；
制动拖滞。

15. 自动防抱死系统(ABS)故障
ABS 制动失效；
ABS 自诊断警示灯显示常亮；
轮速传感器故障；
ABS 执行器故障。

16. 蓄电池故障
极板硫化；
自放电；
极板活性物质大量脱落；
内部短路；
电解液损耗过快；
容量降低；
充不进电。

17. 发电机故障
不发电；
输出电流过小；
输出电流过大；
输出电流不稳。

18. 充电系故障
不充电；
充电电流过小；
充电电流过大；
充电电流不稳。

19. 蓄电池点火系故障
点火线圈无高电压输出；
点火开关复位时，发动机才能发动；
点火线圈附加热敏电阻发红；
点火开关的点火引线烧坏；
点火开关旋至预热"Y"挡时，预热指示器立即发热，甚至烧断；

电容器短路、断路、漏电和击穿；
火花塞故障；
断电器触点的故障；
发动机难以起动——低压电路短路；
发动机难以起动——大电流放电；
发动机难以起动——高压电路故障；
发动机难以起动——高低压电路综合故障；
发动机动力不足。

20．电子点火系故障

汽车行驶中，发动机缺火或熄火；
高压点火电路故障；
低压点火电路故障；
曲轴位置传感器故障。

21．起动系故障

起动机不转；
发动机运转无力；
起动机电磁开关引线烧坏；
起动机电磁开关有吸合声，但起动机不转；
起动机空转；
起动机运转不止。

22．仪表故障

仪表均不工作；
油量表指针总是指在1位置；
冷却液温度表指针总是指在100℃以上位置不动；
机油压力报警指示灯不亮；
机油压力报警指示灯不熄灭；
油量表指针总是指在0以上位置；
油量表指针总是指在0位置上；
发动机转速表指示不正常；
车速表指示不正常；
冷却液温度表指针指在40℃以下位置不动；
冷却液温度表指针总是指在40~80℃之间。

23．制动信号灯电路故障

制动信号灯不熄灭；
踩下制动器踏板时，熔丝即熔断；
制动信号灯不亮；
制动信号灯熔丝易熔断。

24．制动真空增压器真空报警电路故障

蜂鸣器不响；
蜂鸣器长鸣；

蜂鸣器经常鸣叫。

25．倒车信号灯电路故障

倒车信号灯不亮；

倒车信号灯不能熄灭；

挂倒车挡时，车灯熔丝即熔断；

倒车挡挂不进去。

26．转向信号灯电路故障

转向灯不亮；

后转向灯一边不亮；

前转向灯一边不亮；

转向灯开关至左边或右边时，熔丝即熔断；

转向灯能亮但不能闪烁；

左、右转向灯的闪烁频率不等。

27．电喇叭电路故障

电喇叭不响；

电喇叭长鸣；

电喇叭的熔丝易熔断；

按下电喇叭按钮，熔丝即熔断；

按下电喇叭按钮时，灯光亮度变暗；

电喇叭音质不好。

28．照明灯电路故障

车灯开关至小灯挡位置时，熔丝即熔断；

行车时开小灯，车灯熔丝极易熔断；

雾灯不亮；

车灯开关旋至雾灯挡时，车灯熔丝即熔断；

前照灯近光、远光都不亮；

尾灯不亮；

前照灯无近光；

前照灯远光"稳"不住；

前小灯不亮；

前照灯远光有一边不能关闭；

前照灯无远光；

前照光近光时，某一边的近、远光灯微亮，另一边正常。

29．空调系统故障

不制冷；

断断续续地有冷风吹出；

高速时冷气量有限；

冷气风量不足。

30．风窗玻璃刮水器故障

刮水器电动机不工作；

刮水器电动机无低速；

刮水器电动机无高速；

刮水器雨刷片不能自动复位；

刮水器电动机不停止运转；

刮水器高速或低速运转时无力；

刮水器控制开关电源接通后,熔丝随即熔断；

刮水器电动机运转时噪声过大。

31. 汽车风窗玻璃洗涤器故障

洗涤器电动机不转；

洗涤器电动机运转,但不喷水；

洗涤器喷水无力；

按下洗涤器按钮,熔丝随即熔断。

1.3 故障的诊断方法

在汽车的使用过程中,故障现象错综复杂。一种故障现象,可能是由多种原因引起的；而某一原因,又可能引发多种故障现象。如何科学、准确地对故障现象进行分析,确诊造成故障的真正原因,是目前汽车维修中最受关注的课题之一。

传统的汽车故障诊断是建立在人工经验检查的基础上。所以主要依赖于人工观察、推理分析和逻辑判断,经常要结合解体作业的修理,强调零部件的修复。虽然也借助一些仪器设备进行检测,但这种方法对于现代汽车,尤其是一台有几千个零件和复杂电子线路的轿车来说,显然是力不从心了。现代汽车故障诊断通过高新技术的仪器设备,充分利用电子控制技术的特点,对汽车故障作出科学、准确的诊断,从而大大提高了汽车维修的快捷程度和可靠程度。所以,要作出科学的诊断,必须要选择好诊断的方法,同时对诊断的周期、诊断的参数、诊断的标准等有充分的了解。

目前汽车故障诊断可归纳为以下 5 种方法。

1. 经验诊断法

传统的经验诊断法是依靠人工的观察和感觉,根据汽车在工作中表现出来的外部异常状况,采用逻辑推断的方法,来诊断故障的类型和部位,所以也被称为故障树法或诊断表法。但是这种方法必须依赖于维修人员长期积累的经验和反复观察,既烦琐又不准确,常常会出现误诊和延误。

图 1-1 为汽车制动跑偏的经验诊断法(故障树)框图。

2. 检测诊断法

利用各种传统的检测仪器和设备获取汽车的各种数据,并根据这些数据来判断汽车的技术状况,称为检测诊断法。目前可供利用的仪器设备有：万用表、点火正时灯、缸压表、真空表、油压表、声级计、流量计、油耗仪、示波仪、汽缸漏气量检测仪、曲轴箱窜气量检测仪、气体分析仪、烟度计以及功能比较齐全的测功机、四轮定位仪、制动试验台、侧滑试验台、发动机综合检测仪、底盘测功机等。这些仪器设备为汽车检测提供了可靠的依据,使汽车故障诊断从定性诊断发展为定量诊断。

表 1-1 为主要检测仪器设备的介绍。

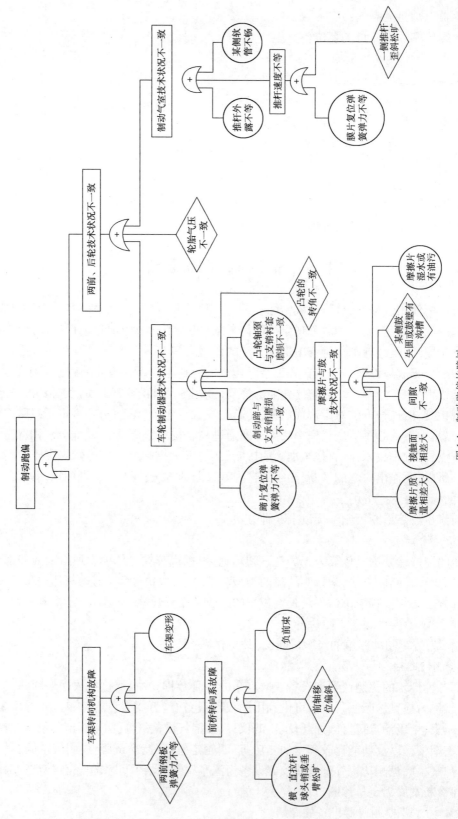

图 1-1 制动跑偏故障树

主要检测仪器设备介绍 表 1-1

名称	型号	用途	主要参数	结构特点	生产厂家
制动试验台	BT-151D-A	检测左、右车轮的制动力及差值	最大轴载质量:1 500kg 可测车轮最大制动力:5kN 外形尺寸(mm):1 030×680×306	指示表头为一轴两针式,有两个量程,从低量程至高量程可自动转换	日本弥荣工业株式会社
	BT-303D-A	检测左、右车轮的制动力及差值	最大轴载质量:3 000kg 可测车轮最大制动力:10kN 外形尺寸(mm):1 435×750×400	指示表头为一轴两针式,有两个量程,从低量程至高量程可自动转换	日本弥荣工业株式会社
	BT-1010D-A	用于检测大中型载重汽车左、右车轮的制动力及差值	最大轴载质量:10 000kg 可测车轮最大制动力:30kN 外形尺寸(mm):1 650×770×660	指示表头为一轴两针式,有两个量程,从低量程至高量程可自动转换	日本弥荣工业株式会社
	BBT-102A	检测左、右车轮的制动力及差值	最大轴载质量:3 000kg 可测车轮最大制动力:10kN 外形尺寸(mm)(长×宽):1 470×707	反力滚筒式,防滑槽滚筒;指针指示;气压升降台;弹簧自整角机测力系统	日本万岁株式会社
	BBT-204A	检测左、右车轮的制动力及差值	最大轴载质量:6 000kg 可测车轮最大制动力:20kN 外形尺寸(mm)(长×宽):1 720×815	反力滚筒式,防滑槽滚筒;指针指示;气压升降台;弹簧自整角机测力系统	日本万岁株式会社
	BBT-306A	检测左、右车轮的制动力及差值	最大轴载质量:10 000kg 可测车轮最大制动力:30kN 外形尺寸(mm)(长×宽):1 976×950	反力滚筒式,防滑槽滚筒;指针指示;气压升降台;弹簧自整角机测力系统	日本万岁株式会社
	1.3RS 1.5RS 1/3 1/16	检测汽车左、右车轮的制动力及其和、差值	最大轴载质量:30kN,50kN,160kN,160kN 可测车轮最大制动力:6kN,12kN,30kN,40kN	反力滚筒式,塑料及金刚砂涂层滚筒,大指针式指示;配踏板压力计和绘图仪,智能电脑操控	德国霍夫曼公司
	FZ-1.5	检验单桥驱动的微型及轻型汽车制动性能。能测左、右轮的最大制动力及制动力差值	最大轴载质量:1 500kg 可测车轮最大制动力:5kN 外形尺寸(mm):1 100×600×475	双滚筒电动机驱动,防滑槽滚筒表面;气压升降板;能绘制左、右轮制动力—时间关系曲线	成都汽车保修机械厂

续上表

名称	型号	用途	主要参数	结构特点	生产厂家
制动试验台	FZ-10B	检验单桥驱动的微型及轻型汽车制动性能。能测左、右轮的最大制动力及制动力差值	最大轴载质量:10 000kg 可测车轮最大制动力:32.5kN 外形尺寸(mm):4 500×940×680	同上外,具有RS-232C或BCD码输出接口	成都汽车保修机械厂
	CB-1010D-A	检验单桥驱动的微型及轻型汽车制动性能。能测左、右轮的最大制动力及制动力差值	可测车轮最大制动力:30kN 其余同上	引进日本弥荣工业及精机株式会社技术制造,其余同上	成都汽车保修机械厂
	FZZ-10	可分别测试汽车左、右轮的质量,最大制动力及左、右轮最大制动力的和与差,制动力的过程差	最大轴载质量:10 000kg 可测车轮最大制动力:32.5kN 外形尺寸(mm):4 600×970×580	双滚筒电动机驱动,防滑槽滚筒表面,气压升降板、电子称重;具有判定测试结果及打印输出等功能	成都汽车保修机械厂
	ZD-3000C	可同时对同一轴上的左、右两个车轮进行测量,并显示其制动力大小,制动力和及差,制动时间等参数	最大轴载质量:3 000kg 可测车轮最大制动力:10kN 外形尺寸(mm):1 580×780×580	双滚筒电动机驱动,防滑槽滚筒表面;气压升降板、压力传感器,有通信接口	肇庆车辆检测设备厂,华南理工大学
	ZD-6000C	可同时对同一轴上的左、右两个车轮进行测量,并显示其制动力大小,制动力和及差,制动时间等参数	最大轴载质量:6 000kg 可测车轮最大制动力:20kN 外形尺寸(mm):1 690×820×580	双滚筒电动机驱动,防滑槽滚筒表面;气压升降板、压力传感器,有通信接口	肇庆车辆检测设备厂,华南理工大学
	ZD-1000C	可同时对同一轴上的左、右两个车轮进行测量,并显示其制动力大小,制动力和及差,制动时间等参数	最大轴载质量:10 000kg 可测车轮最大制动力:30kN 外形尺寸(mm):2 008×970×770	双滚筒电动机驱动,防滑槽滚筒表面;气压升降板、压力传感器,有通信接口	肇庆车辆检测设备厂,华南理工大学
	ZD-10	同时可测同轴上的左、右车轮制动力大小,制动力和及差,制动协调时间,并显示这些参数,配绘图仪,能绘制制动过程曲线	最大轴载质量:10 000kg 可测车轮最大制动力:40kN 外形尺寸(mm):1 260×3 475×413	粘砂滚筒;配有第三滚筒停机装置;高精度传感器;大尺寸码数字显示智能仪表;具有模拟量、数字量输出接口	深圳汽车测试公司

续上表

名称	型号	用途	主要参数	结构特点	生产厂家
制动试验台	SXFB-II	检测左、右车轮制动力大小，制动力和及差、制动协调时间，可打印制动力与时间关系曲线	最大轴载质量：3 000kg，6 000kg，10 000kg 可测车轮最大制动力：9kN，18kN，30kN	双滚筒电动机驱动，防滑槽滚筒表面；压力传感器气动升降台；软件处理能实时关机，自动扣除放大器零点电压，不受温度源的影响；有串行通信接口；数字显示测量结果	西安汽车保修设备厂
	ZDT3 ZDT6 ZDT10	测汽车轴重，车轮制动力及其左、右轮和、差值，轴荷百分比值	最大轴载质量：3kg，6kg，10kg 可测车轮最大制动力：10.5kN，21kN，35kN 外形尺寸(mm)：4 070×1 190×485 4 250×1 190×485	是能测轴荷、制动力的综合试验台结构，数字显示，打印结果，防滑槽滚筒表面，气动升降台，有通信接口	武汉汽车测试设备研究所
	SGS3 SGS6 SGS10	测汽车轴重，制动力和车速表误差	最大轴载质量：3kg，6kg，10kg 可测车轮最大制动力：10.5kN，21kN，35kN 外形尺寸(mm)：2 900×1 050×900 4 250×1 850×1 000 5 000×1 900×1 050	能测轴重、制动力和车速表误差的综合试验台结构，其余同上	武汉汽车测试设备研究所
	FQZ-II	可同时测量和显示同一轴上的左、右两个车轮的制动力大小，制动力和及差、制动协调时间	最大轴载质量：10 000kg 可测车轮最大制动力：39kN 外形尺寸(mm)：3 820×1 040×588	双滚筒电动机驱动，镀铬防滑槽滚筒表面；气压升降板，压力传感器，数字显示	武安交通安全设备厂
	FQZ-III	可同时测量和显示同一轴上左、右两个车轮的制动力大小，制动力和及差、制动协调时间	最大轴载质量：10 000kg 可测车轮最大制动力：39kN 外形尺寸(mm)：3 790×1 330×993	滚筒轴距可调，其余同上	武安交通安全设备厂
	KNZD-10	用于评价汽车制动性能，检测左、右两个车轮的最大制动力，左、右轮制动协调时间及制动器拖滞力	最大轴载质量：10 000kg 可测车轮最大制动力：30kN 外形尺寸(mm)：4 200×950×700	防滑槽双滚筒；气压升降台，电子计算机控制，测试部分及显示部分均采用程序控制；具有数字显示和打印输出，并配有与全自动检测系统的联机接口	西安开恩汽车检测保修设备开发公司
	KNZD-6	用于评价汽车制动性能，检测左、右两个车轮的最大制动力，左、右轮制动协调时间及制动器拖滞力	最大轴载质量：6 000kg 可测车轮最大制动力：18kN 外形尺寸(mm)：4 050×950×700	防滑槽双滚筒；气压升降台，电子计算机控制，测试部分及显示部分均采用程序控制；具有数字显示和打印输出，并配有与全自动检测系统的联机接口	西安开恩汽车检测保修设备开发公司

续上表

名称	型号	用途	主要参数	结构特点	生产厂家
车速表试验台	SMT-200	检测车速表的指示误差	最大轴载质量:2 000kg 测速范围:0~120km/h 外形尺寸(mm):2 340×700×220	速度表指示表头为指针式,且有40km/h、80km/h两个控制点(蜂鸣器报警)	日本弥荣工业株式会社
	SMT-301	检测车速表的指示误差	最大轴载质量:3 000kg 测速范围:0~120km/h 外形尺寸(mm):2 850×820×267	速度表指示表头为指针式,且有40km/h、80km/h两个控制点(蜂鸣器报警)	日本弥荣工业株式会社
	SMT-1000	检测车速表的指示误差	最大轴载质量:10 000kg 测速范围:0~120km/h 外形尺寸(mm):3 230×900×200	速度表指示表头为指针式,且有40km/h、80km/h两个控制点(蜂鸣器报警)	日本弥荣工业株式会社
	SMT-220	检测车速表的指示误差	最大轴载质量:2 000kg 测速范围:0~160km/h 外形尺寸(mm):2 430×1 100×455	速度表指示表头为指针式,且有40km/h、80km/h两个控制点(蜂鸣器报警)	日本弥荣工业株式会社
	SMT-320	检测车速表的指示误差	最大轴载质量:3 000kg 测速范围:0~160km/h 外形尺寸(mm):2 840×1 100×465	速度表指示表头为指针式,且有40km/h、80km/h两个控制点(蜂鸣器报警)	日本弥荣工业株式会社
	SMT-1020	检测车速表的指示误差	最大轴载质量:10 000kg 测速范围:0~160km/h 外形尺寸(mm):3 290×1 250×465	速度表指示表头为指针式,且有40km/h、80km/h两个控制点(蜂鸣器报警)	日本弥荣工业株式会社
	SM-75	检测车速表的指示误差	最大轴载质量:1 500kg 测速范围:0~120km/h 外形尺寸(mm):2 400×700×417	速度表指示表头为指针式,且有40km/h、80km/h两个控制点(蜂鸣器报警)	日本万岁株式会社
	SM150-2	检测车速表的指示误差	最大轴载质量:3 000kg 测速范围:0~120km/h 外形尺寸(mm):2 820×810×432	速度表指示表头为指针式,且有40km/h、80km/h两个控制点(蜂鸣器报警)	日本万岁株式会社
	SM500-2	检测车速表的指示误差	最大轴载质量:10 000kg 测速范围:0~120km/h 外形尺寸(mm):3 550×900×634	速度表指示表头为指针式,且有40km/h、80km/h两个控制点(蜂鸣器报警)	日本万岁株式会社
	SST-100	检测车速表的指示误差	最大轴载质量:2 000kg 测速范围:0~120km/h 安装面积(mm^2):2 900×1 100	试验台设有驱动装置,其余同上	日本安全自动车株式会社
	SST-300	检测车速表的指示误差	最大轴载质量:3 000kg 测速范围:0~120km/h 安装面积(mm^2):3 100×1 100	试验台设有驱动装置,其余同上	日本安全自动车株式会社

续上表

名称	型号	用途	主要参数	结构特点	生产厂家
车速表试验台	SST-500	检测车速表的指示误差	最大轴载质量:10 000kg 测速范围:0~120km/h 安装面积(mm²):3 600×1 200	除未设驱动装置外,其余同上	日本安全自动车株式会社
	CSM-1000	模拟汽车在行驶状态下检验汽车的车速表的指示误差	最大轴载质量:10 000kg 测速范围:0~120km/h 外形尺寸(mm):3 130×900×200	汽车驱动轮带动滚筒旋转,系标准型结构;有气压升降台,指针指示	成都汽车保修机械厂
	SB-10A	模拟汽车在行驶状态下检验汽车的车速表的指示误差	最大轴载质量:10 000kg 测速范围:0~120km/h 外形尺寸(mm):3 230×900×630	数字显示配打印装置,具有 RS-232C 或 BCD 码输出接口,其余同上	成都汽车保修机械厂
	SB-1.5	模拟汽车在行驶状态下检验汽车的车速表的指示误差	最大轴载质量:1 500kg 测速范围:0~120km/h	指针显示带数据打印,气动举升器与柔性制动装置联动,有蜂鸣器和指示灯报警,有电气保护装置对举升汽缸自锁	成都汽车保修机械厂
	KNSD-6	模拟汽车在行驶状态下检验汽车的车速表的指示误差	最大轴载质量:6 000kg 可测车速:40km/h、80km/h 外形尺寸(mm):3 130×900×250	汽车驱动轮带动滚筒旋转,系标准型结构,单板机控制,智能化显示仪表,有数据打印输出,配有全自动检测系统接口	西安开恩汽车检测保修设备开发公司
	KNSD-10	模拟汽车在行驶状态下检验汽车的车速表的指示误差	最大轴载质量:10 000kg 测速范围:0~120km/h 外形尺寸(mm):3 130×900×250	汽车驱动轮带动滚筒旋转,系标准型结构;单板机控制,智能化显示仪表,有数据打印输出,配有全自动检测系统接口	西安开恩汽车检测保修设备开发公司
	CS-3000C CS-6000C CS-10000C	模拟车辆实际运行状态,测量车速表的指示误差及指针偏转状态	最大轴载质量:3 000kg, 6 000kg, 10 000kg 测速范围:0~120km/h 外形尺寸(mm):2 700×760×610 2 950×820×660 3 338×880×660	数字显示,气压升降台,双滚筒车辆驱动旋转,标准型结构,有通信接口	肇庆车辆设备厂、华南理工大学
	XSD-10	用于检测轴重为 10t 以下汽车的车速表指示误差	最大轴载质量:10 000kg 测速范围:0~120km/h 外形尺寸(mm):3 220×880×225	仪器由单片微机控制,大数码管显示,可直接显示汽车行驶车速。仪表中设有模拟量输出接口和串行数据通信接口,便于配接中央控制计算机,组成全自动安全检测线	西安公路学院汽车运输技术开发社

续上表

名称	型号	用途	主要参数	结构特点	生产厂家
车速表试验台	TQS-10II TQS-10III	检验车速表误差	最大轴载质量:10 000kg 测速范围:0~120km/h 外形尺寸(mm):3 640×920×945 3 640×1 027×810	数字显示,气压升降台,双滚筒标准式结构,滚筒表面拉槽镀铬,有信号输出接口	武安交通安全设备厂
	CS-10	用于检测在行驶状态下汽车车速表误差	最大轴载质量:10 000kg 测速范围:0~120km/h 外形尺寸(mm):898×3 400×480	双滚筒标准式,高精度霍尔传感器,大尺码数字显示,有记忆功能,气动举升器,设测量点鸣响提示及无线遥控开关,有远距离信号输出接口	深圳汽车测试公司
	CST-3 CST-6	检测车速表误差	最大轴载质量:3kg,6kg,10kg 测速范围:0~120km/h 外形尺寸(mm):3 300×1 048×536	双滚筒标准式,有气动升降台,数字显示,备通用接口	武汉汽车测试设备研究所
	SXST-1	用于检测车速表误差	最大轴载质量:7 000kg 测速范围:0~100km/h	双滚筒标准式,数字显示和打印车速实测值、误差值、误差百分比及判定合格与否,有不合格音响器,自带标准频率信号能自校,有通用接口,机械螺旋举升器	西安汽车保修机械厂
侧滑试验台	SST-155	检测前轮的侧滑量和侧滑方向	最大轴载质量:1 500kg 测量范围:0~±10m/km 轮距范围:830~1 630mm 外形尺寸(mm):2 690×585×125	机械式,指示表头为指针式,指针至刻度5时有蜂鸣器和灯发出信号	日本弥荣工业株式会社
	SST-305	检测前轮的侧滑量和侧滑方向	最大轴载质量:3 000kg 测量范围:0~±10m/km 轮距范围:880~1 880mm 外形尺寸(mm):2 980×605×177	机械式,指示表头为指针式,指针至刻度5时有蜂鸣器和灯发出信号	日本弥荣工业株式会社
	SST-1050	检测前轮的侧滑量和侧滑方向	最大轴载质量:10 000kg 测量范围:0~±10m/km 轮距范围:1 100~2 300mm 外形尺寸(mm):3 630×605×177	机械式,指示表头为指针式,指针至刻度5时有蜂鸣器和灯发出信号	日本弥荣工业株式会社

续上表

名称	型号	用途	主要参数	结构特点	生产厂家
侧滑试验台	ST-750 ST-1500A ST-3000	检测前轮的侧滑量和侧滑方向	最大轴载质量:1 500kg,3 000kg,6 000kg 测量范围:0~±8m/km 安装面积(mm^2):2 800×600 3 500×610 3 500×610	机械式,指示表头为指针式,指针至刻度5时有蜂鸣器和灯发出信号	日本安全自动车株式会社
	ST-750E ST-1500AE ST-3000E	检测前轮的侧滑量和侧滑方向	最大轴载质量:1 500kg,3 000kg,6 000kg 测量范围:0~±8m/km 安装面积(mm^2):2 800×600 3 500×610 3 500×610	电气式,其余同上	日本安全自动车株式会社
	ST-5000E	检测前轮的侧滑量和侧滑方向	最大轴载质量:10 000kg 测量范围:0~±8m/km 轮距:1 500mm 侧滑板尺寸(mm):500×850	定性及定量显示,声光报警,双板结构	日本安全自动车株式会社
	IM2250	用于测定轻、重型汽车在运行中的侧滑量,从而测定车轮前束、外倾以及后桥变形程度	最大轴载质量:10 000kg 测量范围:0~±10m/km 轮距范围:730~2 430mm 侧滑板尺寸(mm):800×500	定性及定量显示,声光报警,双板结构	[日本] NISSAN MOTOR SALES Ltd
	CH-1.5	用于汽车动态前轮定位的检测,可以检测汽车在运动中所产生的侧滑量,从而测出车轮的前束、外倾角和后桥是否变形	最大轴载质量:1 500kg 测量范围:0~±10m/km 两滑板中心距:1 230mm 滑板尺寸(mm):500×600	双板式结构,指针显示,打印输出,具有极限超越报警	成都汽车保修机械厂
	CH-10A	用于汽车动态前轮定位的检测,可以检测汽车在运动中所产生的侧滑量,从而测出车轮的前束、外倾角和后桥是否变形	最大轴载质量:10 000kg 测量范围:0~±10m/km 轮距范围:860~2 225mm 外形尺寸(mm):2 930×606×163	双板移动式结构,测量显示系统采用差动式变压器传感和数字显示,具有极性判断,峰值保留,可调式极限超越报警,BCD码输出及打印等	成都汽车保修机械厂

续上表

名称	型号	用途	主要参数	结构特点	生产厂家
侧滑试验台	CH-10Z	用于汽车动态前轮定位的检测,可以检测汽车在运动中所产生的侧滑量,从而测出车轮的前束、外倾角和后桥是否变形	最大轴载质量:10 000kg 测量范围:0~±10m/km 轮距范围:860~2 225mm 外形尺寸(mm):2 930×1 106×168	双板移动式结构,位移传感器和数字显示,具有极性判断,峰值保留,可调式极限超越报警,BCD码输出及打印	成都汽车保修机械厂
侧滑试验台	CSS-1050B	用于汽车动态前轮定位的检测,可以检测汽车在运动中所产生的侧滑量,从而测出车轮的前束、外倾角和后桥是否变形	最大轴载质量:10 000kg 测量范围:0~±10m/km 轮距范围:860~2 225mm 外形尺寸(mm):2 930×600×163	引进日本弥荣工业及精机株式会社技术制造。双板联动式结构,测量显示系统采用差动式变压器传感和指针显示,具有声光报警系统能打印数据	成都汽车保修机械厂
侧滑试验台	XCH-10	检测汽车运行中前轮的侧滑量及侧滑方向,从而判断车轮定位是否正确及车轴有无变形	最大轴载质量:10 000kg 测量范围:0~±10m/km 滑板尺寸:1 000×500mm 外形尺寸(mm):2 930×606×153	采用高精度位移传感器,数码显示,单片微机控制,具有极性判别,峰值保留和可调式极限报警装置	西安公路学院汽车运输技术开发社
侧滑试验台	CH-3000C	检测汽车运行中前轮的侧滑量及侧滑方向	最大轴载质量:3 000kg 测量范围:0~±10m/km 轮距范围:750~2 450mm 滑板尺寸(mm):775×500	采用单滑板独立显示,微处理机式仪表,高精度位移传感器,留有通信接口	肇庆车辆检测设备厂,华南理工大学
侧滑试验台	CH-6000C CH-10000C	检测汽车运行中前轮的侧滑量及侧滑方向	最大轴载质量:6 000kg,10 000kg 测量范围:0~±10m/km 轮距范围:750~2 450mm 滑板尺寸(mm):850×500	采用单滑板独立显示,微处理机式仪表,高精度位移传感器,留有通信接口	肇庆车辆检测设备厂,华南理工大学
侧滑试验台	KNCH-6 KNCH-10	检测汽车行驶时产生的侧滑量及侧滑方向	最大轴载质量:6 000kg,10 000kg 测量范围:0~±12m/km 滑板尺寸(mm):1 000×500 外形尺寸(mm):2 850×580×160 2 930×600×160	双板式,高精度传感器,具有极性判别,峰值保留功能,以及BCD码输出、数字显示与打印功能	西安开恩汽车检测保修设备开发公司

续上表

名称	型号	用途	主要参数	结构特点	生产厂家
侧滑试验台	CH-10	检测汽车行驶时产生的侧滑量及侧滑方向	最大轴载质量:10 000kg 测量范围:0~±10m/km 滑板尺寸(mm):500×10 000 外形尺寸(mm):610×3 100×172	双滑板结构,高精度位移传感器和大尺寸数字式显示,能调节峰值显示保留时间,具有极性判断超限报警功能,有远距离信号输出接口	深圳市汽车测试公司
侧滑试验台	CHT1.5 CHT3	用于检测前轮的前束与外倾角配合是否合适	最大轴载质量:1 500kg,3 000kg 测量范围:0~±9.9m/km 轮距范围:800~1 800mm 900~2 100mm 外形尺寸(mm):2 100×606×140 2 520×606×140	数字显示,蜂鸣器及字符闪烁报警,配打印机,有通信接口	武汉汽车测试设备研究所
侧滑试验台	CHT6 CHT10	用于检测前轮的前束与外倾角配合是否合适	最大轴载质量:6 000kg,10 000kg 测量范围:0~±9.9m/km 轮距范围:1 000~2 500mm 1 100~2 800mm 外形尺寸(mm):2 820×606×140 3 280×606×140	数字显示,蜂鸣器及字符闪烁报警,配打印机,有通信接口	武汉汽车测试设备研究所
侧滑试验台	SXHJ-1	用于检测汽车前轮的侧滑量及侧滑方向	最大轴载质量:10 000kg 测量范围:0~±10m/km 滑板尺寸(mm):1 000×500 外形尺寸(mm):2 950×606×163	自动识别车辆上、下台,峰值自动保持,数字显示,声光报警带打印,具有BCD码输出通信接口,双板结构	西安汽车保修机械厂
侧滑试验台	BQCH-10Ⅱ BQCH-10Ⅲ	用于检测汽车行驶时的侧滑量及侧滑方向	最大轴载质量:10 000kg 测量范围:0~±10m/km 轮距范围:800~2 600mm 外形尺寸(mm):3 100×800×212 3 132×1 326×212	有声光报警系统,自动数字显示测量结果,有微型打印机及BCD码输出有通信接口	武安市交通安全设备厂
前照灯检验仪	ALT-300	检测前照灯的发光强度和光轴偏斜量	测光强度:0~40 000cd 检测距离:3 000mm 光轴测量范围: 垂直方向:上1°30′~下2°30′ 水平方向:左2°30′~右2°30′ 外形尺寸(mm):800×635×1 820	自动追踪光轴式,指针指示	日本弥荣工业株式会社
前照灯检验仪	ALT-301	检测前照灯的发光强度和光轴偏斜量	测光强度:0~45 000cd 检测距离:3 000mm 光轴测量范围: 垂直方向:上1°30′~下2°30′ 水平方向:左2°30′~右2°30′ 外形尺寸(mm):760×650×1 680	自动追踪光轴式,指针指示	日本弥荣工业株式会社

续上表

名称	型号	用途	主要参数	结构特点	生产厂家
前照灯检验仪	THL-1S	检测前照灯的发光强度和光轴偏斜量	测光强度:0~40 000cd 检测距离:1 000mm 光轴测量范围: 垂直方向:上1°~下2° 水平方向:左2°~右2° 外形尺寸(mm):500×660×1 760	聚光式	日本弥荣工业株式会社
	HT-300	检测前照灯的发光强度和光轴偏斜量	测光强度:0~40 000cd 检测距离:3 000mm 光轴测量范围: 垂直方向:上1°20′~下2°20′ 水平方向:左2°20′~右2°20′ 外形尺寸(mm):1 310×650×540	投影式	日本万岁株式会社
	HT-100 HT-200	检测前照灯的发光强度和光轴偏斜量	测光强度:0~40 000cd 检测距离:1 000mm 光轴测量范围: 垂直方向:上1°~下2° 水平方向:左2°~右2° 外形尺寸(mm):1 710×835×630	聚光式	日本万岁株式会社
	FD-1 (DDB-02)	用于对称式前照灯检测远光发光强度及光束照射位置	测光强度:0~40 000cd 检测距离:3 000mm 光轴测量范围: 垂直方向:上1°30′~下2°30′ (上20cm/10m~下40cm/10m) 水平方向:左2°30′~右2°30′ (左40cm/10m~右40cm/10m) 外形尺寸(mm):840×659×1 595	自动追踪光轴式,避免人工操作,减少人为测量误差,配接口,指针指示	佛山分析仪器厂、肇庆车辆检测设备厂
	QD-300	用于对称式前照灯检测远光发光强度及光束照射位置	测光强度:0~40 000cd 检测距离:3 000mm 光轴测量范围: 垂直方向:上1°30′~下2°30′ (上20cm/10m~下40cm/10m) 水平方向:左2°30′~右2°30′ (左40cm/10m~右40cm/10m) 外形尺寸(mm):840×659×1 595	数字显示、配微电脑数据处理系统,RS-232串行接口,其余同上	南海市自动化仪器设备厂

续上表

名称	型号	用途	主要参数	结构特点	生产厂家
前照灯检验仪	DG-1	用于对称式前照灯检测远光发光强度及光束照射位置	测光强度:0~50 000cd 检测距离:3 000mm 光轴测量范围: 垂直方向: 　上40cm/10m~下40cm/10m 水平方向: 　左40cm/10m~右40cm/10m 外形尺寸(mm):650×650×1 660	自动平面追踪光轴式,指针或数字显示检测结果	武安交通安全设备厂
	FD-2 (QD-100) (QD-100JG)	检测前照灯远光发光强度及光束照射位置,同时可测近光特性	测光强度:0~40 000cd 　　　　0~80 000cd 检测距离:1 000mm 光轴测量范围: 垂直方向:上1°20′~下2°20′ 　(上20cm/10m~下40cm/10m) 水平方向:左2°20′~右2°20′ 　(左40cm/10m~右40cm/10m) 外形尺寸(mm):710×550×1 250	轨道移动式手动对准;远光发光强度及光轴偏移量同时测定,可将远光、近光特性展示在仪器屏幕上,指针指示	佛山分析仪器厂、南海市自动化仪器设备厂、肇庆车辆检测设备厂
	QD-2	用于非对称或防炫目前照灯发光强度及光束光轴偏移量的检验、调试。亦可用于对称式光源前照灯	测光强度:0~40 000cd 检测距离:300±50mm 光束照射方向的偏移范围: 　10~50cm/10m 外形尺寸(mm):760×580×1 280	手动式对准,前照灯光束聚焦在光电元件受光部位上,利用光度计测发光强度,利用影屏测光轴方向及非对称光明暗截止线位置	成都汽车保修机械厂
	QD-3	用于非对称或防炫目前照灯发光强度及光束光轴偏移量的检验、调试。亦可用于对称式光源前照灯	测光强度:0~40 000cd 检测距离:1 000mm 光束照射方向: 　向上:0~20cm/10m 　向下(左、右):0~40cm/10m 外形尺寸(mm):720×560×1 280	轨道移动式手动对准,采用菲尔透镜、半透半反镜及硅光电池光电系统;数字显示;并具有电脑打印及判断测量结果功能,用影屏观察近光光束照射方位	成都汽车保修机械厂
声级计	TSM-100	用于检测汽车噪声及喇叭声响	测量范围:60~120dB 外形尺寸(mm):250×105×170	采用电动式微型话筒,台式结构	日本弥荣工业株式会社
	NA-09	用于检测汽车噪声及喇叭声响	测量范围:35~130dB 外形尺寸(mm):210×80×60	普通声级计	日本万岁株式会社

续上表

名称	型号	用途	主要参数	结构特点	生产厂家
声级计	NA-24	用于检测汽车噪声及喇叭声响	测量范围:30~130dB	数字显示	日本万岁株式会社
	3604-10	用于检测汽车噪声及喇叭声响	测量范围:30~130dB 外形尺寸(mm):255×88×60	普通声级计	日本万岁株式会社
	SL-30-A	用于检测汽车噪声及喇叭声响	测量范围:60~120dB 外形尺寸(mm):230×140×160	话筒式结构,交流电源,安全电压100V	日本安全自动车株式会社
	NA-09M	用于检测汽车噪声及喇叭声响	测量范围:35~130dB 外形尺寸(mm):160×80×60	采用电容式话筒	日本安全自动车株式会社
	HY103-A	用于检测汽车噪声及喇叭声响	测量范围:40~140dB 外形尺寸(mm):210×70×480	属于IEC和国家声级标准2型仪器,指针指示	衡阳仪表厂
	HY-104	用于检测汽车噪声及喇叭声响	测量范围:43~130dB	数字显示,带外电源	衡阳仪表厂
	SJ-1	用于检测汽车噪声及喇叭声响	测量范围:35~130dB(A) 45~130dB(C)	数字显示,微型机打印,有接口	北京长城无线电厂
	ND-10	用于检测汽车噪声及喇叭声响	测量范围:40~140dB(A) 55~140dB(C)	指针指示	江西红声器材厂
	PSJ-2B	用于检测汽车噪声及喇叭声响	测量范围:40~140dB 外形尺寸(mm):65×52×240	属于IEC和国家声级标准2型仪器,指针指示	上海飞乐电声总厂
废气分析仪	ALTAS-100	检测汽油机废气CO、HC浓度	测量范围: CO:0%~2%、0%~8%两挡 HC:(0~500、0~2 000、0~4 000、0~8 000)×10^{-6}四挡	非扩散红外线式废气分析仪	日本弥荣工业株式会社
	AU-7CH	检测汽油机废气CO、HC浓度	测量范围: CO:0%~2%、0%~10%两挡 HC:(0~500、0~2 000、0~4 000、0~10 000)×10^{-6}四挡	非扩散红外线式废气分析仪,指针指示	日本万岁株式会社
	MEXA-324G	检测汽油机废气CO、HC浓度	测量范围: CO:0%~10% HC:0~10 000×10^{-6}	数字显示,非扩散红外线式,电容检测器	日本万岁株式会社

续上表

名称	型号	用途	主要参数	结构特点	生产厂家
废气分析仪	MEXA-321F MEXA-224F MEXA-441F MEXA-324F	检测汽油机废气 CO、HC 浓度	测量范围： CO:0%~2%、0%~8%两挡 HC:(0~500、0~2 000)×10⁻⁶两挡	红外线遮光扇轮式，电容检测器	日本掘场制作所
废气分析仪	MEXA-324F	适用于各种四冲程及摩托车排气中对 CO 及 HC 污染物的分析测定	测量范围： CO:0%~2%、0%~8%两挡 HC:(0~500、0~2 000、0~4 000、0~8 000)×10⁻⁶四挡	红外线分析仪，电容式测量装置，指针指示	佛山分析仪器厂
废气分析仪	MEXA-324S	适用于各种四冲程及摩托车排气中对 CO 及 HC 污染物的分析测定	测量范围： CO:0%~10% HC:0~10 000×10⁻⁶	数字显示，自动调零，自动打印结果，电容式测量装置	佛山分析仪器厂
烟度计	FBY-1	柴油机自由加速时废气烟度测量	测量范围:0~10Rb 外形尺寸(mm):370×657×224	定量吸气、滤纸吸附光反射式烟度计，手动式，操作简便，指针指示	佛山分析仪器厂
烟度计	FBY-2	柴油机自由加速时废气烟度测量	测量范围:0~10Rb 外形尺寸(mm):570×657×224	自动检测、自动判断、自动显示、自动打印测量结果，配有微处理机系统	佛山分析仪器厂
烟度计	FQD-102 FQD-201	用于各类型柴油机排气烟度的测定	测量范围:0~10Rb 外形尺寸(mm):310×310×660	电脑半自动采样智能型烟度计，无零点漂移，主机与显示器一体化，附有字轮打印机	温州仪器仪表厂
汽车轴重仪	SL-1-4 SL-1-8 SL-1-10	检测汽车车轮质量、轴质量、总质量	测量范围:0~4 000kg、0~8 000kg、0~10 000kg 占地尺寸(mm²):2700×600	静载式测量	日本安全自动车株式会社
汽车轴重仪	SL-1E-5 SL-1E-10	检测汽车车轮质量、轴质量、总质量	测量范围:0~5 000kg、0~10 000kg	智能化数字仪表，整体式结构	日本万岁株式会社
汽车轴重仪	XZZ-10	检测汽车车轮质量、轴质量、总质量	测量范围:0~10 000kg 外形尺寸(mm):2 940×686×190	有微机处理功能的称重测量系统，具有零位调整、零点漂移和自动量程转换功能	长安大学汽车运输技术开发社
汽车轴重仪	XZZ-5	检测汽车车轮质量、轴质量、总质量	测量范围:2×5 000kg 外形尺寸(mm):1 130×730×160	有微机处理功能的称重测量系统，具有零位调整、零点漂移和自动量程转换功能	长安大学汽车运输技术开发社

续上表

名称	型号	用途	主要参数	结构特点	生产厂家
汽车轴重仪	SDZ-6	检测汽车车轮质量、轴质量、总质量	测量范围:2×5 000kg 外形尺寸(mm):1 000×800×140 或800×500×120	数字显示,微电脑方式,计算机输出接口	温州江兴汽车轴荷仪器厂
	ZHY3 ZHY6 ZHY10	检测汽车车轮质量、轴质量、总质量	测量范围:0~30kN,0~60kN 0~100kN 外形尺寸(mm):2 940×700×400 2 940×700×431 3 200×800×600	测力传感器,数字显示,配打印机,有联机接口,整台面结构	武汉汽车测试设备研究所
	ZGY-10	检测汽车车轮质量、轴质量、总质量	测量范围:0~10 000kg 台面面积(mm^2):680×2 800	机械整体式,不等臂杠杆平衡原理和摆锤齿轮传动,指针指示	肇庆车辆检测设备厂,华南理工大学
	LZY-10	检测汽车车轮质量、轴质量、总质量	测量范围:500~9 999kg	采用压力传感器,数字显示,可打印测量结果	肇庆车辆检测设备厂,华南理工大学
	KNZZ-6 KNZZ-10	检测汽车车轮质量、轴质量、总质量	测量范围:0~6 000kg,0~10 000kg 外形尺寸(mm):2 500×620×200	微机处理功能测量系统,具有零点跟踪,零位自动调整,精度选择和内部高分辨率显示等功能	西安开恩汽车检测保修设备开发公司
	ZZ-10	检测汽车车轮质量、轴质量、总质量	测量范围:0~10 000kg 外形尺寸(mm):3 140×940×350	高精度荷重传感器,大尺码数字显示仪表,具有零位自动跟踪及累加功能,模拟信号、数字信号输出接口,整体式结构	深圳汽车测试公司
	ZHT-10	检测汽车车轮质量、轴质量、总质量	测量范围:2×5 000kg 外形尺寸(mm):3 440×1 060×203	两台板结构,压力传感器测重,具有微处理功能,PC屏幕显示	武安交通安全设备厂
	SDC-Ⅲ B	检测汽车车轮质量、轴质量、总质量	测量范围:0~10 000kg	微机控制,数字显示,并带打印	北京电子设备研究制造厂

续上表

名称	型号	用途	主要参数	结构特点	生产厂家
底盘测功试验台	CDM-220	检测驱动车轮输出功率或牵引力,进行多种性能试验	允许轴质量:2 000kg 最大试验车速:160km/h 最大吸收功率:88kW 安装面积(mm²):3 600×1 160	指示仪器为落地式,其上有功率表和车速表	日本弥荣工业株式会社
	CDM-320	检测驱动车轮输出功率或牵引力,进行多种性能试验	允许轴质量:3 000kg 最大试验车速:160km/h 最大吸收功率:117.6kW 安装面积(mm²):3 900×1 170	指示仪器为落地式,其上有功率表和车速表,试验台为高速型	日本弥荣工业株式会社
	CDM-1000	检测驱动车轮输出功率或牵引力,进行多种性能试验	允许轴质量:10 000kg 最大试验车速:120km/h 最大吸收功率:117.6kW 安装面积(mm²):4 350×1 050	指示仪器为落地式,其上有功率表和车速表	日本弥荣工业株式会社
	BCD-100	检测驱动车轮输出功率或牵引力,进行多种性能试验	允许轴质量:2 000kg 最大试验车速:160km/h 最大吸收转矩:294N·m 安装面积(mm²):3 240×1 660	指示仪器备有功率表和车速表,试验台为高速型	日本万岁株式会社
	BCD-300	检测驱动车轮输出功率或牵引力,进行多种性能试验	允许轴质量:10 000kg 最大试验车速:160km/h 最大吸收转矩:588N·m 安装面积(mm²):5 105×2 190	有功率表,指示仪器备有功率表和车速表,试验台为高速型	日本万岁株式会社
	CDA-100AE	检测中、小型客货车驱动车轮输出功率或牵引力,进行多种性能试验	最大试验车速:120km/h 最大牵引力:2 940N 最大吸收功率:73.5kW 安装面积(mm²):2 800×1 100	有功率表,指示仪器备有功率表和车速表,试验台为高速型	日本安全自动车株式会社
	CDA-300AE	检测大、中型客货车驱动车轮输出功率或牵引力,进行多种性能试验	最大试验车速:120km/h 最大吸收功率:294kW 安装面积(mm²):4 600×1 200	有功率表,指示仪器备有功率表和车速表,试验台为高速器	日本安全自动车株式会社
	HPA-106	检测汽车驱动车轮输出功率或牵引力,进行多种性能试验	允许轴质量:1 939kg 最大试验车速:200km/h 最大功率:150kW 牵引力:5 000N	加载机组为电子控制涡流测功机,水冷	丹麦安德逊厂

续上表

名称	型号	用途	主要参数	结构特点	生产厂家
底盘测功试验台	HPA-107	检测汽车驱动车轮输出功率或牵引力,进行多种性能试验	允许轴质量:10 200kg 最大试验车速:140km/h 最大功率:375kW 牵引力:15 000N	加载机组采用两台水冷涡流测功机	丹麦安德逊厂
	LPS-95 LPS-96	检测汽车驱动车轮输出功率或牵引力,进行多种性能试验	允许轴质量:2 041kg 最大试验车速:200km/h 最大功率:150kW 滚筒直径:268mm	加载机组采用电子控制涡流测功机	德国波许公司
	280W	检测汽车驱动车轮输出功率或牵引力,进行多种性能试验	允许轴质量:2 041kg 最大试验车速:200km/h 最大功率:150kW 滚筒直径:280mm	加载机组采用风冷电动涡流测功机	德国申克公司
	364/D450L	检测汽车驱动车轮输出功率或牵引力,进行多种性能试验	允许轴质量:10 200kg 最大试验车速:160km/h 最大功率:300kW 最大牵引力:10 000N 滚筒直径:364mm	加载机组采用水力测功机	德国申克公司
	112 122	检测汽车驱动车轮输出功率或牵引力,进行多种性能试验	允许轴质量:3061kg 最大试验车速:200km/h 最大功率:160kW 最大牵引力:6 000N 滚筒直径:318mm	加载机组采用风冷涡流测功机	德国霍夫曼公司
	312/322	检测汽车驱动车轮输出功率或牵引力,进行多种性能试验	允许轴质量:13 265kg 最大试验车速:140km/h 最大功率:140~280kW 最大牵引力:12 000N 滚筒直径:318mm	加载机组采用两台风冷电动涡流测功机	德国霍夫曼公司
汽车发动机测试仪	QFC-3	检测汽油发动机功率、点火系全部性能指标和配气相位等,并能判断异响等故障	闭合角量程:四缸 0~90°±2° 六缸 0~60°±1° 八缸 0~45°±1° 提前角量程:四缸 0~45° 六缸 0~30° 八缸 0~22.5° 转速测量:0~3 000r/min 0~7 500r/min 外形尺寸(mm):550×340×390	整机由13块功能板和电源供给、功能显示等部分组成,整机出厂时带有成套备份板,当某块板发生故障时,可进行插换,配有大屏幕示波器	济南无线电六厂

续上表

名称	型号	用途	主要参数	结构特点	生产厂家
汽车发动机测试仪	CFC-1	检测柴油发动机功率、各缸高压油管中压力波形、喷油器针阀升程波形和配气相位等，并能判断异响等故障	转速测量：0～3 000r/min 0～7 500r/min 各缸供油量测量误差＜2mL 供油正时测量误差＜1° 供油提前角测量误差＜1° 加速时间测量：0～9.999s±0.001s 外形尺寸（mm）：550×380×270	整机由14块分板和数码显示、电源变换等功能板组成，其余同上	济南无线电六厂
	QFC-4	检测汽油、柴油发动机功率、配气相位、汽油机点火系、柴油机供给系等，并能分析、判断异响等故障	转速测量：400～7 000r/min 起动转速测量：50～300r/min 汽缸压力测量：0～40kgf/cm² 提前角测量（凸轮轴转角）：0～40° 配气相位测量（凸轮轴转角）：0～360° 喷油泵供油压力测量：0～600kgf/cm² 分电器重叠角测量：0～20° 断电器闭合角测量：0～90° 点火高压测量：0～50kV 选缸转速降测量：0～300r/min 加速时间测量：0～2s 外形尺寸（mm）：340×280×240 （1kgf/cm² = 0.1MPa）	仪器由主机和显示器两部分组成。采用微机技术，能对发动机多种参数进行检测和打印，对故障波形可进行存储、重显和打印	济南无线电六厂
	MOT 240/251	检测汽油、柴油机功率配气相位、点火系、供油系、异响判断等	转速测量：120～12 000r/min 汽缸压力测量：0～4 000kPa 提前角测量：0～60° 闭合角时间：0～999ms 喷射时间：0～999ms 脉冲占空系数：0～100% 温度：-20～150℃	整机由主机和数字显示器组成，采用微机控制分析，选配台车、打印机、尾气分析仪等	德国BOSCH
光学前轮定位仪	FW-2000	检测小型车前轮定位角度	允许轴质量：3 000kg 测试距离：1m 轮距：1 000～1 520mm 测量范围： 内倾角：+2°～-1° 后倾角：+14°～-8° 外倾角：+4°～-3° 前轮转向角测试范围：0～±50° 安装面积（mm²）：3 880×1 800	聚焦测试方法	日本安全自动车株式会社

续上表

名称	型号	用途	主要参数	结构特点	生产厂家
光学前轮定位仪	FW-5000	检测小型车前轮定位角度	允许轴质量:6 000kg 测试距离:2m 轮距:1 300~2 100mm 测量范围: 内倾角:+0.5°~-0.5° 后倾角:+12°~-4° 外倾角:+2°~-3° 前轮转向角测试范围:0~±50° 安装面积(mm^2):5 000×3 000	聚焦测试方法	日本安全自动车株式会社
	CCG-3	检测汽车前轮定位角度	测量范围: 内倾角:0~14° 后倾角:+11°~-3° 外倾角:+5°~-5° 外形尺寸(mm):100×230×110	利用强力磁石吸附在轮毂上	日本弥荣工业株式会社
	TRG	检测前轮最大转向角	允许轴质量:10 000kg 前轮转向角测试范围:0~±45° 外形尺寸(mm):520×460×60		日本弥荣工业株式会社
	GCD-1 GQC-2	用于检测汽车及轮式拖拉机前轮定位参数	测量范围: 内倾角:+15°~-3° 后倾角:+15°~-3° 外倾角:+8°~-4° 前轮转向角测试范围:0~±60° 前束:0~±40mm	利用强力磁石吸附在轮毂上,便携式结构	武汉市汽车研究所
轮胎平衡检验器	8EB	检测车轮的平衡状况	轮胎最大尺寸:12:00×24 外形尺寸(mm):1 080×1 470×640	采用高度敏感电子感应器,能显示正常、轻微、极度不平衡三种状况	日本弥荣工业株式会社
汽车拖拉机综合测试仪	CTM	用于测试汽车滑行、制动、最低稳定车速、最高车速、加速时间、等速及多工况百公里油耗和拖拉机牵引性能	汽车道路试验测量范围 速度最大值:200km/h 加速度最大值:100m/s^2 距离最大值:1 000km 时间最大值:10 000s 拖拉机牵引试验测量范围 牵引最大值:10 000kg 距离最大值:≤99m 转速最大值:3 000r/min 油耗最大流量:100L/h 时间最大值:100s		山东淄博无线电二厂

3. 自我诊断法

利用电脑本身可以迅速监测控制系统的工作状况和储存数据这一特点,通过一定的操作程式,把汽车电脑的故障码提取出来,然后对症下药,进行故障排除,这种方法称为自我诊断法。这一方法对于电子控制的汽车各大系统十分有效,而且快捷准确。

4. 数据流法

电控系统实质上是通过多种数据来取得信息和发出指令,这些数据往往是微电信号。数据流法就是利用专用万用表、示波器等仪器,截取有关的数据,对电控系统的故障,进行检验,从而作出诊断。

5. 电脑诊断法

汽车电脑故障诊断仪(俗称解码器),其本身就是一个专门的小型电脑,它能把汽车电脑(ECU)储存的各种信息提取出来,然后进行整理、比较和翻译,以清晰的文字、曲线或图表方式显示出来,人们可以根据这些信息,判断故障的类型和发生部位。它还可以向汽车电脑发出指令,进行静态和动态的诊断。这是一种最有发展前景的诊断方法。

以上5种汽车故障诊断方法,仍然在不断发展和变化。但在目前阶段,还保持着各自的特点,还具有各自不可替代的特点。前两种方法,适用于传统汽车的故障诊断;后三种方法,适用于现代汽车的电控系统诊断。因此,最佳的选择,是采取互相结合、互补长短的方式,以达到事半功倍的诊断效果。

1.4 汽车维修企业的检测设备

根据国家标准 GB/T 16739—2014《汽车维修业开业条件》的规定,三种类型汽车维修企业开业时,企业配备的设备型号、规格和数量应与其生产纲领、生产工艺相适应;设备技术状况应完好,满足加工、检测精度要求和使用要求;允许外协的设备必须具有合法的技术经济合同书。

1.4.1 一类汽车维修企业(汽车整车)应配备的检测设备

一类汽车维修企业,是指从事汽车大修和总成修理生产的企业。此类企业亦可从事汽车维护、汽车小修和汽车专项修理生产。

一类汽车维修企业应具备下列试验、检测诊断设备及量具和计量仪表。

1. 发动机总成

(1)发动机综合检测仪;

(2)汽缸体、汽缸盖和散热器水压试验设备;

(3)燃烧室容积测量装置;

(4)汽缸漏气量检测仪;

(5)曲轴箱漏气测量仪;

(6)工业纤维内窥镜;

(7)润滑油质量检测仪;

(8)润滑油分析仪;

(9)尾气分析仪;

(10)烟度计;

(11)声级计；

(12)油耗计(允许外协)；

(13)无损探伤设备(与底盘各总成共用)；

(14)汽油泵、化油器试验设备；

(15)喷油泵、喷油器试验设备；

(16)曲轴、飞轮与离合器总成动平衡机；

(17)电控汽油喷射系统检测设备；

(18)汽缸压力表；

(19)发动机检测专用真空表；

(20)转速表；

(21)燃油压力表；

(22)液压、压力表。

2．底盘各总成

(1)前轴检验装置；

(2)制动性能检测设备；

(3)四轮定位仪或转向轮定位仪；

(4)转向盘转动量和转矩检测仪；

(5)车轮动平衡机；

(6)车速表试验台(允许外协)；

(7)传动轴动平衡机(允许外协)；

(8)侧滑试验台(允许外协)；

(9)底盘测功设备(允许外协)；

(10)前束尺；

(11)轮胎气压表；

(12)自动变速器维修设备；

(13)调漆设备(允许外协)；

(14)喷烤漆房及设备；

(15)车身整形设备；

(16)车身清洗设备；

(17)轮胎轮辋拆装设备。

3．电器部分

(1)电器试验台；

(2)前照灯检测设备；

(3)万用电表；

(4)电解液密度计；

(5)高频放电叉；

(6)蓄电池检查、充电设备；

(7)制冷剂鉴别仪；

(8)汽车故障电脑诊断仪；

(9)汽车空调冷媒回收净化加注设备；

(10)废油收集设备。

1.4.2 二类汽车维修企业(汽车整车)应配备的检测设备

二类汽车维修企业是指从事汽车一级、二级维护和汽车小修生产的企业。
二类汽车维修企业应具备下列试验、检测诊断设备及量具和计量仪表。

1. 试验、检测与诊断设备
(1)汽车故障电脑诊断仪;
(2)汽缸漏气量检测仪;
(3)曲轴箱漏气测量仪;
(4)废油收集设备;
(5)润滑油检测仪;
(6)空调专用检漏设备;
(7)汽车空调冷媒回收净化加注设备;
(8)废气分析仪;
(9)烟度计;
(10)燃油压力表;
(11)汽油喷油器清洗及流量测量仪;
(12)喷油泵、喷油器试验设备;
(13)电控汽油喷射系统检测设备;
(14)无损探伤设备;
(15)转向盘转动量检测仪;
(16)车轮动平衡机;
(17)转向轮定位仪;
(18)前照灯检测设备(允许外协);
(19)制动检测设备(允许外协)。

2. 量具与计量仪表
(1)前束尺;
(2)厚薄规(塞尺);
(3)万用电表;
(4)电解液密度计;
(5)高频放电叉;
(6)转速表;
(7)轮胎气压表;
(8)汽缸压力表;
(9)发动机检测专用真空表;
(10)温度计。

1.4.3 三类汽车维修业户(专项维修业户和汽车综合小修户)应配备的检测设备

三类汽车维修业户,是指专门从事汽车专项修理(或维护)生产的企业和个体户。专项修理(或维护)的主要项目为：发动机维修、电气系统维修、自动变速器维修、轮胎动平衡及修补、空调维修、四轮定位检测调整、汽车润滑与养护、喷油泵和喷油器维修、曲轴修磨、汽缸镗磨、散热器维修、汽车玻璃安装及修复、车身修理、汽车美容装潢等。

三类汽车维修业户应具备的试验、检测设备及量具和计量仪表不多，除专项维修必需的设备外，主要有以下一些：

(1) 万用电表；
(2) 电解液密度计；
(3) 高频放电叉；
(4) 水压试验设备；
(5) 漏气试验设备；
(6) 轮胎气压表；
(7) 压力测试仪；
(8) 检漏计；
(9) 真空仪；
(10) 温度计；
(11) 喷油泵、喷油器清洗和试验设备；
(12) 化油器清洗、试验设备；
(13) 曲轴动平衡设备；
(14) 无损探伤设备；
(15) 量缸表；
(16) 厚薄规(塞尺)。

1.5 汽车的检测

汽车的故障诊断和汽车的检测有着紧密的关系。可以这样认为，汽车的故障诊断和排除是汽车维修的目的，而汽车的检测却是汽车故障诊断和排除的手段。本节内容主要包括检测系统的基本组成、检测的误差和精度、汽车检测站和汽车检测制度等。

1.5.1 检测系统的基本组成

对于一个由一般仪表、仪器构成的检测系统，通常是由传感器、变换及测量装置、记录与显示装置、数据处理装置等组成。有的还配有试验激发装置，如图1-2所示。

图1-2 检测系统的基本组成

(1) 传感器。是一种能够把被测量(物理量、化学量、生物量等)的某种信息拾取出来，并将其转换成有对应关系的、便于测量的电信号的装置。它是一种获取信息的手段，在整个检测系统中占首要地位。由于它处于检测系统的输入端，所以它的性能直接影响到整个检测系统的工作可靠性。传感器也称为变送器、发送器或检测头,在生物医学及超声检测仪器中,常被称为换能器。

汽车检测设备使用的传感器,如果按测量性质分类,可以将传感器分为机械量传感器(如位移传感器、力传感器、速度传感器、加速度传感器等)、热工量传感器(如温度传感器等)、化学量传感器和生物量传感器等类型;如果按传感器输出量的性质分类,可以将传感器分为参量型传感器(输出的是电阻、电感、电容等无源电参量,如电阻式传感器、电感式传感器和电容式传感器等)和发电型传感器(输出的是电压和电流信号,如热电偶传感器、光电传感器、磁电传感器和压电传感器等)等。

(2)变换及测量装置。是一种将传感器送来的电信号变换成易于测量的电压或电流信号的装置。这类装置通常包括电桥电路、调制电路、解调电路、阻抗匹配电路、放大电路、运算电路等,能对传感器信号进行放大,对电路进行阻抗匹配、微分、积分、线性化补偿等处理工作,是检测系统里比较复杂的部分。

(3)记录与显示装置。是一种将变换及测量装置送来的电信号进行记录和显示,使检测人员了解测量值的大小和变化过程的装置。记录和显示装置的显示方式一般有模拟显示、数字显示和图像显示3种。

模拟显示一般是利用指针式仪表指示被测量的大小,现应用广泛。其优点是结构简单、价格低廉、读数方便和直观,缺点是易造成读数误差。

数字显示是直接以十进制数字形式指示被测量的大小。该种显示方式有利于消除读数误差,并且能与微机联机,使数据处理更加方便,因此,应用越来越广泛。

图像显示是用记录仪显示并记录被测量处于动态中的变化过程,以描绘出被测量随时间变化的曲线或图像作为检测结果,供分析和使用。常用的自动记录仪有光线示波器、电子示波器、笔式记录仪和磁带记录仪等。其中,光线示波器具有记录和显示两种功能,电子示波器只具有显示功能,磁带记录器只具有记录功能。

(4)数据处理装置。是一种用来对检测结果(数据或曲线)进行分析、运算、处理的装置。例如,对大量测量数据进行数理统计分析,对曲线进行拟合,对动态测试结果进行频谱分析、幅值谱分析和能量谱分析等。

1.5.2 检测的误差和精度

使用检测设备对汽车技术状况进行检测诊断时,由于被测量、检测系统、检测方法、检测条件受到变动因素以及检测人员身心状态变化的影响,使检测人员不可能测量到被测量的真值。测量值和真值之间总会存在一定的测量误差。可以说,测量误差自始至终存在于一切科学试验和测量之中,是不可避免的,被测量的真值是难以测量到的。尽管如此,人们一直设法改进检测系统、检测方法和检测手段,并通过对检测数据的误差分析和处理,使测量误差保持在允许范围之内,或者说使检测达到一定的测量精度,使检测结果更为合理和可信。

1. 测量误差

测量误差主要来源于系统误差、环境误差、方法误差和人员误差等。不同的分类方法,可以将测量误差分为不同的类型。如果按测量误差的表示方法分类,可以分为绝对误差和相对误差两类;如果按测量误差出现的规律分类,可以分为系统误差、随机误差和过失误差三类;如果按测量误差的状态分类,可以分为静态误差和动态误差两类。现仅将前两种类型的测量误差介绍如下。

1) 绝对误差和相对误差

(1) 绝对误差:是测量值与被测量真值之间的差值,如下式所列:

$$\delta = X - X_0$$

式中:δ——绝对误差;

X——测量值;

X_0——被测量真值。

绝对误差 δ 有正、负符号和单位。δ 的单位与被测量的单位相同。一般绝对误差越小,测量值越接近被测量的真值,即测量精度越高。但是,这一结论只适于各测量值大小相等的情况,不适于各测量值不等时评价测量精度。例如:用某仪器测量 10m 的长度,绝对误差为 0.01mm;另一仪器测量 100m 的长度,绝对误差也为 0.01mm。从绝对误差来看,它们的测量精度是一样的,但由于测量长度不等,实际上它们的测量精度并不相同。为此,必须引入相对误差的概念。

(2) 相对误差:是测量值的绝对误差 δ 与被测量真值 X_0 的比值,用百分数表示,如下式所列:

$$r = \frac{\delta}{X_0} \times 100\% = \frac{X - X_0}{X_0} \times 100\%$$

式中:r——相对误差。

相对误差能更好地比较不同测量结果的测量精度。例如上面所举的例子,如果用相对误差表示,则有:

$$r_1 = \frac{0.01}{10} \times 100\% = 0.1$$

$$r_2 = \frac{0.01}{100} \times 100\% = 0.01$$

可以看出,前一种仪器的相对误差为 0.1,后一种仪器的相对误差为 0.01。显然,后一种仪器的测量精度要远远高于前一种仪器。但是,用相对误差来评定测量精度也有不足之处。它只能表示不同测量结果的精确程度,不适用衡量检测设备本身的测量精度。这是因为同一台检测设备在其测量范围内的相对误差也是发生变化的,随着被测量的减小,相对误差变大,为此又采用了"引用误差"的概念。

引用误差是绝对误差 δ 与指示仪表量程 L 的比值,以百分数表示,如下式所列:

$$r_0 = \frac{\delta}{L} \times 100\%$$

如果用指示仪表整个量程中可能出现的绝对误差最大值 δ_m 代替 δ,可得到最大引用误差,如下式所列:

$$r_{0m} = \frac{\delta_m}{L} \times 100\%$$

对于一台确定的检测设备,最大引用误差是一个定值。检测设备一般采用最大引用误差不能超过的允许值,作为划分精度等级的尺度。常见的精度等级有 0.1 级、0.2 级、0.5 级、1.0 级、1.5 级、2.0 级、2.5 级、5.0 级。精度等级为 1.0 的检测设备,在使用中其最大引用误差不超过 ±1.0%。也就是说,在指示仪表的整个量程内,其绝对误差的最大值不会超过量程的 ±1.0%。可以看出,对于精度等级已知的检测设备,只有被测量值接近满量程时才能发挥其测量精度。因此,使用检测设备时只有合理选择量程,才能提高仪器的测量精度。

2) 系统误差与随机误差

(1) 系统误差:在同一测量条件下多次测量同一量时,测量误差的大小和符号保持不变或按一定规律变化的误差,称为系统误差。其中,测量误差的大小和符号保持不变的称为恒值系统误差;反之,则称为变值系统误差。变值系统误差又可分为累进性系统误差、周期性系统误差和按复杂规律变化的系统误差等几种类型。检测设备本身测量精度不高,测量方法不当,使用方法不当和环境条件变化等因素,都可能产生系统误差。如非电量测量中变换器的零点误差,测试仪表机械零点不在原点上引起的误差,在整个测量过程中其数值和符号都是保持不变的,属于恒值系统误差,又如指示仪表的刻度盘安装位置不正而引起的误差,属于变值系统误差。系统误差的大小表明测量值相对被测量真值有一恒值的或按规律变化的误差。系统误差越小,测量结果的正确度越高。

系统误差是有规律可循的,其产生的原因往往是可知的。因此,掌握其变化规律和查明产生的原因,并采取一定的预防措施或对测量值进行修正,就能够减少或消除对检测结果的影响。

(2) 随机误差:在同一测量条件下多次测量同一量时,误差的大小和符号以不可预见的方式变化着的误差,称为随机误差。随机误差是测量中一些独立的、微小的、偶然的因素所引起的综合结果,因此也称偶然误差。随机误差是不可避免的,而且在同一条件下多次进行的重复测量中,它或大或小,或正或负,既不能用试验方法消除,也不能修正。但是,可以利用概率论和统计学的方法进行研究和处理,进而掌握随机误差的规律,确定对测量结果的影响。

需要指出的是,测量误差之间在一定条件下可以相互转化。对于某种误差,在某一条件下可能为系统误差,而在另一条件下可能为随机误差,反之亦然。因此,掌握误差转化的特点,可采用相应的方法进行数据处理或修正,以减少误差的影响。

测量中系统误差和随机误差往往都同时存在,可以按其对测量结果的影响程度分3种情况进行处理:

① 当系统误差远大于随机误差时,可略去随机误差,按系统误差处理。

② 当系统误差很小或已修正(如刻度盘安装位置不正已得到纠正)时,可按随机误差来处理。

③ 当系统误差和随机误差的影响程度差不多时,两者均不可忽略,应按不同方法处理。

(3) 过失误差:由于操作者的过失而造成的测量误差称为过失误差,也称为粗大误差。过失误差主要是人为因素造成的。例如,测量人员操作不当、读数错误、记录错误和计算错误等,都会造成过失误差。含有过失误差的测量结果属于坏值或异常值,误差分析时应剔除。

2. 精度

随机误差的大小表明测量结果的分散性。通常,用精密度表示随机误差的大小。当随机误差大、测量值分散时,表明精密度低;反之,表明精密度高。精密度高时,测量的重复性好。系统误差小时,测量结果的正确度高;反之,正确度低。

精确度是测量的精密度和正确度的综合反映。精确度高的测量,意味着系统误差和随机误差都小。

精确度有时简称为精度。

1.5.3 汽车检测站

与汽车检测和诊断有密切关系的是我国的汽车检测站制度。汽车检测站是对道路运输车辆进行综合性能技术监督检测、汽车维修质量监督检测、汽车性能诊断检测的技术服务机构,它是道路运政管理机构从事道路运政管理的重要技术基础,是根据我国国情建立起来的一种新型的汽车管理服务方式。目前,全国建立的汽车检测站上千个,跨越公路运输、公安、环保、保险、商检、部队、石油、冶金等多种行业部门,并且已逐步形成全国性的汽车检测网络。

这些检测站的主要作用是:
(1)对在用运输车辆的技术状况进行检测诊断;
(2)对汽车维修行业的维修质量进行监督检测;
(3)对车辆的开发、改装、改造、报废等进行鉴定和检测;
(4)执行公安、环保、保险、商检、计量部门的专业项目的鉴定和检测。

根据检测站的职能,综合性能检测站分为 A、B、C 三级。

A 级站——能承担汽车各性能参数的检测,如制动、侧滑、灯光、转向、前轮定位、车速、车轮动平衡、底盘输出功率、燃料消耗、发动机功率和点火系统状况及异响、磨损、变形、裂纹、噪声、废气排放等状况。

B 级站——能承担在用汽车技术状况和汽车维修质量的检测,如制动、侧滑、灯光、转向、车速、车轮动平衡,燃料消耗、发动机功率和点火状况及异响、变形、裂纹、噪声、废气排除等状况。

C 级站——能承担在用汽车技术状况的检测,如制动、侧滑、灯光、转向、车轮动平衡、燃料消耗、发动机功率及异响、噪声、废气排放等状况。

汽车检测站的设备和布局根据不同的检测类别和任务有所不同,如图 1-3 所示。检测工艺布置一般以流水线式作业居多。

中国机动车安全环保检测技术研究会指出:目前,我国还存在安全性检测制度,安全环保检测线由下列测试设备组成:

①汽车侧滑试验台;
②前轮定位试验台;
③汽车制动试验台;
④汽车速度表试验台;
⑤汽车前照灯检测仪;
⑥汽车废气分析仪;
⑦汽车噪声仪。

1.5.4 I/M 检测维护制度

目前,我国的汽车检测站制度是根据汽车的安全性、动力性、经济性、可靠性和寿命来强制维护检测的,所规定的日常、一级、二级维护周期也与汽车排放污染控制周期不一致,存在重叠和不合理性。因此,一种新的与国际接轨的新的检测维护制度(I/M 制度),正在我国北京、上海等地逐步推行和实施。

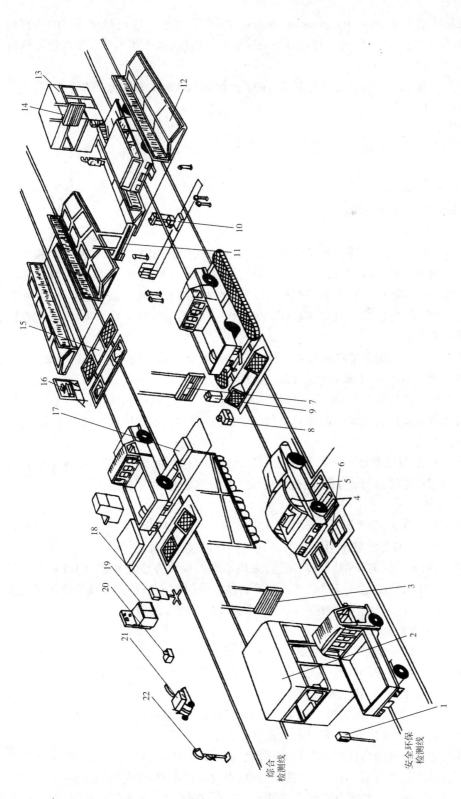

图 1-3 双线综合检测站

1-进车指示灯;2-进车控制室;3-安全装置检查工位检验程序指示器;4-制动试验台;5-车速表试验台;6-侧滑试验台;7-ABS工位检验程序指示器;8-烟度计;9-废气分析仪;10-前照灯检验仪;11-HX工位检验程序指示器;12-地沟系统;13-主控制室;14-车底制室;15-侧滑试验台;16-前轮定位试验台;前轮定位试验仪,转弯半径测量仪和前束尺;17-底盘测功试验台;18、19-发动机综合分析仪;20-机油清净性分析仪;21-车轮平衡检验器;22-轮胎自动充气机

第 1 章 现代汽车的故障和诊断方法

1. I/M 制度及内容

I/M 制度是英语 Inspection Maintenance Program 的缩写,意思是通过对在用车的检测确定其尾气排放污染严重的原因,然后有针对性地采取维护措施,使在用车最大限度地发挥自身的尾气排放净化潜力。

I/M 制度是一套十分严格而完整的制度,通常一个完整的 I/M 制度包括以下内容:

(1) 立法和政策;
(2) 基本规范参数;
(3) 测试程序和有关政策;
(4) 测试设备;
(5) 质量控制和保证;
(6) 维修技术及人员设备的鉴定;
(7) 信息、认识和关系。

I/M 制度起初适用于汽油轿车和轻型货车,后来有些地区将此扩大到重型货车和摩托车。测试频率一般为 1 次/年或 2 次/年。I/M 制度分基本型和加强型两种:基本型 I/M 项目包括怠速实验、油箱盖/压力检查和目测检查 3 部分;加强型 I/M 项目最多包括 5 项,即目测检查、台架排放实验、挥发吹清气流实验、挥发完整性(泄漏)实验和对 1996 年车型及以后车型车载诊断系统。

I/M 制度的法规是在用车特点和各地具体情况加以选择和补充的专项法规。该法规的立法目的是指导地方运输部门和环保管理部门治理在用车的排放。

I/M 制度中推荐的基本参数和测试规程是从各种相关工艺的规程中筛选出一些可以使汽车尾气排放和蒸发排放大大减少的项目,同时还对随机检测技术程序和方法作了论述,提出了一些选择的方案。

在 I/M 制度标准项目中要求建立大量的专门检测站与检测网络,并规定检测站应有的功能、设备、体制和日常运行符合 I/M 制度的要求,同时,建立专业的尾气治理中心。

2. 关于 I/M 法

I/M 法即检查维修法,是美国在 1968 年通过的《空气清洁法》基础上,对汽车排放实行全面控制的一套法规,主要是对在用汽车实施检查维修制度。I/M 法在美国各州都有自己明确的具体规定,根据不同的车型、年限、用途,采用不同的检测方法与标准,同时对所检测车辆建立档案。I/M 法早已立法成为必须遵守的法律。采用 I/M 法是美国减少汽车尾气排放的重要手段,经过 30 多年的努力,他们取得了很大成绩与明显的效果。

3. 实施 I/M 制度的意义

(1) 在用车尾气排放与其维护的关系。

任何汽车的发动机本身都具有一定的自身尾气净化能力,但是随着行驶里程的增加,尾气排放净化能力会逐渐下降,其主要原因是:

①某些调整参数改变,如汽缸压力减小,气门间隙变化,怠速调节螺钉位置变化,断电触点间隙不正常,点火正时变化或调整不当,火花塞间隙不正常等。

②某些部件磨损或性能劣化,如气门与摇臂之间磨损不均匀造成气门在工作中间隙变化;化油器量孔磨损,化油器漏气;白金烧蚀或漏电,点火高压不够,分电器凸轮磨损等。

③与尾气排放有关的某些零部件污染或积炭,如火花塞积炭,化油器量控阻塞,气门及气门座积炭,活塞环及活塞顶积炭,汽缸盖上的燃烧室积炭等。

由于上述原因会影响发动机的燃烧质量,造成汽车尾气排放恶化,而且排放中有害物的增加往往是成倍、成十几倍甚至几十倍的,而实施 I/M 制度,对车辆定期进行排放检测和相关部位的维护、调整,可将上述绝大多数问题加以解决,使在用车恢复到接近新车的排放水平。

(2) I/M 制度的着眼点是使在用车达到自身的最佳尾气排放净化水平。

I/M 制度并不强求在用车上安装新型净化装置,而是对排放净化系统故障检测与排除,是减少机动车尾气排放和蒸发排放的关键所在。

4. 执行严格的 I/M 制度是治理在用车排放最有效的途径

回顾汽车排放治理的过程,是一种高科技的系统工程,企图采用一种简单的所谓净化装置去治理在用车的排放是不现实的,甚至是劳民伤财的。

1) 汽车排放的来源及控制

众所周知,汽车排放的污染有三大来源:

① 发动机曲轴箱排放;

② 燃油箱的燃油蒸发排放;

③ 汽车尾气排放。

汽车发展至今,曲轴箱排放通常是采用曲轴箱强制通风装置,即通常所说的 PCV 阀来解决;而汽车尾气排放则采用闭环电子控制燃油喷射发动机加三元催化系统来治理,同时采用废气再循环装置(EGR 来减少 NO_x)来减少排放。

对在用汽油车而言,必须保证这三大排放治理系统正常工作,才能使在用车的整体排放水平达标。

2) 汽车有害排放物质的成因

汽车尾气中有害排放物的生成机理复杂,必须用高科技的手段,包括使用高质量的燃油和润滑油,才能使整体排放水平达到要求。

(1) 汽油车尾气排放中 CO 的生成原因主要有:缺氧($a<1$);CO_2 和 H_2O 的高温离解反应;在内燃机燃烧过程中,化学动力学浓度冻结现象对 CO 消失的反应限制。

(2) 汽油车尾气排放中 HC 的生成原因有:缸壁的激冷效应和缝隙效应;燃料不完全燃烧;进排气扫气过程中燃料的逃逸作用。

(3) 汽油车尾气排放中 NO_x 的生成原因主要是高温下空气中的 N_2 和 O_2 化学反应的结果。

(4) 柴油车尾气排放中,除有少量 CO 和 HC 外,有大量的 NO_x 和炭烟,其生成机理更为复杂,在此不多论述。

由上述可见,要使汽车排放中有害成分以及炭烟大量减少,是一个非常复杂的课题。

3) 汽车尾气排放中有害成分控制的发展过程

(1) 汽油车尾气治理的发展概述。

在闭环电子控制燃油喷射加三元催化系统出现以前,为达到日益严格的排放限制,首先从机械上,大力提高加工精度和采用优良的材料及结构设计,把内燃机的曲轴箱窜气减到最小,同时开发新的低污染燃烧系统,改进供油装置,采用电子点火系统等。在初期还出现过减小最大输出功率,降低压缩比和推迟点火时间等暂时措施。同时还出现过许多净化装置如磁化装置、补气装置、高能点火装置等,但由于都无法满足日益严格的排放限制,尤其是对 NO_x 的更严格限制,未能广泛使用。

随着欧洲Ⅰ号标准的出台,以及世界各国跟着美国加州排放标准,逐步加大对尾气排放的限制,目前只有采用高科技的闭环电子控制燃油喷射加三元催化系统才能满足要求。近来,日本又出现汽油缸内直接喷射技术,使尾气排放控制达到了更高的水平。

(2)柴油机尾气中NO_x及炭烟的控制。

从某种意义上讲,柴油机尾气中NO_x及炭烟的控制难度更大,通常的控制措施包括:保证精密的加工精度以保证柴油机良好的压缩压力;设计优良的燃烧系统;采用超高压、小孔径的喷油器;采用高水平的喷油泵;采用增压及中冷技术;采用电控燃油喷射系统对供油量及喷油时刻进行精确控制等。

由于采用了上述近代高科技技术,使目前的汽油、柴油汽车的曲轴箱排放及燃油箱蒸发排放得到有效控制,尾气排放控制也达到了相当高的水平。由此可以看出,要治理汽车尾气排放,用一种简单的净化装置,显然是不现实的。

5. 国外的I/M制度

国外的I/M制度完全是在用车排放污染控制的检测和维护制度,它是针对在用车燃油蒸发排放控制系统、曲轴箱排放控制系统以及尾气排放控制系统工作是否正常,排放是否超标进行检测(I站),然后根据检测结果,不合格的车辆进入维修站(M站)进行维修,再进入检测站(I站)复测,合格后方可上路行驶。

1)国外I/M制度检测与维护规范

国外是根据车辆的新旧、车辆的排污状况确定其检测,新车上牌后两年内不进行I/M检测,然后根据车辆使用年限决定每年检测的次数。检测内容包括燃油蒸发排放、曲轴箱通风系统及尾气排放。检测上述系统的各项技术参数(1998年后生产的车辆具有OBD检测与排放有关的参数),确定上述三个系统工作是否正常,不正常是由什么原因造成的,根据检测结果确定车辆进入M站维修,最后回到I站复测排放是否达标,全部达标后方可上路行驶。

2)美、加I/M制度

在国外,I/M制度(汽车维修与检查制度)已是成熟的制度,许多发达国家都在依靠执行严格的I/M制度来控制在用汽车尾气排放污染,并取得了良好的效果。

(1)美国的I/M制度。

尽管美国环保局在1992年才以立法形式确立I/M制度为治理轻型车排放超标的法规,但I/M制度事实上却在立法的15年前(至少在1976年)已经开始实施,只不过各地执行I/M制度的形式和目的各有不同而未能统一化,因而效果也不同,有的地方对I/M制度非常不重视。因此,美国环保局才在1992年要求加大力度,采取集中检测方法,由专门进行排放检测的检测站来检测,并对I/M制度进行立法,即1992年11月5日公布的《美国高级I/M制度检测工艺排放指标限值、质量控制和仪器设备标准(IM240)》。

此标准提出的IM240方法体现了目前该领域最先进的测试技术。文件中测试程序和相关设备是以文字和公式方式阐述的,对检测设备方面未作明确规定。在此文件中,列出了较为宽松的检测维护企业的开办标准,作为高级I/M制度前两年使用,主要考虑汽车维修企业对不合格车辆的稳态测试能力。IM240中标准工艺包括:在用车测试、附加遥感装置及加强型车载诊断系统(OBD)检测等;辅助规定中有旧车报废制度,建立更多的检视机构等;法规中供选择的项目有检测方法与形式等,例如检测任务特别繁重的地区,可采用分散执行I/M制度的检测项目、程序和形式,或采用混合型检测与维护共存形式,还可以把几个测试点组合起来,形成一个完整的 IM240 检测系统。

文件规定在检测与维护未作规划和授权的地方,有关机构的权限主要是防止排放净化系统损坏,组织教育公众的活动,针对公众与汽车服务及维修有关的企业,增强他们对 I/M 制度的了解和认识,宣传定期维护对车主是十分有利的,反之,由于维护不及时或质量低劣,甚至不进行维护,造成车辆排放净化系统损坏、性能恶化,将对环境造成极为不利的影响。

(2)加拿大的 I/M 制度。

加拿大的 I/M 制度与美国大致类似,其立法内容包括标准项目必须不折不扣地执行,并在执行后进行严格检测,不合格要进行维修,维修操作时要求成本低、对车辆运行业务干扰最小,使 I/M 制度能最大降低机动车排放。

为保证 I/M 制度的车辆检测,加拿大政府在 I/M 制度立法中明确规定要求执行 I/M 制度的地区全部车辆都要检测,然后发给合格车辆运行许可证。立法还包括具有法律效力的处罚。在原车上加装净化、节油器附加装置的政策管理部门不允许推荐什么净化、节油产品,但应当通过立法来限制那些无效果的产品,以避免产生司法官司问题。

6. 我国的 I/M 制度

1)我国现行的维护制度

我国现行的在用车维护与检测制度从中华人民共和国交通行业标准 JT/T 201—95《汽车维护工艺规范》来看,仍然是沿用以前的规范目的,即"定期检测、强制维护、视情修理"的原则,以维护在用车的行驶安全性、经济性、动力性、寿命和可靠性为主要目的。至于尾气排放仅在《二级维护竣工检验和技术要求》中的"其他"一栏中提出汽车尾气排放检测及技术要求,而整个维护工艺中完全没有考虑如何保证尾气排放达标的问题,这与我国汽车工业发展的阶段性有关。

最近,交通运输部根据我国对在用车尾气排放控制力度的大大加强以及车辆技术的发展需求,规定排放物浓度须满足有关国家标准要求。在二级维护附加作业项目中(即检测不合格项目的补充作业),规定在尾气排放不合格时应附加检修点火系和供油系,检查三元催化转化器,检查 EGR 阀等作业项目。该技术规范二级维护基本作业中规定了燃油蒸发控制系统、曲轴箱通风系统、三元催化转化器、电子控制系统等作为必须进行的维护项目,并规定了技术要求。显然,上述技术规范已经考虑到把在用车维护检测与在用车排放控制结合起来。

但是从体制上讲,上述技术规范仍然是以在用车行驶安全性、动力性、经济性、可靠性和寿命为主体,同时考虑了在用车排放控制,而不是专门以在用车排放控制为唯一目的而制定的在用车检测和维护的技术规范。因此,它所规定的日常维护、一级维护和二级维护周期也与排放控制检测维护周期不同,维护项目比 I/M 制度的项目要多得多。

2)我国的维护制度

如上所述,我国是根据汽车的安全性、动力性、经济性、可靠性和寿命来强制维护检测的,因此,它的维护周期不一定与排放控制要求相吻合,同时维护和检测的内容比 I/M 制度广泛得多,但是其中很多内容与控制汽车污染的维护内容是一致的,例如:点火系统维护、燃油系统维护、配气系统维护、汽缸压缩压力的要求、发动机功率的检测以及拟订出台的新技术规范中对电控系统的三元催化转化装置、EGR 和 PCV 阀的检测,燃油蒸发控制系统的检测等(参阅《制定上海市在用车 I/M 制度与检测法规的思考》)。

在用车运行一段时间或里程后,排放会产生劣化,造成较高的污染排放。为降低汽车的排污,有必要实行严格的在用车维护与检测(Inspection and Maintenance)制度,即I/M制度。

7. 机动车排放检测方法

目前,世界上机动车排放检测方法主要分为无负荷测试、稳态测试、瞬态测试三类。

1)无负荷测试

无负荷测试指检测时无外加负载,变速器置于空挡。

对汽油车的无负荷测试包括怠速测试方式,对柴油车的无负荷测试为自由加速烟度测试。该方法简便易行,在世界各国得到了广泛应用。

怠速时尾气的流量较低,对净化能力低下的催化器也能呈现较高的催化效率,造成怠速法难以及时发现催化器失效的情况,同时掩盖了其他部件的故障;即使是双怠速法也不能发现 NO_x 的高排放。

2)稳态测试

为了满足 NO_x 排放控制采用有负荷的测试方法。有负荷的测试结果更能接近实际情况。最简单的有负荷法是稳态测试方法,常见的有加速模拟工况(简称ASM)。ASM在美国主要分为两种,即ASM5015和ASN2525。将ASM5015与ASM2525结合形成的ASM2测试方法,也是一种稳态测试方法。

此外,要获得基于质量单位的污染物浓度,可以增加一个VMAS测量流量装置。

3)瞬态测试

着负荷的测量方法中,美国开发了瞬态工况测试方法。在瞬态工况法中,最常见的方法是IM240。检测必须使用定容取样系统(CVS)和较高质量的分析仪器,以便分析稀释后样气中的低浓度污染物。与稳态测试方法相比,IM240的方法优势是十分明显的。它不仅能够识别排放高的车辆,而且能够判别车辆是否得到正确维修。

1.6 检测诊断的相关标准和法规

我国与检测诊断相关的现行标准和法规,分为国家标准、行业标准、地方标准和企业标准四类,包括汽车维护、汽车修理、交通安全、环保等各个方面,主要内容如下所列。

GB/T 15746—2011《汽车维修质量检查评定方法》

GB/T 3798—1983《汽车大修竣工出厂技术条件》

GB 7258—2017《机动车运行安全技术条件》

GB/T 4599—1994《汽车前照灯配光性能》

GB/T 12480—1990《客车防雨密封性试验方法》

GB 14761—1999《汽车排放污染物限值及测试方法》

GB 17691—2005《车用压燃式、气体燃料点燃式发动机与汽车排气污染物排放限值及测试方法》

GB/T 17692—1999《汽车用发动机净功率测试方法》

GB/T 16739——2014《汽车维修业开业条件》

GB/T 29632—2013《家用汽车产品三包主要零件种类》

GB 21861—2008《机动车安全技术检验项目和方法》

GB 27999—2011《乘用车燃料消耗量评价方法及指标》

JT/T 201—1995《汽车维护工艺规范》

JT/T 198—1995《汽车技术等级评定标准》

JT/T 199—1995《汽车技术等级评定的检测方法》

JT/T 325—2013《营运客车类型划分等级评定》

JT/T 816—2011《机动车维修服务规范》

交通部《汽车运输业车辆技术管理规定》

交通部 2005 年第 7 号令《机动车维修管理规定》

交通部《汽车运输车辆综合性能检测站管理办法》

公安部《机动车辆安全技术检测站管理办法》

DB 11/121—2010《在用柴油车加载减速烟度排放限值及测量方法》

DB 11/122—2010《在用汽油车稳态加载污染物排放限值及测量方法》

复习思考题

1. 什么是检测？什么是诊断？它们之间有何联系？
2. 现代汽车维修有哪些显著变化？
3. 汽车故障诊断有哪些方法？
4. 什么是我国的汽车检测制度？检测站如何分类？

第2章　整车的检测与诊断

汽车的检测与诊断首先是从整车性能参数检测开始的,当发现整车性能参数发生变化时,再进行汽车各系统的深入检测与诊断。汽车整车的性能参数直接反映整车的技术状况。

整车检测与诊断内容包括:整车输出功率的测定,排放污染物测定,车速表校验,噪声的测定,灯光的检验,异响的检测与诊断。整车检测诊断内容,除少数项目需要在室外场地上进行外,大部分项目可以在室内试验台上进行。按照我国的年审制度,一般在检测站进行。

2.1　整车输出功率的测定

整车的输出功率(即驱动轮输出功率)是评价汽车技术状况的基本参数之一,是汽车综合性能检测的必检项目。汽车整车的输出功率,除了可以通过整车的道路试验测定外,还可以在室内底盘测功试验台上测定。测定整车输出功率的目的,有时是为了获得汽车驱动轮的输出功率或牵引力,以便评价汽车的动力性;有时用获得的驱动轮输出功率与发动机输出功率进行对比,并求出传动效率,以便判定底盘传动系的技术状况。

底盘测功试验台能够在室内模拟汽车的各种运行工况,因此,还可以在底盘测功试验台上进行汽车性能试验和汽车各系统的技术状况诊断。

2.1.1　底盘测功试验台的工作原理和组成

1. 底盘测功试验台的工作原理

汽车在道路上行驶时是相对于静止的路面作纵向运动,汽车在行驶中将受到各种阻力,如空气阻力、爬坡阻力等。在底盘测功试验台上则是以滚筒的表面代替路面,是滚筒的表面相对于静止的汽车作旋转运动,从而带动汽车驱动轮旋转。由于底盘测功试验台具有加载装置,通过加载装置可以模拟汽车在道路上行驶时的各种阻力,再现汽车行驶中的各种工况,从而实现汽车在各种转速下驱动轮上的输出功率或牵引力的测定。

具有飞轮装置的试验台称为惯性式底盘测功试验台。飞轮的转动惯量是根据道路试验和台架试验两种情况下,总动能相等的关系推导求得。在底盘测功试验台的传动系加装具有一定转动惯量的飞轮来模拟汽车行驶时的加速阻力,并通过加载装置模拟汽车行驶时的负荷情况,就可以在底盘测功试验台上完成汽车性能试验和各系统故障诊断。

2. 底盘测功试验台的组成

底盘测功试验台，一般由滚筒装置、加载装置、测量装置、控制与指示装置和辅助装置等组成，如图 2-1 所示。

目前常用的底盘测功试验台有国产 RCD-1030 型、日本 CDM-200 型、BOSCH 公司 FLA203 型、LPS-95 型等。

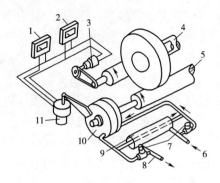

图 2-1 底盘测功试验台结构示意图
1-功率表；2-速度表；3-测速发电机；4-从动滚筒；5-主动滚筒；6-进水管；7-电磁阀；8-排水管；9-热交换器；10-功率吸收装置；11-转矩传感器

1) 滚筒装置

底盘测功试验台的滚筒相当于连续移动的路面，被测车辆的车轮在其上滚动。试验台有单滚筒与双滚筒之分，如图 2-2 所示。

支承两边驱动车轮的滚筒各为单个的试验台，称为单滚筒试验台。

支承两边驱动车轮的滚筒各为两个的试验台，称为双滚筒试验台。汽车综合性能检测站和维修企业使用的为双滚筒试验台。

2) 加载装置

加载装置用来吸收和测量驱动轮上的输出功率，亦称测功器。

底盘测功试验台上采用的测功器类型有：水力测功器、电力测功器和电涡流测功器。电涡流测功器测试范围广，结构紧凑，耗电量小，易于实现自动控制，且造价适中，故应用较广。

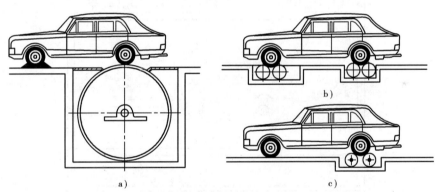

图 2-2 滚筒装置的结构形式
a) 大直径滚筒；b) 前后轮双滚筒；c) 后轮双滚筒

3) 测量装置

测量装置包括测力装置、测速装置、测距装置和功率指示装置等。

(1) 测力装置。测功器转子与定子间的制动转矩可由与定子相连的测力臂传给测力装置，然后由仪表指示出其数值，该指示值即为驱动轮上的驱动力。

测力装置有机械式、液压式、电测式和转矩仪等多种。

(2) 测速装置。因为汽车驱动轮的输出功率不是由测功器直接测出，而是根据测得的转速和转矩或速度和驱动力经计算得出，所以试验台必须备有测速装置。同时，在进行汽车的加速性能、滑行性能、燃油消耗量等试验时，都需要准确地表示测试时刻的车速，并要求连续测量，因此也需要测速装置。

测速装置多为电测式,一般由测速传感器、中间处理装置和指示装置组成。常见的测速传感器有磁电式、光电式和测速发电机等形式。测速传感器一般安装在从动滚筒的端部,随滚筒一起转动并把滚筒的转动变为电信号。

(3)测距装置。在试验台上进行加速、滑行、油耗试验时,除了要测量车速外,还必须测量汽车的行驶距离,故需要测距装置。一般是采用光电盘脉冲计数式的测距装置。

4)控制与指示装置

现代汽车底盘测功试验台广泛采用工控单片机或微机为核心的控制系统。由微机控制的底盘测功试验台,通常采用电测式测力装置,测力传感器输出的电信号送入微机,经微机处理后,可在指示装置上直接指示功率值。

DCG-10C 型汽车底盘测功试验台的控制指示柜面板如图 2-3 所示。控制指示柜面板上有多个按键、显示窗、旋钮和功能灯、报警灯、指示灯及发光管等,用来控制试验过程,指示试验结果。

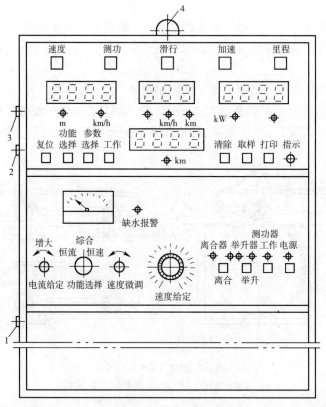

图 2-3　DCG-10C 型汽车底盘测功试验台控制指示柜面板
1-打印机电源线插座;2-打印机数据线插座;3-取样盒插座;4-报警灯

5)辅助装置

为方便被测车驶入和驶出试验台,在试验台的两个平行滚筒之间装有举升器。举升器有气动式、液动式和电动式 3 种形式,以气动式举升器为多见。

汽车在底盘测功试验台上进行模拟道路工况试验时,由于汽车并不发生位移,缺少迎风面,因而使发动机冷却系的散热速度相对不足。特别是在进行长时间大负荷、全负荷试验时,发动机易过热,一般试验台在汽车前面设置有移动式冷风装置,以加强冷却。

在进行汽车性能试验时,为了模拟汽车惯性质量的影响,试验台旋转质量的动能应与汽车在道路上行驶时的动能相等,因此,有的底盘测功试验台的传动系统加装有飞轮,如图2-4所示。飞轮可以通过离合器直接与主动滚筒相连,也可以通过增速器与主动滚筒相连(适应不同车型需要)。

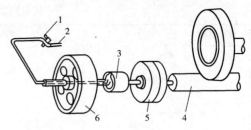

图 2-4 带飞轮的底盘测功试验台
1-离合器调节阀;2-压缩空气管;3-气压传动离合器;
4-主动滚筒;5-功率吸收装置;6-飞轮

2.1.2 底盘测功试验台的操作

1)试验台的准备

(1)检查调整试验台各部件,补足润滑油。

(2)检查举升器有无漏气(或漏油)现象,工作是否正常。

(3)检查指示仪表指针是否在零位,并注意使用中指针的复位情况。

(4)检查各种导线的接触情况,如有接触不良或损伤,应予更换。

2)被测车的准备

(1)汽车在开上底盘测功试验台以前,必须通过路试走热全车(发动机冷却液温度达正常温度)。

(2)仔细调整发动机供油系和点火系,使其处于最佳工作状态。

(3)检查并紧固传动系、车轮的连接装置。

(4)检查轮胎气压并使之达到制造厂的规定值,清洁轮胎表面。

3)测试步骤

进行汽车技术等级评定时,只需测定发动机额定功率转速下驱动轮的输出功率。为了全面考核车辆的动力性和调整质量,测量点除了制造厂给出的额定功率相应的转速点和最大转矩相应的转速点以外,还应进行低转速下的功率测量,这样才能全面反映出供油系和点火系的调整质量。通常测量点不少于 3 个(其中包括额定功率和最大转矩点)。

测试步骤如下:

(1)接通试验台电源,功率表换挡开关置相应挡位。

(2)升起举升器托板,使被测车的驱动轮与滚筒垂直停放在托板上。

(3)降下举升器托板,并用挡块抵住试验台外面的一对车轮。接通发动机冷却装置电源。

(4)起动发动机,逐渐增加其转速,同时调节测功器的负荷,使发动机在节气门全开的情况下,以与最大功率相应的转速运转。待转速稳定后,记下仪表指示的功率和车速值。

(5)保持发动机节气门全开,并逐步增加测功器负荷,测出包括最大转矩点和低转速下的功率和车速值。

(6)全部测试完毕,待驱动轮停转,切断发动机冷却装置电源,移去挡块,升起举升器托板,被测车驶出试验台。

(7)切断试验台电源。

4)底盘测功试验台的维护

底盘测功试验台的维护按表 2-1 的规定进行。

底盘测功试验台的维护　　　　　　　　　　　表 2-1

维护周期	维护部位	维 护 要 领	调 修 方 法
1 个月	注油器	检查油量,不足时按厂家规定油品补充	滴油量过多时,通过注油器上部的调整螺钉调整油量,使阀门滴入的油量适当
	空气滤清器	旋松滤清器下部的螺钉,放出积水	积污严重时,应拆下清洗
	滚筒	检查滚筒表面是否磨损和粘有污物	磨损严重、具有伤痕时,应更换滚筒
		检查滚筒轴承的异响和间隙	有异响或间隙时,应更换轴承
	联轴器	检查轴与联轴器法兰盘间有无间隙	间隙过大时,应更换键
	举升器	检查汽缸是否有空气泄漏;检查汽缸的工作状态	有空气泄漏时,应更换 O 形密封圈
		检查管路(包括橡胶软管)是否漏气	有空气泄漏时,应更换管路
		检查滚轮式制动器的机械状态	制动器不起作用时,应更换制动蹄片
	旋转检测装置	检查齿轮及其啮合间隙状态	齿轮损坏应更换,并调整至正常啮合间隙
	转矩检测连接装置	检查连接装置有无间隙,旋转轴是否圆滑	间隙过大时,应更换滑环或轴衬套
	EC 制动器(测功器)	检查测功器及橡胶管是否漏水	橡胶水管漏水应更换,测功器有漏水时,应进行修理
	侧面托架	检查侧面托架的回转状况	回转状况不良,应更换轴承
	转矩传感器	取下传感器盖板,检查传感器的滑动部分及油室是否脏污,油是否用尽	传感器如有卡滞指示不正确时,应在其滑动部分涂上一层尽可能薄的油
6 个月	直流发电机电刷	检查电刷是否磨损	电刷磨损严重时应更换
	指示仪表、控制盘	检查指示仪表的动作状况 确认指示灯的照明状况 旋紧接线盘上的螺钉	
	连接螺栓	旋紧各部螺栓,特别是可动部分和固定螺栓	
	冷却水控制电磁阀	检查工作情况是否正常	工作异常应进行维护
1 年	接受设备检定部门检定		

2.1.3　底盘测功试验台的结果分析

在底盘测功试验台上可以再现汽车在道路上行驶的各种工况,因此除可以进行底盘输出功率测定外,还可以进行汽车性能试验和发动机与底盘各系统技术状况诊断。

1. 整车输出功率的测定

底盘测功试验台上的加载装置(即测功器),除用来吸收和测量驱动轮上的功率或牵引力外,还可以通过调节试验台上测功器的负载模拟汽车在道路上行驶时所受到的各种阻力。加装飞轮的底盘测功试验台,其飞轮的转动惯量可以等效(通过更换不同质量的飞轮或通过带增速器的飞轮调速来实现)试验汽车加速时的惯性力(即加速阻力)。因此,可以在底盘测功试验台上模拟汽车在行驶时的各种工况,进行整车性能如加速性能、爬坡性能和滑行性能等试验,车辆等速油耗量和多工况油耗量试验以及车速表指示误差校验等。

交通部 JT/T 198—1995《汽车等级评定标准》和 JT/T 199—1995《汽车技术等级评定的检测方法》中规定,汽车动力性测试可采用底盘测功试验台测量底盘输出功率来换算发动机功率。由底盘测功试验台实测的底盘输出功率换算成发动机的输出功率,需要求出功率转换系数,即:

$$K = \frac{P_k}{P_f} \tag{2-1}$$

式中:K——功率转换系数;

P_k——底盘输出功率,kW;

P_f——发动机输出功率,kW。

从分析发动机功率传输关系可得到汽车底盘输出功率:

$$P_k = P_f \cdot \eta_T \cdot \eta_m \tag{2-2}$$

式中:η_m——汽车的传动效率;

η_T——底盘测功试验台的传动效率。

比较式(2-1)与式(2-2)可知,功率转换系数 K 等于汽车传动效率 η_m 与底盘测功试验台传动效率 η_T 之积。因此,功率转换系数值与汽车车型和底盘测功试验台的类型有关。由于底盘测功试验台的类型不同以及被测汽车的车型不同,不可能有统一的功率转换系数。因此,配有底盘测功试验台的 A 级汽车综合性能检测站,可以根据本站底盘测功试验台的类型,选择相当数量的常用车型,经过大量测试,求得各类车型(可将各类车型划分为中重型、轻型、前驱动轿车及微型车等几个档次)底盘输出功率的平均值,与发动机输出功率相比求出不同车型的功率换算系数,作为检测标准使用。

2. 整车各系统技术状况诊断

凡需要汽车在运行中进行检测与诊断的项目,只要配备所需的仪器,均可在滚筒式底盘测功试验台上进行,如检测各种工况下的废气成分与烟度,检测汽油机点火提前角与柴油机喷油提前角,诊断各总成或系统的噪声与异响(包括经验诊断法),观察汽油机点火波形与柴油机供油波形,检测各总成工作温度和各电气设备工作情况等。

在底盘测功试验台上还可以诊断传动系各总成技术状况,如离合器打滑、传动轴摆振、变速器异响、跳挡等。在惯性式底盘测功试验台上,当测得底盘输出功率后,立即踩下离合器踏板,利用试验台对汽车的反拖,可测得传动系消耗功率。如果将测得的同一转速下的底盘输出功率与传动系消耗功率相加,就可以求得这一转速下发动机的输出功率。

3. 检测结果分析

从底盘测功试验台上测出的驱动轮输出功率与发动机的输出功率进行对比,可以求出汽车的传动效率 η_m。

$$\eta_m = \frac{P_k}{P_f} \cdot \frac{1}{\eta_T} \tag{2-3}$$

式(2-3)中,因 η_T 是定值,由此可以求出 η_m。汽车传动效率值如表 2-2 所列,当被测车经检测后,其传动效率低于表中值时,说明消耗于传动系的功率增加。损耗的功率主要消耗在各运动件的摩擦和搅油上。因此,通过正确的调整和合理的润滑,传动效率会得到提高。应该指出的是,汽车传动系传动效率的变化符合如下规律:新车的传动效率并不是最高,只有经过磨合期后,使传动系完全磨合,传动系各运动件配合状况变好,摩擦力减小,才能使传动效率达到最大值;此后,随着车辆继续使用,行驶里程的不断增加,传动系配合副的磨损逐渐扩大,配合状况逐渐恶化,造成摩擦损失不断增加,因而传动效率又会逐渐降低。因此,从车辆的正确使用和维修角度,对于新车或大修竣工车,一定要加强磨合期的使用,严格按规范进行磨合,汽车维修中注意传动系的正确调整和合理润滑,才能获得较高的底盘输出功率,提高汽车的动力性能。

汽车传动效率值　　　　　　　　　　　表 2-2

汽车类型		传动效率 η_m
轿车		0.90~0.92
载货汽车和公共汽车	单级主减速器	0.90
	双级主减速器	0.84
4×4 越野汽车		0.85
6×4 载货汽车		0.80

2.2 排气污染物的测定

随着汽车工业的发展和汽车保有量的急剧增加,汽车排放对大气的污染已构成公害。它恶化了人类的生存环境,影响了人们的身体健康,已发展成为严重的社会问题。因此,监督并检测汽车排气污染物的浓度,已成为汽车检测中重要的检测项目。

为限制汽车排气污染物的排放量,世界上许多国家都制定了限制汽车排放的法规,其中,美、日等国对汽车排放限制最为严格。我国自 1983 年颁布第一批机动车污染控制排放标准(GB/T 3842~3844—1983)以来,1983~1999 年间又陆续颁布了一些新的标准,形成了以 GB 14761—1999、GB 14761.5—1993、GB 14761.6—1993、GB 17691—1999 以及一些地方标准构成的现行汽车排放标准体系(见第 1 章 1.6 节内容)。

2.2.1 汽车排气污染物的主要成分及其危害

1. 汽车排气污染物的主要成分和来源

汽车排气的污染物,主要是一氧化碳(CO)、碳氢化合物(HC)、氮氧化合物(NO_x)、铅化合物、二氧化硫(SO_2)、炭烟及其他一些有害物质。在相同工况下,汽油机排放的 CO、HC 和 NO_x 量比柴油机大,因此,目前的排放法规对汽油机主要限制 CO、HC 和 NO_x 的排放量。柴油机对大气的污染较汽油机轻得多,柴油机燃烧时混合气形成时间非常短,在空气不足或混合气不均匀的情况下,主要是产生炭烟污染,因此排放法规主要限制柴油机排气的烟度。

汽车排气污染物主要有 3 个来源:

(1)发动机排气管排出的废气(亦称尾气)。汽车排放的有害污染物中,约有 55% 的 HC 和绝大部分 CO、NO_x、SO_2、微粒等都是由排气管排出的。

(2)曲轴箱窜气。曲轴箱窜气的主要成分是HC(占HC总排量的20%~25%),其余还有CO、NO_x、SO_2等成分。

(3)汽油蒸气。主要是化油器的浮子室因受发动机高温的影响,汽油蒸气经空气滤清器排入大气和从汽油泵和油管接头处渗出的汽油蒸发散入大气。上述各处排放的主要是HC,约占总排出量的20%。

2. 汽车排气污染物的危害

汽车排出的各种物质中,对人类形成危害的有CO、HC、NO_x、SO_2和炭烟等。其危害简述如下:

(1)一氧化碳(CO)。CO是一种无色无味的有毒气体,它进入人体后极易与血液中担负输运氧气的血红蛋白结合。CO与血红蛋白的亲和力是氧的300倍,因此在肺里血红蛋白不与氧结合而与CO结合,造成人体各部分缺氧,引起头痛、头晕、呕吐等中毒症状,严重时甚至死亡。

(2)碳氢化合物(HC)。单独的HC只有在浓度相当高的情况下才会对人体产生影响,一般情况下作用不大。但它能引起光化学反应而生成光化学氧化剂,且生成甲醛,形成烟雾影响视线,刺激眼黏膜。

(3)氮氧化合物(NO_x)。汽车排气中的NO_x主要是NO,也有少量的NO_2。NO与血液中血红蛋白的亲和力比CO还强,通过呼吸道及肺进入血液,使其失去输氧能力,产生与CO相似的严重后果。NO_2侵入肺脏深处的肺毛细血管,引起肺水肿,同时还能刺激眼、鼻黏膜,麻痹嗅觉。

(4)二氧化硫(SO_2)。SO_2有强烈的气味,当空气中SO_2的体积分数达10×10^{-6}时就可刺激咽喉与眼睛,体积分数达40×10^{-6}时会使人中毒。若大气中含SO_2过多,还会形成"酸雨",损害生物,使土壤与水源酸化,影响自然界的生态平衡。

(5)炭烟。炭烟以柴油机排放量为最多,它是柴油机燃烧不完全的产物,其内含有大量的黑色炭颗粒。炭烟能影响道路的能见度,并因含有少量的带有特殊臭味的乙醛,往往引起人们恶心和头晕。

2.2.2 汽油车排气污染物的测量

汽油发动机在怠速运转时,由于节气门开度小、发动机转速低、残余废气量相对增大和燃烧温度低等原因,使得CO和HC的排放量明显增多。为此,国家标准GB 14761.5—1993和GB/T 3845—1993分别规定了《汽油车怠速污染物排放标准》《汽油车排气污染物的测量怠速法》。在GB 14761—1999《汽车排放污染物限值及测试方法》和一些地方标准中,又作了进一步的规定。在测量方法中指出,测量仪器多采用不分光红外线(NDIR)气体分析仪。

1. 不分光红外线分析法的基本原理

汽车废气中的CO、HC、NO和CO_2等气体,都分别具有能吸收一定波长范围红外线的性质,而且红外线被吸收的程度与废气浓度之间有一定的关系,如图2-5所示。不分光红外线分析法就是根据这一原理,即根据废气吸收一定波长红外线能量的变化,来测量废气中各种污染物的浓度。在各种气体混合在一起的情况下,这种测量方法具有测量值不受影响的特点。

利用不分光红外线分析法原理制成的分析仪,既可以制成能测量CO和HC两种气体浓度的综合分析仪,也可以制成单独测量 CO(或 HC)的单项分析仪。

2. 不分光红外线气体分析仪的组成与工作原理

不分光红外线 CO 和 HC 气体分析仪,是一种能从汽车排气管中采集气样,并对其中所含 CO 和 HC 的浓度进行连续测量的仪器。它由废气取样装置、废气浓度指示装置和校准装置等组成(图 2-6)。

目前常用的气体分析仪有佛山 MEXA-324 型,BOSCH 公司 ESA3.250 型。

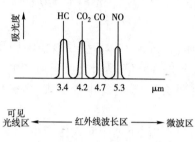

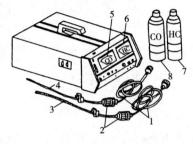

图 2-5 不同气体吸收红外线情况

图 2-6 不分光红外线气体分析仪
1-导管;2-滤清器;3-低浓度取样探头;4-高浓度取样探头;5-CO 指示仪表;6-HC 指示仪表;7-标准 HC 气样瓶;8-标准 CO 气体瓶

1) 废气取样装置

由图 2-7 可以看出,废气取样装置是由取样头、滤清器、导管、水分离器和泵等组成的。先由取样头、导管和泵从汽车的排气管里采集废气,再用滤清器和水分离器把废气中的炭渣、灰尘和水分除掉,只将废气送入分析装置。

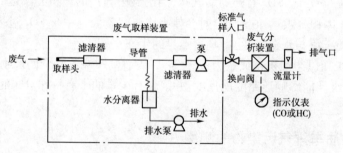

图 2-7 废气在分析仪内的流动路线

2) 废气分析装置

废气分析装置由红外线光源、气样室、旋转扇轮和传感器等组成。该装置是按不分光红外线分析法,从来自取样装置的混有多种成分的废气中,测量出 CO 和 HC 的浓度,并以电信号形式输送给浓度指示装置。

图 2-8 为不分光红外线气体分析仪结构原理简图,从两个红外线光源发出的红外线,分别通过标准气样室和测量气样室后到达测量室。在标准气样室里充有不吸收红外线的 N_2 气体;在测量气样室里充有被测量的废气。测量室由两个分室构成,在两个分室中间装有金属膜式电容微音器作为传感器。为了能够从废气中选择出只需测量的成分,在测量室的两个分室内,分别充入与被测气体相同的气体(在测量 CO 的分析装置内充入 CO 气体;在测量 HC 的分析装置内充入正己烷气体)。当红外线通过旋转扇轮后断续到达测量室时,由于通过测量气样室的红外线被所测气体按其浓度大小吸收掉一部分一定波长的红外线,而通过标准气样室的红外线没有被吸收,因此在测量室的两个分室内因红外线的能量差别而出

现温度差,从而导致两个分室的压力差,致使金属膜片弯曲变形。废气中被测气体浓度越大(两个分室红外线的能量差越大),金属膜片弯曲变形越大。膜片弯曲变形使电容改变,电容改变引起电压改变,该电压信号经放大器放大后输送到浓度指示装置。

3) 指示装置

综合式分析仪的浓度指示装置主要由 CO 指示装置和 HC 指示装置组成,如图 2-9 所示。从废气分析装置送来的电信号,在 CO 指示仪表上 CO 浓度以体积百分数(%)为单位;在 HC 指示仪表上 HC 浓度以正己烷当量体积百万分数(10^{-6})为单位直接指示出来。仪表的指示可利用零点调整旋钮、标准调整旋钮和读数挡位转换开关等进行控制。此外,还可以通过气流通道一端设置的流量计,得知废气通道是否有滤清器脏污等异常情况。

4) 校准装置

校准装置是为了保持分析仪指示精度,使之能经常显示正确指示值的一种装置。在分析仪上通常设有加入标准气样进行校准的校准装置和机械的简易校准装置。

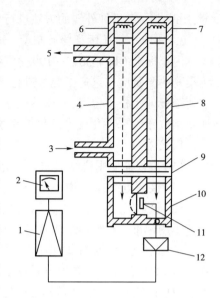

图 2-8 不分光红外线气体分析仪结构原理简图

1-主放大器;2-指示仪表;3-废气入口;4-测量气样室;5-排气口;6、7-红外线光源;8-标准气样室;9-旋转扇轮;10-测量室;11-电容微音器;12-前置放大器

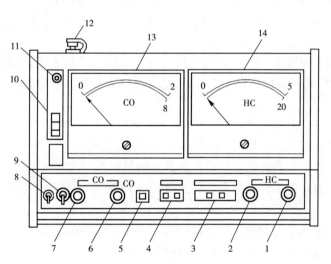

图 2-9 不分光红外线气体分析仪面板图

1-HC 标准调整旋钮;2-HC 零点调整旋钮;3-HC 读数转换开关;4-CO 读数转换开关;5-简易校准开关;6-CO 标准调整旋钮;7-CO 零点调整旋钮;8-电源开关;9-泵开关;10-流量计;11-电源指示灯;12-标准气样注入口;13-CO 指示仪表;14-HC 指示仪表

(1) 标准气样校准装置是把标准气样从分析仪单设的一个专用注入口(图 2-9 中 12)直接送到废气分析装置,再通过比较标准气样浓度值和仪表指示值的方法来进行校准的装置。

(2) 简易校准装置是用遮光板把废气分析装置中通过测量气样室的红外线挡住一部

分,用减少一定量红外线的方法进行简单校准的装置。

3. 汽油车排气污染物的测量

国家标准 GB/T 3845—1993《汽油车排气污染物的测量 怠速法》中规定,汽油车排气污染物的测量应在怠速工况下进行。怠速工况是指发动机在运转中,离合器处于接合位置,加速踏板处于松开位置,变速器处于空挡位置(装用自动变速器时换挡操纵手柄位于停车或空挡位置),采用化油器的供油系统,其阻风门处于全开位置。

1) 仪器准备

(1) 按仪器使用说明书的要求对仪器进行各项检查工作。

(2) 接通电源,对分析仪预热 30min 以上。

(3) 仪器校准:

①用标准气样校准。先让分析仪吸收清洁空气,用零点调整旋钮把仪表指针调到零点。然后把标准气样从标准气样注入口灌入,再用标准调整旋钮把仪表指针调到标准值。注意:在灌注标准气样时,要关掉分析仪上的泵开关。

CO 校准的标准值就是标准气样瓶上标明的 CO 浓度值;HC 校准的标准值,由于是用丙烷作为标准气样,因而要求出正己烷的换算值作为校准的标准值,其换算公式为:

$$校准的标准值(即正己烷换算值) = 标准气样(丙烷)浓度 \times 换算系数$$

校准气样(丙烷)浓度即标准气样瓶上标明的浓度值;换算系数是分析仪的给出值,一般为 0.472 ~ 0.578。

②简易校准。接通简易校准开关,对于有校准位置刻度线的分析仪,用标准调整旋钮将指示仪表的指针调整到正对校准刻度线即可。如果没有校准位置刻度线,则要在标准气样校准时,在标准指示值位置作上记号,然后立即进行简易校准,使仪表指针与标准指示值记号重合即可。

(4) 把取样探头和取样导管安装到分析仪上。此时如果仪表指针超过零点,则表明导管内吸附有较多的 HC,需要用压缩空气或布条等清洁取样探头和导管。

2) 汽车准备

(1) 进气系统应装有空气滤清器,排气系统应装有排气消声器,并不得有泄漏。

(2) 应保证取样探头插入排气管的深度为 400mm,并能固定于排气管上。

(3) 发动机冷却液和润滑油温度应达到规定的热状态。

(4) 按汽车制造厂使用说明书规定的调整法,调整好怠速和点火正时。

3) 测量方法

(1) 发动机由怠速工况加速至 0.7 倍的额定转速,维持 60s 后降至怠速状态。

(2) 把指示仪表的读数转换开关置于最高量程挡位。

(3) 将取样探头插入汽车排气管中,深度为 400mm,并固定于排气管上。

(4) 一边观看指示仪表,一边用读数转换开关选择适于所测废气浓度的量程挡位。发动机在怠速状态维持 15s 后开始读数,读取 30s 内的最高值和最低值,取其平均值为测量结果。若为多排气管时,取各排气管测量结果的算术平均值。

(5) 检测工作结束后,把取样探头从排气管里取出来,让它吸入新鲜空气工作 5min,待仪器指针回到零位后再关掉电源。

4) 不分光红外线气体分析仪的维护

不分光红外线气体分析仪的维护按表 2-3 的规定进行。

不分光红外线气体分析仪维护　　　　　　表 2-3

维护周期	维护部位	维护要领	调修方法
使用前	指示仪表	在不通电的状态下,检查指针的机械零点	偏离时,调节零点调整旋钮,直至合格
	流量计	从气体入口取下导管,用手遮盖进气口,检查其动作状态	当发现不能正常动作时,应进行修理
	取样探头和导管	检查有无压扁、割坏、不通、脏污等情况	当发现已压扁、割坏时应更换新件,脏污不通时用布和压缩空气清扫
	滤清器	检查脏污程度	脏污时应更换
	水分离器	检查存水量	发现有存水时取下排尽清扫
	校准装置 1. 标准气样校准 2. 简易校准装置	接通电源进行必要的预热,吸进清净空气,检查零点调整能否进行。关闭泵开关(校准、测定转换开关,放在校准侧),注入标准气样,检查能否进行标准调整(频率根据制造厂的规定),打开简易校准开关,检查动作状态和指示针的指针位置,即刻度板的调整位置	不能调整时,应由专业厂家修理。HC 分析仪的标准气样是丙烷,所以应通过下式求校准的基准值: 校准基准值＝标准气样浓度×换算系数 当发现不能调整时,应进行修理
	接线	检查有无损伤和接触不良的地方	如发现有接触不良和断线处,应更换新线
6 个月	对仪器进行校准		
1 年	接受设备检定部门的检定		

2.2.3 柴油车烟度的测量

柴油车排出的烟色,主要分为黑烟、蓝烟和白烟 3 种。其中,以柴油机在全负荷和加速工况时排出的黑色炭烟最为常见。

柴油机的排气烟度用烟度计来测量。烟度计大致分为滤纸式烟度计、透光式烟度计和重量式烟度计等多种。使用不同的烟度计,烟度的定义也不同。我国使用滤纸式烟度计。烟度的定义是:定容量排气所透过的滤纸的染黑度。

柴油车排气烟度的测量,从测量方法、测量仪器到烟度的允许限值,到目前为止没有形成世界性的统一标准,各国都根据本国的具体情况制定了有关规定。我国国家标准 GB/T 14761.6—1993 和 GB/T 3846—1993 分别规定了《柴油车自由加速烟度排放标准》和《柴油车自由加速烟度的测量　滤纸烟度法》。在 GB 17691—2005《车用压燃式、气体燃料点燃式发动机与汽车排气污染物排放限值及测试方法》中,又作了进一步规定。在测量方法中规定,测量仪器采用滤纸式烟度计。

1. 滤纸式烟度计的基本原理

由于国家标准 GB/T 3846—1993 中所涉及的新型滤纸式烟度计,目前我国还没有产品,实施起来有困难,因此测量方法仍按原国家标准 GB/T 3846—1983《柴油车自由加速烟度测量方法》执行。排放限值按 GB/T 14761.6—1993 执行,但测量单位仍按博世烟度单位(R_b)。这里以博世滤纸式烟度计测量烟度的方法,介绍其测量原理。

滤纸式烟度计的测量原理为：用一个活塞式抽气泵，从柴油机排气管中抽取一定容积的废气，使它通过一张一定面积的白色滤纸，废气中的炭烟存留在滤纸上，并使其染黑。用检测装置测定滤纸的染黑度，再由指示装置指示出来。滤纸的染黑度用 0～10 波许单位（R_b）表示。规定全白滤纸的博世单位为 0，全黑滤纸的博世单位为 10，从 0～10 均匀分度。

2. 滤纸式烟度计的组成与工作原理

滤纸式烟度计是应用最广泛的烟度计之一，有手动、半自动和全自动 3 种类型。其结构都是由取样装置、染黑度检测与指示装置和控制装置等组成。图 2-10 所示为常见滤纸式烟度计的组成和结构简图。

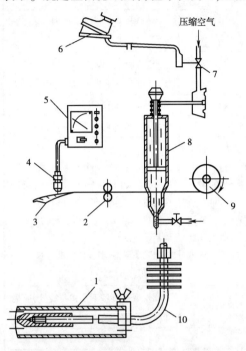

图 2-10　滤纸式烟度计的组成和结构简图
1-排气管；2-进给机构；3-滤纸；4-光电传感器；5-指示电表；6-脚踏开关；7-电磁阀；8-抽气泵；9-滤纸卷；10-取样探头

1）取样装置

废气取样装置由取样探头、活塞式抽气泵和取样软管等组成。

取样探头有台架用与整车试验用两种形式。整车试验用取样探头带有散热片，并有安装夹具以便固定在排气管上。取样探头在活塞式抽气泵的作用下抽取废气。其结构形状应能保证在取样时不受排气动压影响。

滤纸夹持机构在取样时实现对滤纸的夹紧和密封。当抽气泵抽气时，废气经滤纸进入泵筒内，炭烟留在滤纸上并将其染黑，夹持机构应能保证滤纸的有效工作面直径为 32mm。取样完成后，滤纸夹持机构松开，染黑的滤纸由进给机构送至染黑度检测装置。

取样软管把取样探头与活塞式抽气泵连接在一起。我国规定取样软管的内径为 4mm，长度为 5m。

2）染黑度检测装置

染黑度检测与指示装置原理简图如图 2-11 所示。它由光源（白炽灯泡）、光电元件（环形硒电池）和指示电表等组成。它是根据光学反射作用，由光源的光线射向已被炭烟染黑的滤纸，光线一部分被黑色炭烟吸收，一部分被滤纸反射至光电元件，从而产生相应的光电流。指示装置按光电流大小分 1～10 个刻度，称为波许烟度单位。刻度 0 表示白滤纸的色度，刻度 10 表示全黑滤纸的色度。

检测装置一般都备有供标定或校准用的标准烟样。标准烟样的标定值一般选在 $5R_b$ 左右。指示电表应经标准烟样校准，以保持其测量精度。

3）控制装置

控制装置包括用脚操纵的抽气泵开关、滤纸进给机构和压缩空气清洗机构等。压缩空气清洗机构能在取样前，用压缩空气清洗取样头和取样软管内的残留废气炭粒。

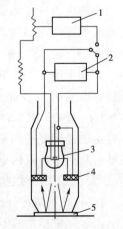

图 2-11　染黑度检测与指示装置原理简图
1-电源；2-指示电表；3-光源；4-光电元件；5-滤纸

3. 柴油车烟度的测量方法

GB/T 3846—1993《柴油车自由加速烟度的测量 滤纸烟度法》中规定,柴油机烟度测量在自由加速工况下进行。自由加速工况是指:柴油发动机处于怠速工况(发动机运转;离合器处于接合位置;加速踏板处于松开位置;变速器处于空挡位置;具有排气制动装置的发动机,蝶形阀处于全开位置),将加速踏板迅速踩到底,维持4s后松开。

1) 仪器准备

(1) 通电之前,检查指示电表指针是否在机械零点上,否则用零点调整旋钮使指针与"10"的刻度重合。

(2) 通电后,仪器预热。用标准色纸(白滤纸和标准烟样)检查指示电表指针是否符合染黑度数据,并进行调整。

(3) 检查取样装置和控制装置中各部件的工作情况,特别要检查脚踏开关与抽气泵动作是否同步。

(4) 检查控制用和清洗用压缩空气的压力是否符合要求。

(5) 检查滤纸进给机构的工作情况。检查滤纸是否合格,应洁白无污。

2) 汽车准备

(1) 进气系统应装有空气滤清器,排气系统应装有消声器,并且不得有泄漏。

(2) 排气管应能够保证取样探头插入深度≥300mm;否则,排气管应加接管,并保证接口不漏气。

(3) 必须采用生产厂规定的柴油机润滑油和未加消烟剂的柴油。

(4) 柴油机应预热至规定的热状态。

3) 测量方法

(1) 取样探头逆气流固定于排气管内,并使其中心线与排气管轴线平行。

(2) 将踏板开关安装在加速踏板上端或将手动橡皮球通过远控软管引入驾驶室。

(3) 把抽气泵压到最下端并锁止。

(4) 按图2-12所示的测量规程进行自由加速烟度的测量。先由怠速工况将加速踏板踩到底,约4s迅速松开,如此反复3次,以便将排气管内的炭粒除掉,然后怠速运转11s,在此期间用压缩空气清洗机构对取样探头和取样管吹洗3~4s。

(5) 将加速踏板与踏板开关一并迅速踩到底,约4s后立刻松开,维持怠速运转11s。在此期间内完成取样、抽气泵复位、走纸(或更换新滤纸)、清洗和指示(或打印测量结果)。

(6) 重复3次,两次加速之间间隔15s。3次读数的算术平均值即为所测烟度值,如图2-13所示。

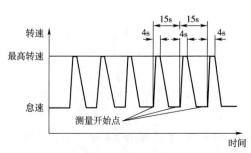

图2-12 自由加速烟度的检测

图2-13 用滤纸测排气烟度

(7)测量结束,及时关闭电源。

4)滤纸式烟度计的维护

滤纸式烟度计的维护按表2-4的规定进行。

滤纸式烟度计维护 表2-4

维护周期	维护部位	维护要领	调修方法
使用前	指示仪表	在不接通电源的状态下,检查指针的机械零点。接通电源进行必要的预热,用标准纸对着检测部分,旋转指示调整旋钮,检查指针的指示是否符合标准纸的染黑度数值	指示不准时,用零点调整旋钮调到"10"的位置 不能调整时,清扫检测部分,更换灯泡
	取样探头和导管	检查有无压扁、割坏、堵塞、污染等	发现已压扁、割坏时,应更换新件;如有污染和堵塞时,应用压缩空气清扫
	空气压力调整器	检查控制压力	根据制造厂规定的压力进行调整
	空气清扫机构	检查空气清扫机构的动作状态	不动作时,检查空气压缩机的压力表和烟度计的空气压力调整器
	抽气泵和脚踏开关	检查动作状态	动作不畅时,应进行修理
	送纸装置(没有的除外)	检查有无滤纸及其动作状态	无滤纸,应补足;动作不畅应进行修理
	接线	检查有无损伤和接触不良处	发现有接触不良或断线处,应更换新品
1个月	测定器(没有的除外)	检查污染和变形	污染时进行清扫;变形时应更换新品
1年	接受设备检定部门的检定		

2.2.4 汽车排气污染物排放标准及结果分析

1. 汽油车污染物的排放标准

为贯彻《中华人民共和国环境保护法》和《中华人民共和国大气污染防治法》,防止汽油车排气对环境的污染,国家标准GB 14761—1999《汽车排放污染物限值及测试方法》和一些地方标准对汽油车污染物排放做了规定。

1)标准适用范围

本标准规定了汽车排气排放、曲轴箱气体排放、蒸发排放的限值,以及污染控制装置的耐久性性能要求。

本标准规定了汽车冷起动后排气污染物排放、急速时一氧化碳排放、曲轴箱气体排放、点燃式发动机车辆蒸发排放、污染控制装置耐久性时效试验的测试方法。

本标准适用于:

(1)装燃用普通级无铅汽油和优质无铅汽油的点燃式发动机的M_1、M_2和N_1、N_2类的所有车辆。

(2)至少有4个车轮的装压燃式发动机的M和N_1类的所有车辆。

(3)不适用于整备质量小于400kg或设计速度小于50km/h的车辆。

2)排放标准值

(1)Ⅰ型试验(冷起动后排气污染物排放限值),见表2-5、表2-6。

燃用优质无铅汽油 M、N_1 类车辆排放限值(B类认证)　　　表2-5

车辆类型		基准质量 R_m (kg)	限值	
			一氧化碳(CO)质量 L_1 (g/km)	碳氢化合物+氮氧化合物(HC+NO$_x$)总质量 L_2(g/km)
$M_1$①		全部	3.16	1.13
$N_1$②	Ⅰ类	$R_m \leq 1\ 250$	3.16	1.13
	Ⅱ类	$1\ 250 < R_m \leq 1\ 700$	6.0	1.6
	Ⅲ类	$R_m > 1\ 700$	8.0	2.0

注:①指车辆设计乘员数(含驾驶员)不超过6人,且车辆的最大总质量不超过2 500kg。
②包括设计乘员数(含驾驶员)超过6人,或车辆最大总质量超过2 500kg,但不超过3 500kg 的 M 类车辆。

燃用柴油的 M、N_1 类车辆排放限值(C类认证)　　　表2-6

车辆类型		基准质量 R_m (kg)	限值		
			一氧化碳(CO)质量 L_1 (g/km)	碳氢化合物+氮氧化物(HC+NO$_x$)总质量 L_2 (g/km)	微粒质量 L_4 (g/km)
M_1		全部	3.16	1.13	0.18
N_1	Ⅰ类	$R_m \leq 1\ 250$	3.16	1.13	0.18
	Ⅱ类	$1\ 250 < R_m \leq 1\ 700$	6.0	1.6	0.22
	Ⅲ类	$R > 1\ 700$	8.0	2.0	0.29

(2)Ⅱ型试验(怠速时一氧化碳排放试验)。A类认证车辆和最大总质量超过3 500kg 的 B 类认证车辆应达到如下要求。

在制造厂规定的调整条件下,$C_{CO} \leq 3.5\%$;

在本标准附录 D 的条件下,$C_{CO} \leq 4.5\%$。

(3)Ⅲ型试验(曲轴箱气体排放限制)。不允许有任何曲轴箱气体排入大气中。

(4)Ⅳ型(蒸发排放限值)。最大总质量不超过3 500kg 的 A 类及 B 类车辆的蒸发排放限值<2g/试验。

2. 柴油车烟度排放标准

GB 14761.6—1993《柴油车自由加速烟度排放标准》对柴油车自由加速烟度排放做了规定。

1)标准适用范围

(1)本标准规定了道路用柴油车在自由加速工况下烟度排放标准值。

(2)本标准适用于装有柴油发动机、最大总质量>400kg、最大设计车速≥50km/h 的汽车。

2）排放标准值

柴油车自由加速烟度排放标准值如表2-7所列。

表2-7 柴油车自由加速烟度排放限值

车　别	烟度值（FSN）
1995年7月1日以前的定型汽车	4.0
1995年7月1日以前的新生产汽车	4.5
1995年7月1日以前生产的在用汽车	5.0①
1995年7月1日起的定型汽车	3.5
1995年7月1日起的新生产汽车	4.0
1995年7月1日起生产的在用汽车	4.5①

注：①经国家环境保护局认可的汽车烟度监测人员，可采用目测法测量，烟度值不得超过林格曼2级。

3. 检测结果分析

1）汽油车排气污染物检测结果分析

汽油车排气污染物超过标准，其主要原因是汽油机供油系调整不当所致。除发动机供油系的调整对排气污染物的成分、浓度有影响外，点火系和冷却系工作状态及曲柄连杆机构技术状况，对排气中CO、HC的浓度也有影响。下面简要介绍降低排气污染物的调整要点。

（1）混合气过浓。发动机混合气过浓，意味着空气量不足，燃烧不完全，废气中CO的含量必然增高，为此须注意以下的调整与检验。

①化油器调整。检查化油器主量孔是否调整过大（主量针旋入过少；不可调式铜质主量孔螺塞安装不紧或孔径扩大等）；浮子室油面是否过高（浮子是否破裂，三角针阀是否卡住或与阀座不密合，浮子杠杆是否弯曲等）；检查阻风门是否开启不足。

②检查空气滤清器。检查空气滤清器滤芯是否被灰尘堵塞影响发动机吸气。湿式滤芯浸入润滑油池内，检查空气滤清器内润滑油液面高度是否超限。

③检查汽油泵。检查汽油泵安装垫片厚度是否合适。垫片过薄会造成汽油泵摇臂行程加大，提高供油压力，从而造成浮子室油面超高。

（2）点火时刻失准。汽油机点火时刻过迟，会使混合气燃烧不彻底，致使废气中CO、HC含量增加。为此，要按规定正确调整点火提前角，并检查怠速时真空点火提前角调节装置是否起作用，真空点火提前角调节装置膜片是否损坏等。

（3）冷却系温度过低。发动机冷却系不良，工作时温度过低，燃油不能充分雾化燃烧，可使废气中CO、HC含量增加。节温器工作失常、散热器容量过大、百叶窗不能关闭等，都会影响冷却系正常工作。

（4）曲柄连杆机构磨损严重。汽缸、活塞、活塞环等磨损严重，漏气增加，压缩终了时，汽缸内压力不足，混合气不能充分燃烧，也会造成废气中CO、HC的增加。为此，需要适时测量汽缸压力，以便确定汽缸及活塞组件的技术状况。

2）柴油车烟度检测结果分析

柴油车自由加速烟度超过标准时，其主要原因是柴油机供油系调整不当所致。此外，柴油机汽缸活塞组和曲柄连杆机构的技术状况及柴油的质量等对烟度排放也有影响。柴油机供油系调整不当和相关系统技术状况的变化，主要表现在柴油机出现冒黑烟、蓝烟及白烟故障。下面简要介绍排烟故障的原因和诊断。

（1）黑烟故障。柴油机工作时黑烟浓重，其故障多属于喷油量过大、雾化不良、各缸喷油量不均匀、喷油时刻过早、调速器失调和空气滤清器堵塞等因素引起。

诊断时,对个别缸喷油量过大,可用分缸停止供油和结合观察排气烟色的方法予以判别。如某缸停止供油(旋松喷油器)后,烟色减轻,即为该缸喷油量过大。找出喷油量过大的汽缸后,检查该缸喷油泵柱塞调节齿扇固定螺钉是否松脱,喷油器是否良好。检查喷油器时,可将喷油器由缸体上拆下,仍连接高压油管,用旋具撬动该缸喷油泵柱塞弹簧座,作喷油动作,观察喷油雾化情况和有无滴油现象。若雾化不良,则应将喷油器解体检查。

经检查,若各缸喷油量均过大时,应打开调速器盖,检查调节齿杆的刻度是否向油泵壳内移入过多(刻线应与泵壳后端面平行);同时,还需检查调速器飞块是否卡滞引起喷油量过大。

在柴油机冒黑烟的同时,还可听到汽缸内有清脆的敲击声,说明喷油时刻过早,应正确校准喷油正时。检查中发现空气滤清器堵塞(滤芯脏污),应清洗、吹净,并按规定加注新润滑油。

此外,柴油机冒黑烟还与柴油质量有关。为使着火性能良好,一般柴油机选用十六烷值为 40~45 的柴油为宜。若十六烷值超过 65,则柴油蒸发性变差,致使燃烧不彻底,工作时也可发生冒黑烟现象。

(2)蓝烟故障。蓝色烟雾一般是润滑油窜入燃烧室后燃烧而生成的。因此,发现蓝色烟雾后,首先要检查油底壳的液面高度是否超高,因为润滑油液面过高容易造成润滑油上窜。值得注意的是,检查液面高度时,切不可在发动机停熄工作后就抽出油尺查看,因为此刻飞溅到曲轴箱壁上的润滑油尚未流回,须待停机后 10min,再抽出油尺查看。

如果经检查液面高度正常,则可进一步检验汽缸压缩压力。若汽缸压力低,则表明汽缸、活塞、活塞环磨损,间隙增大,漏气增加,润滑油上窜也比较严重。对于新车或则刚大修过的汽车,一般不会因汽缸间隙过大而引起润滑油上窜,往往是因活塞环内、外切口(或切角)装反而引起,必要时可解体发动机进行检查。

此外,空气滤清器堵塞,会使汽缸进气过程中阻力增加,进气不畅,汽缸内有一定负压,也会将润滑油吸入燃烧室。因此,出现冒蓝烟故障时,勿忘对空气滤清器进行检查与清洁。

(3)白烟故障。燃油中含有水分或冷却液漏入汽缸(汽缸套有砂眼、裂纹;汽缸垫损坏等),经炽热后化为蒸气由排气管喷出,常被视为白烟。寒冷季节或雨天汽车露天停放,初次起动时,排气管所冒白汽,往往是由于排气消声器内积水被发动机废气加热蒸发造成的,在发动机起动运转正常后,水蒸气蒸发殆尽,症状也即消失。

柴油机喷油时刻过迟、喷油压力低、雾化不良,可导致柴油未经充分燃烧即化作灰色烟雾排出。为此,发现柴油机冒灰白色烟雾时,应及时检查喷油正时、喷油压力等是否符合标准。

2.2.5 典型地方标准 DB 11/122—2010《在用汽油车稳态加载污染物排放限值及测量方法》简介

1. 适用范围

我国在北京、广州一些大城市,近年实行更为严格的汽车排气污染物排放标准,如用新的地方标准 DB 11/122—2010 代替原 DB 11/122—2006 标准。

本标准规定了在用车稳态加载试验排气污染物排放限值、判定方法和测量方法,适用于装用以汽油、液化石油气(LPG)和天然气(NG)为燃料的点燃式发动机,最大设计车速等于或大于50km/h 的 M 类和 N 类在用车。

2. 规范性引用文件

下列文件对于本文件的应用是必不可少的。凡是注日期的引用文件,仅所注日期的版本适用于本文件。凡是不注日期的引用文件,其最新版本(包括所有的修改单)适用于本文件。相关标准有:GB 18285—2005《点燃式发动机汽车排气污染物排放限值及测量方法(双怠速法及简易工况法)》、GB 18352.3—2005《轻型汽车污染物排放限值及测量方法(中国Ⅲ、Ⅳ阶段)》、GB/T 15089—2001《机动车辆及挂车分类、DB11/238 车用汽油判定方法》。

1)排放控制装置外观检查(DB 11/122—2010 4)

如果检查结果与登记信息相符,则判定该车辆排放控制装置外观检查合格,继续进行下述试验;否则,直接判定该车辆排放检测不合格。

2)BASM5024 工况试验

若同时满足①和②项要求,则判定该车辆通过 BASM5024 工况检测;若不满足②项要求,则直接判定该车辆排放检测不合格;否则,需继续进行 BASM2540 工况试验。

①三项污染物的试验结果均低于或等于表 2-8 中的相应限值;

②排放试验前或试验过程中,OBD 故障指示灯应工作正常且保持熄灭状态,对车辆 OBD 系统故障码的读取,未发现与排放控制装置相关的故障码。

注:②仅适用于满足 GB 18352.3—2005 排放标准,且带有 OBD 系统的车辆。

3)BASM2540 工况试验

若同时满足第 2)条①和②项要求,则判定该车辆通过 BASM2540 工况检测;若其中任意一条不能满足,则判定该车辆排放检测不合格。

4)怠速工况试验

若两项污染物的试验结果均低于或等于表 2-8 中的相应限值,则判定该车辆通过怠速工况检测;若其中至少有一种污染物的试验结果高于表 2-8 中的相应限值,则判定该车辆未通过怠速工况检测。

5)装用化油器发动机(含化油器改造)的车辆试验结果的判定

BASM5024 或 BASM2540 工况和怠速工况的试验结果均为通过时,才判定该车辆排放检测合格;若其中任意一种工况的试验结果为不通过,都判定该车辆排放检测不合格。

6)装用电控燃油喷射发动机的车辆试验结果的判定

通过 BASM5024 或 BASM2540 工况检测,便可判定该车辆排放检测合格;否则,判定该车辆排放检测不合格。

3. 排放限值及要求(DB 11/122—2010 5)

见表 2-8 在用车稳态加载试验排放限值及要求。

4. 设备准备与设置

设备准备与设置应符合如下要求:

(1)分析仪在每次开机时应自动进行预热,并应在通电后最长 30min 内达到稳定。

(2)分析仪应在每次开机预热完成后自动进行零点和量距点的标定。当标定不通过时,分析仪应锁止,不应进行测试。

(3)每次试验之前的 2min 内,应完成分析仪器的零点校正、环境空气测定和 HC 残留量的检查。满足以下条件之后,分析仪才可以开始使用:

表 2-8

在用车稳态加载试验排放限值及要求

类别	最大总质量(GVM)(kg)	车辆基准质量(RM)(kg)	BASM5024 CO(%)	BASM5024 HC[c](10⁻⁶)	BASM5024 NO(10⁻⁶)	BASM5024 OBD[b]	BASM5024 λ[c]	BASM2540 CO(%)	BASM2540 HC[c](10⁻⁶)	BASM2540 NO(10⁻⁶)	BASM2540 OBD[b]	BASM2540 λ[c]	急速 CO(%)	急速 HC(10⁻⁶)
I	GVW≤3 500	RM≤1 250	1.5	290	2 350			1.6	280	2 300			4.5	900
		1 250<RM≤1 700	2.0	190	2 300			2.1	180	2 250				
		1 700<RM	1.8	170	2 350			1.9	165	2 300				
	3 500<GVW	全部	2.5	230	2 400			2.4	225	2 350			4.5	1 200
II	GVW≤3 500	RM≤1 250	1.1	125	1200			1.0	120	1 100			1.0	200
		1 250<RM≤1 700	1.0	120	1 150			0.9	110	1 100				
		1 700<RM	0.9	105	1100			0.9	100	1 050				
	3 500<GVW	全部	1.3	140	1 350			1.2	130	1 250			1.5	250
III	GVW≤3 500	RM≤1 250	0.7	95	850	不能发现与排放控制装置相关的故障码	制造厂规定的范围(或1±0.03)以内	0.6	90	800	不能发现与排放控制装置相关的故障码	制造厂规定的范围(或1±0.03)以内	—	—
		1 250<RM≤1 700	0.6	90	800			0.5	85	750				
		1 700<RM	0.5	75	700			0.4	70	690				
	3 500<GVW	全部	0.7	110	1 100			0.6	105	1 000				
IV	GVW≤3 500	RM≤1 305	0.50	67	600			0.42	63	560				
		1 305<RM≤1 760	0.42	63	560			0.35	60	530				
		1 760<RM	0.35	53	490			0.28	50	480				
V	GVW≤3 500	RM≤1 305	0.35	47	420			0.30	44	390				
		1 305<RM≤1 760	0.30	44	390			0.25	42	370				
		1 760<RM	0.25	37	340			0.20	35	330				

注：a. 为推荐性要求。
b. 满足 GB 18352.3—2005 排放要求，且装有 OBD 系统的车辆进行此项检查。
c. 对于装用以天然气为燃料的点燃式发动机车辆，该项目为推荐性要求。

①通过取样探头抽取的背景空气中,下述气体浓度的绝对值满足 HC < 15×10^{-6}、CO < 0.02%、NO < 25×10^{-6}。

②取样系统内的 HC 残存浓度(指背景空气读数减去环境空气读数的差值)不超过 7×10^{-6}。

(4)取样系统应在两次试验之间自动采用压缩空气连续清扫至少 30s。

(5)取样探头应至少插入汽车排气管 400mm,并固定于排气管上。如果插入深度不能保证,应加排气管延长管,但延长管尺寸对排气背压的影响不应超过 ±0.25kPa。

(6)对独立工作的双排气管应采用 Y 形取样管的对称双探头同时取样。

(7)底盘测功机预热:在每次开机时底盘测功机应自动进行预热。如果停用时间超过 30min,应在下次试验前重新预热。依据底盘测功机使用说明书的规定,这一时间间隔可以延长。

(8)当试验场地的环境温度超过 22℃时,应启动冷却风机,但不应冷却催化器。

5. 取样探头

(1)取样探头的长度应保证能插入排气管 400mm。

(2)取样探头应带有固位装置,试验期间将探头固定在排气管上。

(3)取样探头应为挠性管。

(4)所有在排气被检测之前与其直接接触的管路,其制造材料都应该既不影响排气,也不受排气成分影响。可选用的材料有:不锈钢、聚四氟乙烯和碳化硅橡胶等。取样探头应采用不锈钢或其他无腐蚀、无化学反应的材料制成,并且探头前端应能承受 593℃的持续高温达 10min。

(5)取样探头应具有抗稀释功能。

6. 气体分析仪(DB11/122—2010 29)

1)测量原理

气体分析系统应由至少能自动测量 CO、HC、CO_2、NO、O_2 五种气体浓度的分析仪器组成。

气体分析仪器采用下列原理:

(1)一氧化碳(CO)、碳氢化合物(HC)和二氧化碳(CO_2)测量采用不分光红外线法(NDIR)。

(2)一氧化氮(NO)测量采用不分光红外法(NDIR),或不分光紫外线法(NDUV),或化学发光法(CLD),或电化学法。

(3)氧(O_2)测量可以采用电化学法。

2)单点标定

分析仪的单点标定可采用将标准气体由标气入口,或者由取样探头通入分析仪两种方式。单点标定步骤如下:

(1)首先通入零气,各分析仪进行零点标定(氧分析仪进行量距点标定 20.9%),分析仪调整输出读数达到规定公差的中值。

(2)然后通入高浓度标准气体,各分析仪进行量距点标定(氧分析仪进行零点标定),分析仪调整输出读数达到规定公差的中值。

(3)最后通入低浓度标准气体,分析仪自动检查输出读数,确定该读数是否满足要求。

7. OBD 系统通信功能

检测系统必须具有与车辆 OBD 系统(OBD 系统的详细内容请参考 GB 18352.3—2005 附录的规定)进行通信的功能,并且可以实现下述功能:

(1)检测系统可以通过 OBD 接口实时读取发动机转速,并用于试验过程中的转速监控。

(2)检测系统可以通过 OBD 接口读取车辆发动机电控单元中现存的故障码,并与检测系统数据库中的数据进行比较,确认故障码是否与车辆的排放控制装置有关。

(3)在排放试验过程中,检测系统可以通过 OBD 接口实时监控车辆电控单元中的故障码,并可以将试验过程中出现的故障码与检测系统数据库中的数据进行比较,确认故障码是否与车辆的排放控制装置有关。

(4)自诊断功能:系统软件应具备对底盘测功机控制器和分析仪进行(制造商规定的)常规自诊断、报告结果并显示故障码的功能。

2.3 车速表的检验

汽车在行驶中,驾驶员必须按照车速表来控制车速,为此,车速表本身一定要准确可靠。车速表经长期使用,由于驱动其工作的传动齿轮、软轴及车速表本身技术状况的变化以及因轮胎磨损使驱动车轮滚动半径的变化,车速表指示误差会越来越大。如果车速表的指示误差过大,驾驶员就难以正确控制车速,且极易因判断失误而造成交通事故。为确保车速表的指示精度,必须适时对车速表进行检测、校正。

2.3.1 车速表的检验原理

车速表的检验原理是以车速表试验台的滚筒作为连续移动的路面,把被测车轮置于滚筒上旋转,来模拟汽车在路面上行驶时的实际状态,进行车速表误差的检测。试验时,将汽车驱动轮置于滚筒上,由发动机经传动系驱动车轮旋转,车轮借助于轮胎的摩擦力带动滚筒转动。滚筒端部装有测速发电机(即速度传感器),测速发电机的转速随滚筒转速的增高而增加,而滚筒的转速与车速成正比,因此测速发电机发出的电压也与车速成正比。滚筒的线速度、圆周长与转速之间的关系,可用下式表达:

$$v = 60 \times 10^{-6} Ln$$

式中:v——滚筒的线速度,km/h;

L——滚筒的圆周长,mm;

n——滚筒的转速,r/min。

假定车轮与滚筒无相对运动,因而车轮的线速度与滚筒的线速度相等,故上述的计算值即为汽车的真正车速值,该值在试验时由试验台上的速度指示仪表显示。车轮在滚筒上转动的同时,车速表的软轴也由变速器输出轴带动旋转,并在车速表上显示车速值,即车速表指示值。将上述试验台上速度指示仪表上显示的真正车速值与车速表上显示的车速指示值相比较,即可得出车速表的误差。

2.3.2 车速表试验台的组成

车速表试验台有 3 种类型:无驱动装置的标准型,它依靠被测车轮带动滚筒旋转;有驱动装置的驱动型,它由电动机驱动滚筒旋转;把车速表试验台与制动试验台或底盘测功试验台组合在一起的综合型。

1. 标准型车速表试验台

该试验台由速度测量装置、速度指示装置和速度报警装置等组成,如图2-14所示。

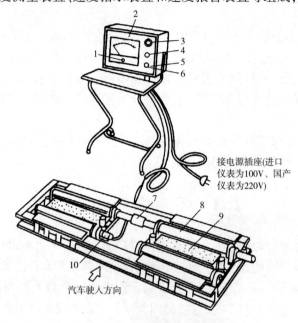

图2-14 标准型车速表试验台
1-零点调整旋钮;2-速度指示仪表;3-蜂鸣器;4-报警灯;5-电源灯;6-电源开关;7-联轴器;8-滚筒;9-举升器;10-速度传感器(测速发电机)

1) 速度测量装置

速度测量装置主要由滚筒、速度传感器和举升器等组成。滚筒一般为4个,通过滚筒轴承安装在框架上。速度传感器一般采用测速发电机,装在滚筒的一端,其输出电压信号幅度即表征实际车速的大小。

在前、后滚筒之间设有举升器,以便汽车进出试验台。举升器与滚筒制动装置联动,举升器升起时,滚筒不会转动。

2) 速度指示装置

速度指示装置是根据测速发电机发出的电压大小来工作的。根据滚筒圆周长与转速可算出其线速度,以km/h为单位在速度指示仪表上显示车速。

3) 速度报警装置

速度报警装置是为在测量时,便于判明车速表误差是否在合格范围之内而设置的,一般有3种形式:

(1) 用试验台报警装置指示检测车速。当汽车实际车速达到某一规定值(如40km/h)时,报警装置的报警灯亮或蜂鸣器响,提醒驾驶员已达到检测车速,注意观察驾驶室内车速表的指示车速值。

(2) 将试验台指示仪表一定范围内涂成绿色区域。按现行标准将试验台速度表的33.3~42.1km/h涂成绿色区域,表示为合格区域。

(3) 同时具备上述两种装置的报警装置。

2. 驱动型车速表试验台

驱动型车速表试验台是为适应后置发动机汽车的试验而制造的,其结构如图 2-15 所示。这种试验台在滚筒的一端装有电动机,由它来驱动滚筒旋转。

此外,这种试验台在滚筒与电动机之间装有离合器,若试验时将离合器分离,又可作为标准型试验台使用。

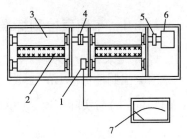

图 2-15 驱动型车速表试验台
1-测速发电机;2-举升器;3-滚筒;4-联轴器;5-离合器;6-电动机;7-速度指示仪表

2.3.3 车速表的检测方法

1)试验台的准备

(1)在滚筒静止状态检查指示仪表是否在零点上,若指针不在零点上,可用零点调整旋钮(或零点调整电位计)调整。

(2)检查滚筒上是否沾有油、水、泥等杂物;若有,要清除干净。

(3)检查举升器动作是否自如,是否有漏气部位。若有阻滞或漏气部位,应予修理。

(4)检查导线的接触情况;若有接触不良或断路,应予修理或更换。

经常使用的试验台,不一定每次使用前都要进行上述检查。

2)被测车的准备

(1)按汽车制造厂的规定检查并补充轮胎气压。

(2)轮胎沾有水、油等或轮胎花纹沟槽内嵌有小石子时,应清除干净。

3)测试步骤

(1)接通试验台电源。

(2)升起滚筒间的举升器。

(3)将被测车输出车速信号的车轮尽可能与滚筒呈垂直状态停放在试验台上。

(4)降下滚筒间的举升器,至轮胎与举升器托板脱离为止。

(5)用挡块抵住位于试验台滚筒之外的一对车轮,防止汽车在测试时滑出试验台。

(6)使用标准型试验台时应作如下操作:

①起动汽车,待汽车的驱动轮在滚筒上稳定后,挂入最高挡,踩下加速踏板使驱动轮平稳地加速运转。

②当汽车车速表的指示值达到规定检测车速(40km/h)时,读出试验台速度指示仪表的指示值;或当试验台速度指示仪表的指示值达到检测车速时,读取车速表的指示值。

(7)使用驱动型试验台时应作如下操作:

①接合试验台离合器,使滚筒与电动机连在一起。

②将汽车的变速器挂入空挡,接通试验台电源,使电动机驱动滚筒旋转。

③当汽车车速表达到检测车速时,读取试验台速度指示仪表的指示值;或当试验台速度指示仪表达到检测车速时,读取汽车车速表的指示值。

(8)测试结束后,轻轻踩下汽车制动踏板,使滚筒停止转动。对于驱动型试验台,必须先关断电源再踩制动踏板。

(9)升起举升器,去掉挡块,汽车驶离试验台。

(10)切断试验台电源。

4)车速表试验台的维护

车速表试验台的维护按规定进行。

2.3.4 车速表检测标准及结果分析

1. 车速表检测标准

国家强制性标准 GB 7258—2012《机动车运行安全技术条件》中规定车速表指示车速 v_1（单位:km/h）与实际车速 v_2（单位:km/h）之间应符合下列关系式：

$$0 \leqslant v_1 - v_2 \leqslant (v_2/10) + 4$$

超过上述范围的车速表指示不合格。

2. 检测结果分析

车速表出现误差，其主要原因是由于长期使用过程中车速表本身出现了故障、损坏和轮胎磨损。

车速表内有转动的活动盘、转轴、轴承、齿轮、游丝等零件和磁性元件，这些构件在工作过程中产生的磨损和性能变化会造成车速表的指示误差。对于产生磨损的车速表应予更换。磁力式车速表的磁铁磁力退化，也会引起指针指示值失准，应更换磁铁进行修复。

汽车轮胎在使用过程中由于磨损，其半径逐渐减小，在变速器输出轴转速不变的条件下，汽车行驶速度因轮胎半径的变化而变化，而车速表的软轴是与变速器输出轴相连的，因此车速表指示值与实际车速形成误差。

为消除车速表机件磨损和轮胎磨损形成的指示误差，应借助于车速表试验台适时地对车速表进行检验。

2.4 噪声的测定

噪声是汽车的第二公害。噪声通常是指频率和声强杂乱无章的声音。噪声不仅会破坏环境的安静，使人心情不安、烦躁、疲倦和工作效率降低，而且还会损害人体健康，引起某些疾病，如听力下降，严重的造成噪声性耳聋；另外，还会引起人的神经系统和血液循环系统疾病。车内噪声过大还会影响驾驶员的操作和汽车安全行驶。

汽车的噪声主要来自发动机、传动系、轮胎及车身扰动空气所发生的声响。因此，汽车噪声是由多种声源组成的综合性噪声，它与汽车的结构形式、技术状况及运行条件（车速、载荷、道路等）有关。

2.4.1 噪声的评价指标

噪声的主要物理参数有声压与声压级、声强与声强级和声功率与声功率级。其中声压与声压级是表示声音强弱的最基本的参数。声压是指压波作用于大气使大气压强发生变动的变动量；声压级是指某点的声压 P 与基准声压（听阈声压）P_0 的比值，其值取常用对数再乘以 20 $\left(L_p = 20\lg\dfrac{P}{P_0}\right)$。但人耳对声音的感觉不仅与声压有关，而且还与声音的频率有关。人耳可闻声音的范围为 20~20 000Hz。声压级相同的声音，但由于频率不同，听起来并不一样响；相反，不同频率的声音，虽然声压级也不同，但有时听起来却一样响。因此，用声压级测定的声音强弱与人们的生理感觉往往不一样。因而，对噪声的评价常采用下列与人耳生理感觉相适应的指标。

1. 响度与响度级

响度和响度级能表示人所感受到的声音的强弱程度，它是一种与人耳的听感特性有关的人对声音强弱的主观表示法，这种表示法不仅与声音的声压有关，而且与声音的频率有关。

响度的单位为宋，1 宋是声压级为 40 分贝（dB）、频率为 1 000Hz 纯音所产生的响度；响度级的单位为方，1 方的数值等于根据听力正常的听者判断为等响的 1 000Hz 纯音的声压级分贝（dB）值。

2. 噪声级

为了模拟人耳在不同频率有不同的灵敏性，在声级计内设有一种能够模拟人耳的听觉特性，把电信号修正为与听觉近似的网络。这种网络叫作计权网络。通过计权网络测得的声压级，已不再是客观物理量的声压级（叫线性声压级），而是经过听感修正的声压级，叫作计权声级或噪声级。

一般的声源，并不是仅发出单一频率的声音，而是发出具有很多频率成分的复杂声音。因此，为全面了解一个声源的特性，仅知道它在某一频率下的声压级和声功率级是不够的，还必须知道它的各种频率成分和相应的声音强度，这就是频谱分析。噪声的频谱也是噪声的评价指标之一。以频率（Hz）为横坐标、以声压级（dB）为纵坐标作出的噪声测量图形，称为频谱图。

为测量和分析方便，将可闻声音的频率范围分成若干段，称为频程或频带。可闻声音频率范围用 10 段倍频程表示，如表 2-9 所列。

倍频程中心频率及频率范围(Hz)   表 2-9

中心频率	31.5	63	125	250	500	1 000	2 000	4 000	8 000	16 000
频率范围	22~45	45~90	90~180	180~355	355~710	710~1 400	1 400~2 800	2 800~5 600	5 600~11 200	11 200~22 400

为使频段分得更细，可采用 1/3 频程。1/3 频程是在每个倍频程的频率之间插入两个频率，使 4 个频率之间依次相距 1/3 频程。

2.4.2 汽车噪声的测量

1. 声级计的组成与工作原理

声级计是一种以近似于人们听觉的用数值检测机动车的行驶噪声、排气噪声和喇叭声音响度的仪器。它由传声器及其收藏部分、听觉修正网络、放大部分、音量指示部分和校准装置等组成。图 2-16 为交流式声级计的外形图。图 2-17 表示它的电路原理。

（1）传声器及传声器收藏部分。传声器是将声波的压力转换成电信号，再将其输送到放大部分的一种装置。

动圈式传声器如图 2-18 所示。振动膜片受到声波压力作用产生振动，它带动着和

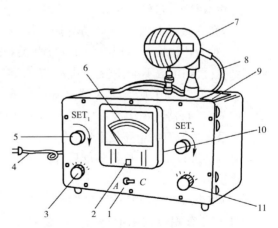

图 2-16 交流式声级计

1-听觉修正网络开关；2-机械零点调整螺钉；3-电源电压控制旋钮；4-电源线；5-电压调整旋钮；6-指示仪表；7-传声器；8-传声器线；9-传声器收藏盒；10-放大倍数调整旋钮；11-仪表控制旋钮

它装在一起的可动线圈在磁场内振动而产生感应电流。这一电流根据振动膜片受到声波压力的大小,即振动膜片振动幅度的大小而变化。如声压大,产生的电流强度就大;声压小,产生的电流强度也就小。

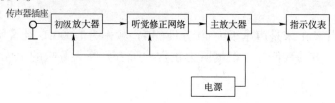

图 2-17 交流式声级计电路原理方框图

此外,在声级计上还设计有保护传声器及其引线的传声器收藏部分。

(2)听觉修正网络和放大部分。由图 2-17 所示的交流式声级计电路原理方框图可知,从传声器输出的声压电信号被输入到初级放大器,然后经过听觉修正网络送入主放大器。主放大器将从听觉修正网络送来的电信号放大后,再送给指示仪表。其放大倍数可用仪表控制旋钮和放大倍数调整旋钮(见图 2-16 的 11 和 10)进行调节。

(3)音量指示部分。音量级指示部分,根据从第二级放大器放大送来的电信号,按 60~120 方(音量响度的单位)的范围内,把声音响度指示出来。用仪表

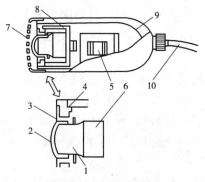

图 2-18 动圈式传声器

1-磁芯;2-振动膜片;3-可动线圈;4-台肩;5-变压器;6-永久磁铁;7-面罩;8-传声器组件;9-外壳;10-传声器引线

控制旋钮,可以把指示范围按 60~80 方、80~100 方和 100~120 方三挡转换选择。

(4)校准装置。校准装置是检测时用来分别校验电源电压和放大倍数的。它一般由电源电压标准电路和放大倍数校准电路组成。

2. 汽车噪声的测量方法

1)声级计的检查与校准

(1)在未接通电源时,先检查并调整仪表指针的机械零点。

(2)检查电池容量。把声级计功能开关对准"电池",衰减器任意,此时电表指针应达到额定红线;否则读数不准,应更换电池。

(3)打开电源开关,预热仪器 10min。

(4)校准仪器。每次测量前或使用一段时间后,应对仪器的电路和传声器进行校准。根据声级计上配有的电路校准"参考"位置,校验放大器的工作是否正常。如不正常,应用微调电位计进行调节。电路校准后,再用已知灵敏度的标准传声器对声级计上的传声器进行对比校准。

(5)将声级计的功能开关对准"线性""快"挡。由于室内的环境噪声一般为 40~60dB,声级计上应有相应的示值。当变换衰减器刻度盘的挡位时,表头示值应相应变化 10dB 左右。

(6)检查计权网络。按上述步骤,将"线性"位置依次转换为"C""B""A"。由于室内环境噪声多为低频成分,故经"C""B""A"三挡计权网络后的噪声级示值将低于线性值,而且应依次递减。

(7)检查"快""慢"挡。将衰减器刻度盘调到高分贝值处(例如90dB)。通过操作人员发声,来观察"快"挡时的指针能否跟上发音速度,"慢"挡时的指针摆动是否明显迟缓。

(8)在投入使用时,若不知道被测噪声级多大,必须把衰减器刻度盘预先放在最大衰减位置(即120dB),在实测中再逐步旋至被测声级所需要的衰减挡。

2)车外噪声测量

(1)测量条件。

①测量场地应平坦而空旷,在测试中心以25m为半径的范围内,不应有大的反射物,如建筑物、围墙等。

②测试场地跑道应有大于25m平直、干燥的沥青路面或混凝土路面。路面坡度≤0.5%。

③本底噪声(包括风噪声)应比所测车辆噪声至少低10dB,并保证测量不被偶然的其他声源所干扰。本底噪声是指测量对象噪声不存在时,周围环境的噪声。

④为避免风噪声干扰,可采用防风罩,但应注意防风罩对声级计灵敏度的影响。

⑤声级计附近除测量者外,不应有其他人员;如其他人员不可缺少时,则必须在测量者背后。

⑥被测车辆不载重。测量时发动机应处于正常使用温度。车辆带有其他辅助设备亦是噪声源,测量时是否开动,应按正常使用情况而定。

测量场地及测点位置如图2-19所示。测试传声器位于20m跑道中心点O两侧,各距中线7.5m,距地面高度1.2m,用三角架固定,传声器平行于路面,其轴线垂直于车辆行驶方向。

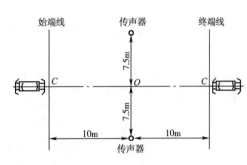

图2-19 车外噪声测量场地

(2)加速行驶车外噪声测量方法。

①车辆须按规定条件稳定地到达始端线:前进挡位为4挡以上的车辆用第3挡,前进挡位为4挡或4挡以下的用第2挡。发动机转速为其标定转速的3/4。如果此时车速超过了50km/h,那么车辆应以50km/h的车速稳定地到达始端线。对于自动变速器的车辆,使用在试验区间加速最快的挡位。辅助变速装置不应使用。在无转速表时,可以控制车速进入测量区,即以所选挡位相当于3/4标定转速的车速稳定地到达始端线。

②从车辆前端到达始端线开始,立即将加速踏板踏到底或节气门全开,直线加速行驶,当车辆后端到达终端线时,立即停止加速。车辆后端不包括拖车以及和拖车连接的部分。

本测量要求被测车在后半区域发动机达到标定转速。如果车速达不到这个要求,可延长OC距离为15m,如仍达不到这个要求,车辆使用挡位要降低一挡。如果车辆在后半区域超过标定转速,可适当降低到达始端线的转速。

③声级计用"A"计权网络、"快"挡进行测量,读取车辆驶过时的声级计表头最大读数。

④同样的测量往返进行1次。车辆同侧两次测量结果之差,应不大于2dB,并把测量结果记入规定的表格中。取每侧2次声级的平均值中最大值作为被测车的最大噪声级。若只用1只声级计测量,同样的测量应进行4次,即每侧测量2次。

(3)匀速行驶车外噪声测量方法。

①车辆用常用挡位,加速踏板保持稳定,以50km/h的车速匀速通过测量区域。

②声级计用"A"计权网络、"快"挡进行测量,读取车辆驶过时声级计表头的最大读数。

③同样的测量往返进行1次,车辆同侧两次测量结果之差不应大于2dB,并把测量结果

记入规定的表格中。若只用1个声级计测量,同样的测量应进行4次,即每侧测量4次。

3) 汽车喇叭噪声测量

城市用汽车喇叭噪声的测点位置如图2-20所示。测量时应注意不被偶然的其他声源峰值所干扰。测量次数宜在2次以上,并注意监听喇叭声音是否悦耳。

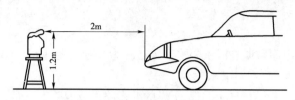

图2-20 汽车喇叭噪声的测点位置

4) 声级计的维护

声级计的维护按表2-10的规定进行。

声级计维护　　　　　　表2-10

维护周期	维护部位	维护要领	调修方法
使用前	指示表头	在不通电的状态下,检查指针的机械零点	不准时,调节零点调整旋钮
	指示控制旋钮和放大量调整旋钮	接通电源,使声级计进行必要的预热,检查各旋钮是否能够将指针调到预定位置	不能调整时,送专业厂修理
	接线等	检查有无损伤和接触不良等	发现有接触不良、断线的应予更换
1个月	声级计	连接好传声器,在测试状态通风约30min,检查是否正常	长期不使用时,因湿度的影响,易发生故障,须对其内部进行干燥
	传声器	检查有无灰尘等	应将污垢清除
1年	接受设备检定部门的检定		

2.4.3 汽车噪声检验标准

1. 车外最大允许噪声级

汽车加速行驶时,车外最大允许噪声级应符合表2-11的规定,表中所列机动车辆的变形车或改装车(消防车除外)的加速行驶车外最大噪声级,应符合其基本型车辆的噪声规定。

车外最大允许噪声级　　　　　　表2-11

汽车种类		车外最大允许噪声级A声级(dB)	
		1985年1月1日以前生产的汽车	1985年1月1日起生产的汽车
载货汽车	8t≤载质量<15t	92	89
	3.5t≤载质量<8t	90	86
	载质量<3.5t	89	84
轻型越野车		89	84
公共汽车	4t≤总质量<11t	89	86
	总质量≤4t	88	83
轿车		84	82

2. 喇叭允许噪声级

机动车喇叭声级在距车前 2m、离地高 1.2m 处测量,其值应为 A 声级 90~115dB。

2.5 灯光的检验

灯光的检验主要是前照灯的检验,前照灯的技术指标主要指发光强度和光束照射位置。当发光强度不足或光束照射位置偏斜时,驾驶员就不易辨清前方的障碍物或造成对方来车驾驶员炫目,导致交通事故。为保证夜间行车安全,前照灯的发光强度和光束照射位置被列为汽车安全检测中的必检项目。前照灯的技术状况,可用屏幕法和前照灯检验仪进行检验。

2.5.1 前照灯的检验指标及配光特性

1. 前照灯的检验指标

按国家强制性标准 GB 7258—2012《机动车运行安全技术条件》规定,汽车前照灯的检验指标为发光强度和光束照射方位的偏移值。

1) 发光强度

按国际标准 SI 的规定,发光强度单位是指一光源在给定方向上发出频率为 540×10^{12} Hz 的单色辐射,且在此方向上的辐射强度为每球面度 1/683W,则此光源在该方向上的发光强度为一个坎德拉,简称"坎",单位符号用 cd 表示。

2) 光束照射方位的偏移值

由于前照灯透过散光玻璃各点的光线是不均匀的,同时还有与主光束交叉的光线,因而它不是从单纯光源散发出的散射光线。但是,由于主光束上的光线,大部分都是穿过散光玻璃中心直射的,因此,在离开散光玻璃足够远的地方,可以近似地看作是由点光源发出的散射光线。如果把前照灯最亮的地方看作是光束的中心,则它对水平、垂直坐标轴交点的偏离,即表示它的照射方位的偏移,其偏移的尺寸就是光束照射方位的偏移值,亦称光轴的偏斜量。

2. 前照灯的配光特性

用等照度曲线表示的明亮度分布特征称为配光特性,亦称光形分布特性。照度是表示不发光物体被光源照明的程度,即表示受光面明亮度的物理量,其单位为勒克斯(lx)。前照灯的配光特性有对称配光和非对称配光两种。

1) 对称配光特性

前照灯光束的光形分布一般是水平方向宽,垂直方向窄。若等照度曲线左右对称,不偏向一边,上下扩展也不太宽,这种配光特性称为对称配光特性,如图 2-21 所示。

2) 非对称配光特性

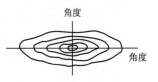

图 2-21 对称配光特性

非对称配光即光形分布有一条明显的明暗截止线(灯光投射到配光屏幕上,眼睛感觉到的明暗陡变的分界线)。非对称配光有两种:一种是在配光屏幕上,明暗截止线的水平部分在 V-V 线的左半边,右半边为与水平线向上成 15°的斜线,如图 2-22a)所示。另一种是明暗截止线右半边为与水平线向上成 45°斜线至垂直距离为 25cm 处转向水平的折线,由于明暗截止线呈 Z 形,亦称 Z 形配光,如图 2-22b)所示。我国前照灯近光灯已采用这种配光形式。

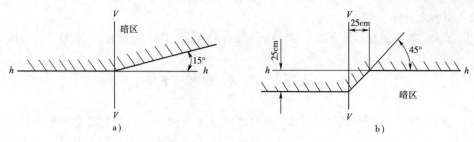

图 2-22 非对称式配光示意图

2.5.2 前照灯检验仪检验的原理和方法

前照灯检验仪是按一定测量距离放在被检车对面,用来检验前照灯发光强度和光轴偏斜量的专用设备。

1. 前照灯检验仪的检验原理

前照灯检验仪,通过采用能把吸收的光能变成电流的光电池作为传感器,按照前照灯光轴照射光电池产生电流的大小和比例,来测量发光强度和光轴偏斜量。

1) 发光强度的检验原理

如图 2-23 所示,连接光电池与光度计,按规定的距离使前照灯照射光电池,光电池便按受光强度的大小产生相应的光电流使光度计指针摆动,指示出前照灯的发光强度。

2) 光轴偏斜量的检验原理

如图 2-24 所示,其中有 4 块光电池,在 $S_上$ 和 $S_下$ 之间接有上下偏斜指示计,在 $S_左$ 和 $S_右$ 之间接有左右偏斜指示计。打开前照灯,4 块光电池各自产生电流,根据 $S_上$ 和 $S_下$、$S_左$ 和 $S_右$ 的电流差值,使上下偏斜指示计和左右偏斜指示计动作。

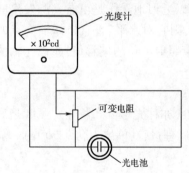

图 2-23 发光强度检验原理

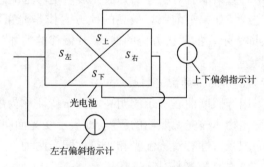

图 2-24 光轴偏斜量的检验原理

图 2-25 所示为光电池受光面无偏斜受光的情况,这时上下偏斜指示计和左右偏斜指示计指针均垂直向下,即处于零位。图 2-26 所示为光电池受光面向左下方偏斜受光的情况,这时上下偏斜指示计的指针向下偏斜,左右偏斜指示计的指针向左偏斜。

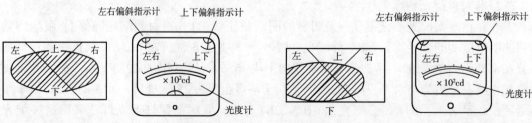

图 2-25 光轴上下与左右均无偏斜的情况　　图 2-26 光轴上下与左右均有偏斜的情况

2. 前照灯检验仪的组成

根据结构特征与测量方法，前照灯检验仪可分为聚光式、屏幕式、投影式和自动追踪光轴式等几种类型。这些不同类型的前照灯检验仪都是由接受前照灯光束的受光器、使受光器与汽车前照灯对正的校准装置、前照灯发光强度指示装置、光轴偏斜方向和偏斜量指示装置以及支柱、底板、导轨、汽车摆正找准装置等组成。

1) 聚光式前照灯检验仪

聚光式前照灯检验仪的构造如图 2-27 所示。它是用受光器的聚光透镜把前照灯的散射光束聚合起来，根据其对光电池的照射强度，来检验前照灯的发光强度和光轴偏斜量，例如国产成都 QD-2 型前照灯检测仪。

由于测量方法的不同，该仪器又分为移动反射镜式、移动光电池式和移动聚光透镜式 3 种类型。

2) 屏幕式前照灯检验仪

屏幕式前照灯检验仪是把前照灯的光束照射到屏幕上，从而检验发光强度和光轴偏斜量。屏幕式前照灯检验仪的构造如图 2-28 所示。在固定的屏幕 3 上装有可以左右移动的活动屏幕 9，在活动屏幕上装有能上下移动的内部带光电池的受光器 11。检验时，移动受光器和活动屏幕，根据光度计指示值为最大时的位置找到主光轴的方向，然后由固定屏幕和活动屏幕上的光轴刻度尺 10 即可读出光轴偏斜量，同时可从光度计的指示值得出发光强度。

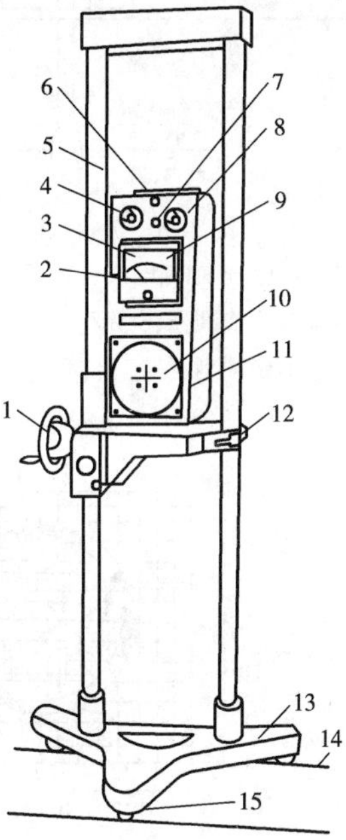

图 2-27 聚光式前照灯检验仪
1-升降手轮；2-光度计；3-左右偏斜指示计；4-光轴刻度盘（左、右）；5-支柱；6-汽车摆正找准器；7-光度、光轴变换开关；8-光轴刻度盘（上、下）；9-上下偏斜指示计；10-前照灯照准器；11-聚光透镜；12-角度调整螺钉；13-底座；14-导轨；15-车轮

3) 投影式前照灯检验仪

投影式前照灯检验仪是将前照灯光束的影像映射到投影屏上，从而检验出发光强度和光轴偏斜量。投影式前照灯检验仪的构造如图 2-29 所示。例如佛山 FD-2 型前照灯检测仪。

投影式前照灯检测仪是在前照灯前方 3m 的检测距离处，将前照灯的影像射到投影屏上。在聚光透镜 14 的上、下与左、右方向各装有一个光电池 4。前照灯影像通过聚光透镜 14、光度计的光电池和反射镜之后（均装在受光器 15 内），映射到投影屏 11 上。在检测时，上下与左右移动受光器 15，直到上下偏斜指示计 10 和左右偏斜指示计 9 的指针指到零为止。此时表明：上与下和左与右的光电池受光量相等，也即找到了主光轴的方向，然后根据以下两种光轴偏斜量的测量方法，测出主光轴偏斜量，再根据光度计 13 的指示测出发光强度值。

(1) 投影屏刻度式检测主光轴偏斜量的方法如图 2-29 所示。在投影屏上刻有表示光轴偏斜量的刻度线，根据前照灯影像中心在投影屏上所处的位置，就可以直接测出光轴偏斜量。

(2) 光轴刻度盘式检测主光轴偏斜量的方法如图 2-30 所示。转动光轴刻度盘 6 和 7，直到前照灯影像中心与投影屏坐标原点重合为止。此时光轴刻度盘 6 和 7 上的刻度，即为主光轴向上或向下和向左或向右偏斜的量。

4) 自动追踪光轴式前照灯检验仪

自动追踪光轴式前照灯检验仪是用受光器自动追踪光轴的方法来检测发光强度和光轴偏斜量。

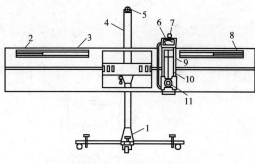

图 2-28 屏幕式前照灯检验仪
1-底座;2、8-光轴刻度尺(左、右);3-固定屏幕;4-支柱;5-汽车摆正找准器;6-光度计;7-前照灯照准器;9-活动屏幕;10-光轴刻度尺(上、下);11-受光器

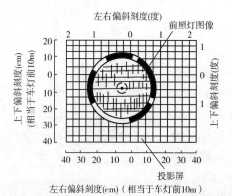

图 2-29 投影屏刻度式测量法

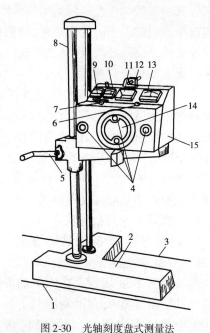

图 2-30 光轴刻度盘式测量法
1-车轮;2-底座;3-导轨;4-光电池;5-上下移动手柄;6-光轴刻度盘(上、下);7-光轴刻度盘(左、右);8-支柱;9-左右偏斜指示计;10-上下偏斜指示计;11-投影屏;12-车辆摆正找准器;13-光度计;14-聚光透镜;15-受光器

自动追踪光轴式前照灯检验仪的构造如图 2-31 所示。

3. 前照灯发光强度和光轴偏斜量的检验

1) 检验前的准备工作

(1) 检验仪的准备。

① 在不受光的情况下,调整前照灯检验仪光度计和光轴偏斜指示计指针的机械零点。

② 检查聚光透镜和反射镜的镜面上有无污物。若有,用柔软的布或镜头纸擦拭干净。

③ 检查水准器的技术状况。若水准器无气泡,应进行修理;若气泡不在红线框内时,可用水准器调节器或垫片进行调整。

④ 检查导轨是否沾有泥土等杂物。若有,应扫除干净。

(2) 被测车的准备。

① 清除前照灯上的污垢。

② 轮胎气压应符合汽车制造厂的规定。

③ 汽车蓄电池应处于充足电状态。

2) 前照灯发光强度和光轴偏斜量检验

由于前照灯检验仪的牌号、形式不同,其检验方法也不尽相同,现分述如下。

(1) 聚光式前照灯检验仪的检验方法。

① 将被测车尽可能地与检验仪的导轨保持垂直方向驶近检验仪,直至前照灯与检验仪受光器之间达到检验所要求的距离(1m,0.5m,0.3m)。

②用汽车摆正找准器使检验仪与被检车对正。

③开亮前照灯,用前照灯照准器使检验仪与被检车前照灯对正。

④将"光度·光轴"转换开关扭向光轴一边。然后转动上下和左右光轴刻度盘,使光轴偏斜指示计的指示值为零。此时,两光轴刻度盘上指示值即为光轴偏斜量,如图2-32所示。

⑤保持光轴刻度盘位置不动,将"光度·光轴"转换开关扭到光度一边,此时光度计的指示值即为前照灯的发光强度。

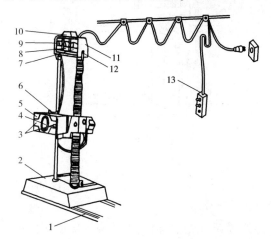

图2-31 自动追踪光轴式前照灯检验仪
1-导轨;2-控制箱;3-光电池;4-聚光透镜;5-受光器;6-汽车摆正找准器;7-上下偏斜指示计;8-光度计;9-左右偏斜指示计;10-在用显示器;11-电源开关;12-熔断丝;13-控制盒

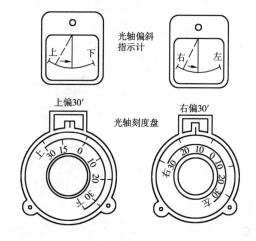

图2-32 光轴偏斜量的检验

(2)屏幕式前照灯检验仪的检验方法。

①将被测车尽可能地与检验仪的屏幕或导轨保持垂直方向驶近检验仪,使前照灯与检验仪受光器相距3m。

②用汽车摆正找准器使检验仪与被测车对正。

③开亮前照灯,用前照灯照准器使检验仪与被检前照灯对正。然后把固定屏幕调整到与前照灯一样高,要特别注意使受光器与被检前照灯配光镜的表面中心重合。

④使固定屏幕上左右光轴刻度尺的零点与活动屏幕上的基准指针对正,如图2-33所示。

⑤上下和左右移动受光器,使光度计指示值达到最大值。此时,根据受光器上的基准指针所指活动屏幕上的上下刻度值和活动屏幕上的基准指针所指固定屏幕上的左右刻度值,即可得出光轴偏斜量。根据此时光度计上的指示值,可得出前照灯发光强度,如图2-34所示。

(3)投影式前照灯检验仪的检验方法。

①将被测车尽可能与导轨保持垂直方向驶近检验仪,使前照灯与检验仪受光器相距3m。

②用汽车摆正找准器使检验仪与被测车对正。

③开亮前照灯,移动检验仪,使光束照射到受光器上,并使上下和左右光轴偏斜指示计指示值为零。此时,根据投影屏上前照灯光束影像位置,即可得出光轴的偏斜量。

④根据光度计上的指示值,即可得出前照灯的发光强度。

(4)自动追踪光轴式前照灯检验的检验方法。

①将被测车尽可能与导轨保持垂直方向驶近检验仪,使前照灯与检验仪受光器相距3m。

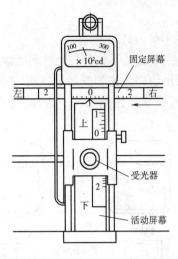

图 2-33　左右光轴刻度尺零点校准

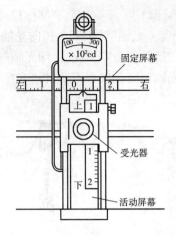

图 2-34　光轴偏斜量和发光强度的显示

②用汽车摆正找准器使检验仪与被测车对正。

③开亮前照灯,接通检验仪电源,用控制器上的上下、左右控制开关移动检验仪的位置,使前照灯光束照射到受光器上。

④按下控制器上的测量开关,受光器随即追踪前照灯光轴,根据光轴偏斜指示计和光度计的指示值,即可得出光轴偏斜量和发光强度。

3)前照灯检验仪的维护

前照灯检验仪的维护按表 2-12 的规定进行。

表 2-12　前照灯检验仪维护

维护周期	维护部位	维护要领	调修方法
使用前	指示仪表	切断"光轴·光度"转换开关(相当于不受光状态),检查光度计和光轴偏斜指示计的指针机械零点	指针若不在零点,用零点调整旋钮将指针调到零点
	聚光透镜和反射镜	检查镜面有无污垢模糊不清	有污垢时,用软布擦净
	水准器	检查有无气泡与气泡位置	无气泡,应进行修理;气泡位置不对,用调整器调整
	导轨	检查有无泥土或小石块等杂物	如有,要清除干净
3 个月	车轮、支柱和升降台	检查动作是否灵活自如	动作不灵活,应除锈、清洗和润滑;如弯曲变形,应进行修理
	导轨	左右移动检验仪,检查动作是否灵活	如有弯曲、不水平时,应进行修理
6 个月	行走部分	检查工作状况	进行清洁、润滑和调整
	限位开关	检查是否有卡滞	如有,要排除并进行调整
1 年	接受设备检定部门的检定		

2.5.3　前照灯检验标准及检测结果分析

1. 前照灯检验标准

国家标准 GB 7258—2012《机动车运行安全技术条件》中,对机动车前照灯光束照射位置和前照灯光束发光强度做了规定。

(1)前照灯近光光束照射位置。

①前照灯近光光束照射位置。机动车在检验前照灯近光光束照射位置时,被测车空载、轮胎气压正常、乘坐一名驾驶员。前照灯在距离屏幕10m处,光束明暗截止线转角或中点的高度应为$(0.6~0.8)H$(H为前照灯中心高度),其水平方向位置向左偏或向右偏均应不大于100mm。

②前照灯远光光束照射位置。四灯制前照灯其远光单光束灯的调整,要求在屏幕上光束中心离地高度为$(0.85~0.90)H$,水平位置要求左灯向左偏应不大于100mm,向右偏应不大于170mm;右灯向左或向右偏均应不大于170mm。

(2)前照灯光束发光强度。

机动车每只前照灯的远光光束发光强度应符合表2-13的要求。

前照灯远光光束发光强度要求(cd)　　　　表2-13

检查项目 车辆类型	新注册车			在用车		
	一灯制	两灯制	四灯制	一灯制	两灯制	四灯制①
汽车、无轨电车	—	15 000	12 000	—	12 000	10 000
四轮农用运输车	—	10 000	8 000	—	8 000	6 000

注:①采用四灯制的机动车其中两只对称的灯达到两灯制的要求时视为合格。

2. 检测结果分析

前照灯检验不合格有两种情况:一是前照灯发光强度偏低;二是前照灯照射位置偏斜。

(1)前照灯发光强度偏低。

前照灯发光强度又有下列两种情况。

①左右前照灯发光强度均偏低。

a. 检查前照灯反光镜的光泽是否明亮,如昏暗或镀层剥落或发黑应予更换。

b. 检查灯泡是否老化,质量是否符合要求,如老化或质量不符合要求,光度偏低者应更换。

c. 检查蓄电池端电压是否偏低,如端电压偏低,应先充足电再检测。送检汽车普遍存在蓄电池电量不足,端电压偏低的现象。如由蓄电池供电,前照灯发光强度一般很难达到标准的规定;如由发电机供电则大部分汽车前照灯发光强度增加,多数可达到标准规定。

②左右前照灯发光强度不一致。检查发光强度偏低的前照灯的反射镜光泽是否灰暗,灯泡是否老化,质量是否符合要求,一般多为搭铁线路接触不良。

(2)前照灯光束照射位置偏斜。

前照灯安装位置不当或因强烈振动而错位致使光束照射位置偏斜超标,应予以调整。前照灯光束照射位置偏斜的调整可在前照灯检验仪上进行。

2.6　异响的检测与诊断

汽车异响的检测与诊断比较困难,目前仍以经验判断为主,但也有利用较先进的综合检测仪来检测的,例如济南WFJ-1型、天津YT416型、深圳EA-1000型、BOSCH FSA-560型仪器等,它们主要根据异响的振动波形、振幅、频率来进行判断,如图2-35~图2-39所示。

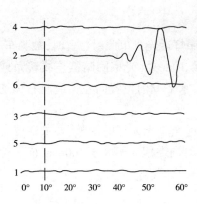
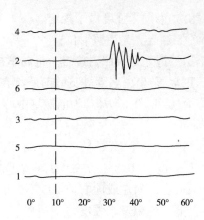

图 2-35　与 2 缸相邻的主轴承响故障波形　　图 2-36　2 缸连杆轴承响故障波形（1 200r/min）

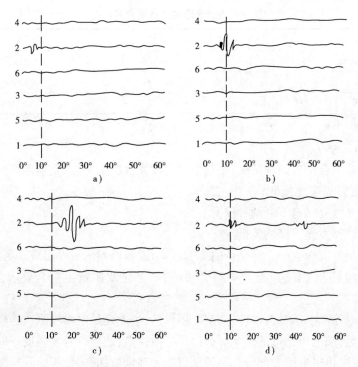

图 2-37　2 缸活塞销响故障波形
a）$n = 840$r/min；b）$n = 1\,000$r/min；c）$n = 1\,200$r/min；d）$n = 1\,800$r/min（2 缸断火）

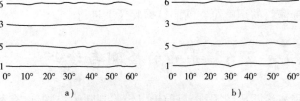

图 2-38　2 缸活塞敲缸响故障波形
a）$n = 450 \sim 500$r/min；b）$n = 500 \sim 800$r/min

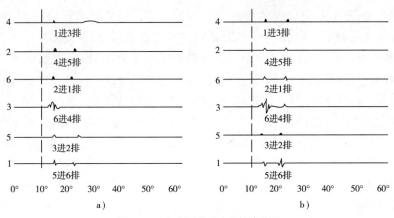

图 2-39 6 缸气门落座响的故障波形

a)6 缸进气门间隙为 0.30mm 时的故障波形;b)6 缸排气门间隙为 0.30mm 时的故障波形

2.6.1 发动机异响检测与诊断

发动机所发生的响声是一组复杂声音的组合,因为发动机是一种自运转式的周期性循环工作的机器,因此发动机发出的响声都具有周期性。一台技术状况良好的发动机,在怠速运转时,只能听到轻微的机械振动、排气等声音;加速运转时,将发出有力且过渡圆滑的轰鸣声;高速运转时,则为平稳的轰鸣声。

当发动机工作不正常时,其声音也随之产生变化,如出现间歇的金属敲击声、连续的金属敲击声、无规律的金属碰擦声,通常把这些不正常的声音称为异响。根据异响的不同类型可以查明异响的原因,从而诊断出某机件或机构存在的故障,并予以排除。

1. 异响类型

发动机的异响是发动机产生的不正常响声,主要有机械异响、燃烧异响、空气动力异响和电磁异响等。

2. 异响原因

(1)机械异响。主要是运动副配合间隙太大或配合面有损伤,运转中引起冲击和振动造成的。因磨损或调整不当造成运动副配合间隙太大时,运转中会引起冲击和振动,产生声波。如曲轴主轴承响、连杆轴承响、凸轮轴轴承响、活塞敲缸响、活塞销响、气门响、正时齿轮响等,多是因配合间隙太大造成的。但有些异响也可能是配合面(如正时齿轮齿面)有损伤或其他原因造成的。

(2)燃烧异响。主要是发动机不正常燃烧造成的。如汽油发动机产生突爆和表面点火,柴油发动机工作粗暴时,汽缸内均会产生极高的压力波。这些压力波撞击燃烧室壁及活塞连杆组,发出了强烈的类似敲击金属的异响。当汽油发动机化油器发出回火声,排气管发出放炮声或"突、突"声时,也属于燃烧异响。

(3)空气动力异响。主要是在发动机进气口、排气口和运转中的风扇处,气流振动而造成的。

(4)电磁异响。主要是在发电机、电动机和某些电磁元件内,由于磁场的交替变化,引起机械中某些部件或某一部分空间容积产生振动而造成的。

3. 异响的影响因素

异响与发动机的转速、温度、负荷和润滑条件等有关。

(1)转速。一般情况下,转速越高机械异响越强烈。但有时高转速时各种响声混杂一起,听诊某些异响反而不易辨清。所以,诊断转速不一定用高速,对具体异响要具体对待,如听诊气门响和活塞敲缸时,在怠速下或低速下就能听得非常明显;当主轴承响、连杆轴承响和活塞销响较为严重时,在怠速和低速下也能听到。总之,诊断异响应在响声最明显的转速下进行,并尽量在低转速下进行,以减少不必要的噪声和损耗。

(2)温度。有些异响与发动机温度有关,而有些异响与发动机温度无关或关系不大。在机械异响诊断中,对于热膨胀系数大的配合副要特别注意发动机的热状况,最典型的例子是活塞敲缸。在发动机冷起动时,该响声非常明显,然而一旦温度升高,响声即减弱或消失。所以,诊断该响声应在发动机低温下进行。热膨胀系数小的配合副所产生的异响,如曲轴主轴承响、连杆轴承响、气门响等,发动机温度的变化对异响的影响不大,因而对诊断温度无特别要求。

发动机温度也是燃烧异响的影响因素之一。汽油发动机过热时,往往产生点火敲击声(突爆或表面点火);柴油发动机过冷时,往往产生着火敲击声(工作粗暴)。

(3)负荷。许多异响与发动机的负荷有关。如曲轴主轴承响、连杆轴承响、活塞敲缸响、汽缸漏气响、汽油机点火敲击响等,均随负荷增大而增强,随负荷减小而减弱;柴油机着火敲击声随负荷增大而减小。但是,也有个别异响与负荷无关,如气门响,负荷变化时异响不变化。

(4)润滑条件。不论什么机械异响,当润滑条件不佳时,异响一般都显得严重。

异响的影响因素往往成为异响的诊断条件。

诊断发动机异响的方法有两种:人工凭经验诊断法和仪器频谱分析诊断法。

4. 异响的经验诊断法

根据异响特征和影响因素,辅助一些简单试验操作,以异响诊断表格的形式,诊断发动机、变速器、离合器、驱动桥、车轮及传动轴的异响。

由于发动机和变速器的异响诊断比较复杂,而且诊断方法相似,将其归为一类。表2-14和表2-15分别为发动机和变速器异响诊断表。

异响的表现程度共分为:尤为明显、明显、比较明显、不大明显、轻微以及无6挡,分别用"5""4""3""2""1"以及"0"表示。下面介绍利用辅助试验与发动机诊断异响表诊断故障的实例。

诊断实例一:

发动机活塞敲缸响的诊断。活塞敲缸是由于活塞销与连杆衬套间隙过大、连杆衬套松旷窜动、活塞销锁环脱落、活塞销折断等原因造成,因此当辅助试验时会出现下列异响特征:

(1)怠速异响比较明显;

(2)怠速稍高异响不大明显;

(3)高速异响轻微;

(4)低温异响尤为明显;

(5)温度升高后异响不大明显;

(6)某缸断火异响消失或减弱轻微。

根据以上的6个故障特征,即可判断为活塞敲缸响。

诊断实例二:

发动机曲轴轴承响的诊断。主轴承敲击声是由于主轴承螺栓松动、主轴承径向间隙过

大、主轴承润滑不良、衬瓦烧毁等原因造成,当辅助试验时会出现下列异响特征:

(1)中速时发出"当、当"的金属敲击声,且明显;

(2)中速稍高时异响尤为明显;

发动机异响故障诊断表　　　　　　　表2-14

故障类型＼故障症状表现程度	怠速异响	怠速稍高异响	中速异响	中速稍高异响	怠速至中速一次性加速异响	低速抖加速踏板异响	急加速异响	急减速异响	响声密度随转速增高变大	高速异响	低温异响	温度升高后异响	某缸断火异响消失或减弱	某缸断火异响声增大	单缸断火异响声不变
活塞敲缸异响	3	2	0	0	0	0	0	0	0	1	5	2	1	0	0
活塞销异响	3	0	0	0	0	0	0	5	0	0	0	1	0	2	0
严重窜气异响	2	0	0	0	1	3	0	0	5	0	0	0	4	0	0
连杆轴承异响	0	0	3	5	5	5	4	0	5	0	0	0	4	0	0
曲轴轴承异响	0	0	4	5	3	5	0	5	0	4	0	0	0	0	1
气门异响	3	4	3	0	0	0	0	0	1	0	0	0	0	0	0
凸轮轴轴承松旷异响	2	2	4	0	0	0	0	1	0	0	0	0	0	0	0
曲轴轴向窜动异响	2	0	0	0	3	2	0	0	0	0	0	0	0	0	0
飞轮松旷异响	0	5	2	4	4	4	5	0	0	0	0	0	0	3	0
气门弹簧折断异响	4	4	3	1	0	0	0	0	2	0	0	0	0	0	0
发电机轴承异响	3	3	3	3	0	0	0	0	0	0	0	0	0	0	0
水泵轴承异响	3	3	3	3	0	0	0	0	4	0	0	0	0	0	0
正时皮带张紧轮轴承异响	2	3	2	3	0	0	0	4	0	0	0	0	0	0	0
爆燃	1	2	4	5	3	3	1	2	5	4	1	5	2	1	2
混合气燃烧不完全异响	0	0	0	3	0	3	2	0	0	2	0	2	0	0	0
化油器回火异响	0	4	2	1	3	4	0	0	2	0	0	0	0	0	0
分电器异响	0	0	0	0	0	0	0	2	3	0	0	0	0	0	0
高压漏电异响	5	4	2	1	3	1	0	2	0	1	1	2	0	5	0
进气系统异响	0	1	2	1	3	3	0	2	0	3	0	0	3	1	1
平衡轴异响	5	4	2	1	3	3	4	2	5	3	4	1	0	0	0

变速器异响故障诊断表　　　表 2-15

故障类型＼故障症状（表现程度）	壳变形（输入、输出轴不平行）	直齿和斜齿面磨损	齿轮油不足	输入轴后轴承磨损	输入轴前轴承磨损	输出轴前轴承磨损	输出轴后轴承磨损	变速器安装螺栓松动	同步器失效	齿轮副磨损
转速改变时,异响更明显	2	3	1	4	3	1	4	3	0	3
运行中异响更清晰	3	4	2	3	5	4	3	2	0	2
急速时有不正常响声	2	2	2	0	0	0	0	1	0	0
各挡均有异响	4	3	4	5	3	0	5	5	1	0
空挡有异响	2	2	5	1	1	0	0	0	0	0
高速挡异响明显	4	5	4	4	2	2	2	0	0	0
挂挡有异响	0	0	0	0	0	0	2	2	3	5
低速挡起步困难	0	1	1	1	1	1	1	0	1	2
上、下坡异响加重	2	2	2	0	0	0	0	0	0	1
跳挡	3	0	0	1	1	2	2	0	0	0
变速杆振摆	1	0	0	1	2	2	2	0	1	0
挂挡吃力	0	1	0	1	0	0	0	5	4	0
变速器温度高	0	1	3	0	0	0	0	0	1	1
仅某一挡异响明显	2	5	0	0	0	0	0	0	5	0
稍拉紧驻车制动异响更重	0	0	0	0	0	0	0	0	0	0
离合器离合瞬时有强烈异响	0	0	0	0	0	4	0	3	0	0
低速挡有异响,高速挡减轻或消失	1	2	2	2	2	2	2	0	0	4

(3) 急速至中速一次性加速时异响比较明显；

(4) 急加速时异响尤为明显,发出沉重的"当、当"声；

(5) 急减速时异响尤为明显；

(6) 低温时异响明显；

(7) 单缸断火时响声不变,但相邻两缸同时断火时,响声减弱；

(8) 其他状态时无异响。

根据以上 8 个故障特征,即可判断为曲轴轴承异响。

2.6.2　底盘异响检测与诊断

离合器、驱动桥、车轮和传动轴的诊断方法比较简单且相似,因此归为一类。表 2-16～表 2-19 分别为离合器、驱动桥、车轮和传动轴异响故障诊断表。这类异响故障诊断时,通过辅助试验给出故障类型的可能性(%),异响类型的可能性为: 100%、75%、50%、25% 以及 0%,分别用"4""3""2""1"以及"0"表示。

离合器异响故障诊断表 表2-16

故障类型＼故障症状	自由行程调整不当	扭簧失效	离合器分离轴承松旷、缺油	离合器摩擦片磨损或碎裂	压盘与盖配合松旷	分离轴承与膜片弹簧结合面不平，膜片弹簧折断	离合器拨叉或弹簧折断
起动发动机后，即出现"沙沙"声	2	2	0	0	0	0	0
踏板放松后还能抬起少许，且异响随之消失	2	0	0	0	0	0	0
自由行程正常，发动机转速变化时，有间断撞击或摩擦声	0	2	4	0	0	0	0
急速时，踩下离合器踏板至自由行程消除时，即出现"沙沙"声	0	0	0	4	0	0	0
踏板踩到底后，即出现连续不断的尖叫声和敲击声	0	0	0	0	1	0	0
转速越高，响声越重，伴随汽车抖动	0	0	0	0	1	0	0
急速运转时异响声明显	0	0	0	0	0	3	0
中速稳定运转时，异响声明显减弱或消失	0	0	0	0	1	1	0
踩下踏板时异响，抬起踏板时不响且挂挡困难	0	0	0	0	1	0	4

驱动桥异响故障诊断表 表2-17

故障类型＼故障症状	差速器套和止推垫片磨损或行星齿轮装配过紧	行星齿轮或半轴齿轮牙齿破碎，或行星齿轮止推垫片过厚	行星齿轮与半轴齿轮损伤或不配套	齿轮油不足或差速器齿圈磨损、烧结	减速器齿轮牙齿折断	减速器齿轮啮合不良	减速器齿隙过大
挂挡行驶有异响，脱挡滑行时响声减弱或消失	0	0	0	0	1	1	1
挂挡行驶或空挡滑行均有异响	0	0	0	4	0	0	0

故障类型 表现程度 故障症状	差速器套和止推垫片磨损或行星齿轮装配过紧	行星齿轮或半轴齿轮牙齿破碎	行星齿轮与半轴齿轮损伤或不配套,或行星齿轮止推垫片过厚	齿轮油不足或差速器齿圈磨损、烧结	减速器齿轮牙齿折断	减速器齿轮啮合不良	减速器齿隙过大
转弯行驶有异响,直行异响消失	1	1	1	0	0	0	0
挂挡行驶有强烈"当、当"金属碰击声	0	0	0	0	3	0	0
车速稍高即出现连续的混浊噪声	0	0	0	0	0	3	0
变换车速时出现明显的金属撞击声	0	0	0	0	0	0	3
低速转弯滑行时车身略有抖动	3	0	0	0	0	0	0
架起前桥、转动一侧车轮两轮转动方向一致	0	3	0	0	0	0	0
架起前桥、转动一侧车轮两轮转动方向相反	0	0	3	0	0	0	0

车轮异响故障诊断表　　　　　　表 2-18

故障类型 表现程度 故障症状	①后轮轴承松旷 ②分泵锈死 ③有小部件折断	后轮轴承烧结或磨损	前轮轴承损伤	前轮制动底板松旷或制动盘磨损	蹄片底板卡簧装配不当或脱焊
低速行驶时后轮有轻微噪声	4	0	0	0	0
行驶中后轮有沉重异响	0	4	0	0	0
低速行驶时前轮有轻微噪声	0	0	2	1	1
脱挡滑行至停车时,转向盘略有振动	0	0	2	0	0
制动时前轮发出噪声	0	0	0	3	2
汽车行驶或转弯时前轮响	0	0	1	0	0
行驶中,发出有规律的"嚓嚓"声	0	0	0	0	1

传动轴异响故障诊断表 表2-19

故障类型 表现程度 故障症状	球头磨损或转向节套内缺油	内外侧万向节总成齿隙磨损、球头与内外侧万向节套磨损、缺油或装配记号不对
直线行驶无噪声,转弯时前桥异响	4	0
直线行驶时前桥异响	0	4

2.7 汽车密封性的检验

密封性是指车辆在下雨天行驶时,车身、风窗、风窗玻璃等部位渗、滴、流水的程度。密封性试验是在专用淋雨试验台上进行的。主要考核车身、车门、风窗、风窗玻璃等部件的制造质量是否达到防雨密封性的要求。进行汽车密封性试验时,车身前部降雨量为8~10mm/min;车身两侧、后部、顶部的降雨量为4~6mm/min;车身底部降雨量为6~8mm/min。为了模拟自然降雨条件,国家标准规定淋雨试验台喷嘴轴线与铅锤方向的夹角为30°~45°,喷嘴朝向车身。车辆前部、后部、顶部的喷嘴至车身表面的距离为500~1 300mm,底部喷嘴至车身表面的距离为300~700mm。

2.7.1 淋雨试验台的组成

淋雨试验台由水泵、驱动电动机、压力调节阀、节流阀、截止阀、水压表、流量计、输水管路附件、喷嘴、蓄水池、支架、喷嘴架和驱动调整装置组成。电动机驱动水泵,将水从蓄水池泵入主管道内,经压力调节和流量调节进入淋雨管道,通过喷嘴射向车体表面,喷射出的水被汇集后流入蓄水池,经过多级沉淀过滤后循环使用。水泵最大流量的选择应考虑所测汽车范围,应能满足所有喷嘴规定流量的总和,并考虑管路系统渗漏等情况,所以要求所选水泵的额定流量比实际最大流量增加5%~10%。为避免因管路阻尼引起的水压降,导致喷射压力不足(喷嘴的喷射压力为60~147kPa),水泵扬程应不小于40m。进行淋雨试验之前还应测定降雨强度。

2.7.2 试验条件及试验方法

1. 试验条件

气温在5~35℃、气压在99~102kPa范围内;若在室外淋雨试验台上试验时,应选择晴天或阴天天气,并且风速不得超过1.5m/s。

2. 试验方法

进行淋雨试验之前,首先检查降雨强度和喷射压力,并通过压力调节阀调至规定值。将试验车停放在淋雨场地内指定位置,检测人员进入车厢或驾驶室内,然后关闭全部门窗、孔盖,启动淋雨设备。待进入稳定工作状态时(一般为2min)即为试验开始时刻。同时,记录开始时间,5min后开始观察并记录车厢内渗、滴、流水的部位和程度,试验进行15min后关闭淋雨设备,试验结束。防雨密封性指标限值是根据车辆类型制定的。规定试验总分为100分,出现一处"渗"扣1分,出现一处"慢滴"扣3分,出现一处"快滴"扣6分,出现一处"流"扣14分,总分减去全部扣分值就是实得分数。若出现负值,则按零分计算。

2.7.3 客车密封性允许的限值

客车密封性允许的限值如表2-20所列。

客车密封性允许限值　　　　表 2-20

客车类型		限值(分)	客车类型		限值(分)
轻型客车		≥93	大型客车	旅游客车	≥90
中型客车	旅游客车	≥92		团体客车	≥88
	团体客车	≥90		城市客车	≥87
	城市客车	≥88		长途客车	≥87
	长途客车	≥88	特大型客车	单铰接式客车	≥84

2.8　汽车外观的检验

汽车外观的检验是汽车检测诊断的重要内容。在汽车综合性能检测站,通常把汽车外观检验放在汽车检测的第一道工序,它是以人工为主借助简单仪具对汽车外观及性能进行的检查。

2.8.1　汽车外观检验的必要性

既然汽车外观检验是汽车检测诊断的重要内容,那么就应该给予足够的重视。汽车的外观检验之所以成为汽车检测的第一道工序,其主要原因有两点:

(1)它是汽车检测诊断过程顺利进行的必要准备。为了保证汽车检测顺利进行和检测结果的准确可靠,检测线上的设备、仪具对汽车外观有一定要求,如装备要整齐、功能应正常、无泄漏以及轮胎的气压、磨损程度的搭配等都有要求,否则难以进行检测或检测结果失准。此外,被测车应清洁,无污泥、油垢,这不仅是检测过程顺利进行的条件,而且也是确保检测仪具设备耐久正常使用的保证。

(2)它是对汽车性能和故障进行定量、客观检测诊断的补充和完善。汽车使用过程中,随着行驶里程的增加,由于磨损、腐蚀、疲劳、变形和老化等原因,不但技术状况逐渐变坏,如动力性、经济性、安全性、可靠性下降等,而且还将伴随出现种种外部症状,如车体不正、车身开裂、油漆剥落、连接松动、配合松旷、泄漏严重和润滑不良等。尽管随着检测诊断技术的发展,检测仪具、设备的准确性、定量性和适用性有了很大的进步,但影响汽车性能的很多外部症状尚难以用仪具、设备检测出来,仍然需要用人工进行检查、观察、体验,并辅以简单仪具进行直观定性的检视,结合检测结果才能对汽车的真实技术状况和故障部位及原因作出准确的判断。此外,汽车编号、厂牌、出厂年月、车身颜色等的查验,也都需要人工通过检验予以核对。因此,只有充分认识了汽车外观检验的重要性和必要性,才能认真做好这一工作。

2.8.2　汽车外观检验的内容及仪具

汽车的外观检验主要涉及车容车貌、发动机、车轮、连接部位、自由间隙、灯光信号、润滑密封状况以及汽车型号、编号、厂牌颜色等车证核对方面的内容,分系统、部位作出明确而直观的规定。

1. 主要检验仪具和设备

(1)轮胎自动充气机;

(2)轮胎花纹测量器;

(3)检测手锤;

(4) 地沟内举升平台;
(5) 地沟上举升器;
(6) 就车式车轮平衡机;
(7) 声发射探伤仪;
(8) 转向盘自由转动量检测仪;
(9) 传动系游动角度检验仪;
(10) 底盘松旷量检测仪。

在微机联网的检测站,该工位还配备有汽车资料登录微机(含键盘及显示屏)、工位测控微机、不合格项目输入键盘、电视摄像机及光电开关等。

2. 检查项目

(1) 车上、车底外观检查。

① 车上外观检查。由检查人员人工检查汽车上部的灯光、安全装置、防护装置、操纵装置、工作仪表和车身等是否装备齐全、工作正常、连接可靠和符合规定。检查的重点是灯光和安全装置。具体检查项目如表2-21所列。

车上外观检查项目　　　　表2-21

序号	检查项目	序号	检查项目	序号	检查项目
1	远光灯	11	后视镜、下视镜、侧视镜	21	挡泥板
2	近光灯	12	风窗玻璃	22	防护网及连接装置
3	制动灯	13	刮水器	23	电器导线
4	倒车灯	14	喇叭	24	起动机
5	牌照灯	15	轮胎、轮胎螺栓	25	发电机、蓄电池
6	示宽灯、辅助灯、标志灯	16	离合器、变速器	26	灭火器
7	室内灯	17	制动踏板自由行程	27	仪表、仪表灯
8	车厢、座位	18	驻车制动器操纵杆	28	润滑油低压报警器
9	车门、车窗	19	转向盘自由转动量	29	半轴螺栓
10	车身、漆面	20	油箱、油箱盖	30	座椅安全带

② 车底外观检查。由检查人员在地沟内人工检查底盘各装置及发动机连接是否牢固可靠,有无弯扭断裂及漏油、漏水、漏气、漏电等现象,具体检查项目如表2-22所列。

车底外观检查项目　　　　表2-22

序号	检查项目	序号	检查项目	序号	检查项目
1	发动机及其连接	11	前吊耳销子	21	变速器
2	车架	12	后悬架连接	22	主减速器
3	前桥	13	后吊耳销子	23	减振器
4	转向器转向轴及其万向节	14	后部杆系	24	钢板弹簧夹及U形螺栓
5	转向器支架	15	各种软管	25	排气管及消声器
6	转向摇臂	16	油路、气路、电路	26	制动系拉杆、驻车制动器
7	转向器	17	储气筒	27	后桥壳
8	转向主销及其轴承	18	传动轴万向节、伸缩节	28	缓冲器、保险杠、牵引钩
9	横直拉杆	19	传动轴中间支承	29	漏油、漏水、漏气、漏电
10	前悬架连接	20	离合器及操纵机构	30	油箱、蓄电池等的固定

(2) 就车检测车轮不平衡量。利用就车式车轮平衡机检测车轮的不平衡量并配重。

(3) 对转向节等安全机件进行探伤。利用声发射探伤仪在不解体情况下探测机件的裂纹和伤痕。探伤的机件主要有发动机和传动系各机件、转向节和转向节臂、转向横、直拉杆和球销、钢板弹簧、车架及前、后桥等。

(4) 检测转向盘自由转动量。利用转向盘自由转动量检测仪检测转向盘自由转动量。

(5) 检测传动系游动角度。利用传动系游动角度检验仪检测传动系游动角度。

(6) 检测底盘主要配合副的松旷量。利用底盘松旷量检测仪检测轮毂轴承、主销和横、直拉杆等处的松旷量。

目前，汽车检测中外观检验尚无国家标准。国标 GB 7258—2012《机动车运行安全技术条件》中对汽车外观检验有一些规定，但并不全面系统，直观性和针对性也不够，因此各地汽车检测站均根据当地实际情况，制订出有关外观检验的范围、作业内容、使用仪具的规程或企业标准等。

实践表明，认真做好汽车外观检验，把好外观检视质量关，对于上线检测一次合格率关系极大。因此，送检车辆的车主及维修企业也应重视汽车外观检验工作，要按外观检验的要求做好自检自查工作。

1. 简述汽车动力性检测的方法、设备及检测标准。
2. 简述汽车经济性检测的方法、设备及检测标准。
3. 简述汽车排气污染的检测方法、设备及检测标准。
4. 汽车的外观检验包括什么项目？
5. 简述汽车灯光检验的设备及检验标准。
6. 产生汽车及发动机异响的原因是什么？

第3章 发动机的检测与诊断

汽车发动机是汽车最主要的总成之一,是汽车动力的来源。由于发动机结构复杂,工作条件苛刻,故障率高,因而其状况的好坏将直接影响车辆的正常行驶,因此,发动机技术状况的检测是汽车检测的重要内容。在实际检测过程中,通常分为发动机功率、燃油消耗量、发动机气缸密封性能、起动系技术状态、点火系技术状态、供油系技术状态、润滑系技术状态及冷却系技术状态等方面。现就这几个方面的检测与诊断的基本原理、设备、检测工艺及技术标准进行介绍。

3.1 发动机功率与油耗的检测与诊断

发动机的功率和油耗直接反映了发动机动力性和经济性的好坏,所以在检验时,往往是对发动机的功率、油耗等有关参数进行检测,以便确定发动机的技术状况。当发动机功率不足或油耗超标时,表明发动机的相关系统已经存在故障,应对发动机的相关系统进行深入的检测诊断。

3.1.1 发动机功率的检测

发动机输出的有效功率,是发动机的综合性能评价指标,该指标直接确定了发动机的技术状况,并能定量地获得发动机的动力性。功率的检测方法有稳态和动态测功之分,稳态测功是指发动机在节气门开度一定、转速一定和其他参数保持不变的稳定状态下,在水力测功器、电力测功器或电涡流测功器上测定功率的一种方法。采用该方法测功,不论发动机的工作行程数和形式如何,发动机有效功率 P_e 符合公式

$$P_e = \frac{T_{tq} n}{9\,549.3}$$

式中:P_e——发动机有效功率,kW;
T_{tq}——发动机转矩,N·m;
n——发动机转速,r/min。

稳态测功的结果准确可靠,多为发动机设计、制造部门、高等院校和科研部门进行性能试验所采用。但测功一次需要吊装发动机,费时费力,成本高,且需要大型、固定安装的测功器,例如水力测功器、电涡流测功器等,因而汽车维修企业和道路运政管理机构通常不采用该方法。

目前,应用较为广泛的是无负荷测功,它是在发动机节气门开度和转速均为变动的状态下,测定其功率。这种测功的方法是,当发动机在怠速或空载某一低速下运转时,突然全开

节气门,使发动机克服惯性和内摩擦阻力而加速运转,其加速性能的好坏直接反映出最大功率的大小。因此,只需测量出加速过程中的某一参数,就可以得出相应的最大功率。由于无负荷测功不加负荷,不需大型设备,既可以在台架上进行,也可以就车进行,这样就提高了检测的方便性和迅速性,特别适用于对在用汽车发动机功率的检测,但其测量精度较低,误差较大。

1. 无负荷测功的原理

1) 通过测瞬时加速度检测功率

把发动机所有的运动部件看作是一个绕曲轴中心转动的简单回转体。发动机怠速运转情况下,突然打开节气门加速到某一高转速,此时发动机产生的动力,除克服各种阻力矩外,其有效转矩 T_{tq} 将全部用来加速运动部件,也就是发动机以其自身运动部件为载荷加速运转。因此,只要测出指定转速范围内急加速时的平均加速度,或测出某一定转速下的瞬时加速度,就可得知发动机的动力性能。这是因为,加速度越大,发动机的功率也越大。发动机在加速过程中,在某一转速下的功率与该转速下的瞬时加速度成正比。因此,只要测出加速过程中的这一转速和对应的瞬时加速度,即可求出该转速下的功率。

2) 通过测加速时间检测功率

某指定转速范围内的平均功率与加速时间成反比,即:节气门突然全开时,发动机由转速 n_1 加速到 n_2 的时间越长,表明发动机功率越小;反之,加速时间越短,表明功率越大。因此,测量出某一转速范围内的加速时间便可了解发动机的动力性能。

另外,还需要通过台架试验,找出稳态特性平均功率与外特性最大功率 P_{emax} 之间的关系。其中加速时间 t 与最大功率 P_{emax} 之间的关系可对无负荷测功检验仪进行标定,并输入微机,以便通过加速时间而能直接读出功率数,也有的把它们之间的关系绘制成曲线图或排成表格,以便测出加速时间后能在图中或表中查出对应的功率值。

目前,常用的无负荷测功仪很多,国产 QFC-5 型、YT-416 型和 WFJ-1 型微机发动机检测仪都具有无负荷测功的功能。另外,还有 QGL-2A 型汽车无负荷测功表、QCG-2GJ 型汽车无负荷测功表等。

2. 无负荷测功仪的工作原理

1) 测瞬时加速度仪器的电路原理

这是一种通过测量加速过程中某一转速下的瞬时加速度(dn/dt),从而获得瞬时功率的方法,其电路原理如图 3-1 所示。

这类仪器通过非接触式的电磁感应传感器,在检测时使其与飞轮保持一定距离,当曲轴转动时,飞轮的每一个齿越过传感器时就产生一个脉冲信号,所以,每分钟的脉冲信号频率除以飞轮齿圈齿数,就是发动机的转速。传感器将转速脉冲信号输入到信号放大处理装置放大(以提高仪器的灵敏度),然后送入计算机。只有当发动机转速达到规定值 n_1 时,计算机开始计时并工作,记录从传感器输入的脉冲数,并把这些脉冲累加起来。时间间隔由计算机内的时间信号发生器控制。每一时间间隔内的脉冲数与发动机转速成正比,而后一时间间隔与前一时间间隔的脉冲数差值与发动机的加速度成正比,加速度又与发动机的功率成正比。计算机将这些脉冲信号自动分析计算,通过显示器或打印机显示出发动机的功率。

2) 测加速时间仪器的测量原理

该方法通过测量加速过程中某转速范围内的加速时间 t,从而获得平均加速功率。该仪器能把来自点火系初级电路中初级电流的感应信号作为转速脉冲信号,经整形后变成矩形触发波,然后再把矩形的转速脉冲变为平均电压信号。当发动机节气门突然全开,加速到起始转速 n_1 时,此时与起始转速对应的电压信号去触发计算与控制电路,使时标信号进入计算机并寄存。当发动机转速加速到终止转速 n_2 时,此时转速对应的电压信号又去触发计算与控制电路,使时标信号停止进入计算器,并把寄存器中时标脉冲数经数模转换成电流,通过显示器显示出来。加速时间测量原理如图3-2所示。

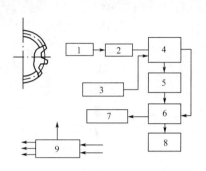

图3-1 测瞬时加速度仪器的电路原理
1-传感器;2-整形装置;3-时间信号发生器;4-计数器和控制装置;5-转换分析器;6-转换开关;7-功率表;8-转速表;9-电源

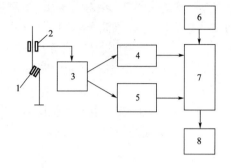

图3-2 测加速时间仪器的电路原理
1-断电器触点;2-转速信号传感变压器;3-转速脉冲整形装置;4-起始转速(n_1)触发器;5-终止转速(n_2)触发器;6-时标;7-计算与控制装置;8-显示装置

国产QFC-5型微机发动机综合测试仪由主机和显示器、键盘、打印机、检测信号接收和处理系统与电源等几部分组成,既可单独使用,也可安装在检测线、检测车上组成配套仪器使用,除了能进行功率检测之外,还具有发动机起动系统、燃油系统、点火系统及各种异响的检测功能。该仪器是以计算机为核心的测量和数据处理系统。该系统通过各种不同的传感器,从发动机的相应部位采集到多种信号。这些信号经过放大和处理后送往计算机,并采用相应的软件,通过键盘操作完成发动机各种参数的测量和故障判断。检测结果可由屏幕显示出来,还可由打印机输出。

3. 用QFC-5型微机发动机综合测试仪检测功率的方法

目前,国内外生产的无外载加速测功仪型号很多,其使用方法也略有不同,因此,使用之前一定要认真地阅读仪器的使用说明书。QFC-5型微机发动机综合测试仪的使用方法如下。

1)检测前的准备

(1)被测发动机的准备。

①检测前要调整好发动机的配气机构、供油系和点火系,使其处于完好技术状态。调整不正确将影响测试结果。

②起动发动机并预热到正常的规定温度(75~85℃)。

(2)测功仪的准备。

按使用说明书的要求,安装好工作台,检查仪器是否正常,并对测功仪进行使用前的检查、自校与调整。自校与调整应在开机达到预热时间后进行。

2)检测步骤

按说明书要求,汽油机功率的检测步骤如下。

(1)打开计算机电源进行自检。

屏幕显示出2.13汉字系统配置选择。

(2)键入"ESC"键,就进入DOS状态;键入"回车键",进入QFC-5型微机发动机综合测试仪程序。

屏幕除显示出检测程序的版本号、生产厂家外,还出现：

    1. 汽油车检测   2. 柴油车检测
    3. 输入新车型   4. 返回DOS

(3)键入"1"键,进入汽油车检测。屏幕显示：

      实际检测吗(Y/N)？Y

键入"Y",实际检测状态。键入"N",模拟检测状态。

(4)键入"Y",按回车选择是否实际检测。此时,屏幕显示出各种车型,按序号排列。如果按选中车型的序号,该车型即为所检测的车型。

(5)键入所选车型的序号,选出所测车型。屏幕显示：

汽油机检测项目

1. 起动系检测   2. 点火系检测
3. 动力性检测   4. 发动机异响检测
5. 综合检测   6. 充电系检测
7. 打印综合输出表格 8. 显示存盘数据
9. 快速检测

  D:返回CCDOS N:返回前级目录 Z:返回主目录

(6)键入"3",进入"动力性能检测程序"。屏幕显示：

汽油机动力性能检测

    注意事项 模拟时可不接传感器

1. 请接好"触点传感器",黑夹子接搭铁,红夹子接触点。
2. 操作步骤：

  首先使发动机转速处于怠速,猛踩加速踏板,使发动机在最短的时间内达到高速;当发动机达到一定转速后,自动熄火,以保护发动机并结束功率检测。

3. 数据分析：

  加速时间越小,功率就越大,如果是已标定的车型,"K"值就已经给定,可直接得到功率值。用户可通过"新车信息输入表"输入"K"系数,可自动计算。否则,按原有的"K"值计算,会有很大误差。

      开始功率测量吗(Y/N)？Y

(7)键入"Y",进行测量。屏幕显示再次出现"汽油机动力系检测结果"目录。

(8)键入"Y"键,进入"检测"程序对发动机进行检测。按说明书要求进行正确操作,此时屏幕分别显示出转速值、加速时间、减速时间、功率平均值。

输入正确的"K"系数。

(9)重复检测3次。键入"C"键,重新测量,此时屏幕显示同上;键入"P"键,可自动将数据打印出;键入"N"键,将退出检测程序,返回目录。

3)汽油机单缸功率的检测

检测单缸功率的方法与上述相同,只不过需先测出发动机整机功率,再测出某单缸断火情况下的发动机功率,两功率差即为断火之缸的单缸功率。技术状况良好的发动机,各单缸功率应是一致的,亦即各缸功率差应是相等的,否则造成发动机运转不平稳。比较各单缸功率,可判断各缸工作状况。

也可利用在单缸断火情况下测得的发动机转速下降值,来评价各缸的工作状况。工作正常的发动机,在某一转速下稳定运转时,发动机的指示功率与摩擦功率是平衡的。此时,若取消任一汽缸的工作,发动机转速都会有相同下降值。当发动机在800r/min下稳定工作时,取消一个汽缸工作致使转速正常平均下降值如表3-1所列,要求最高与最低下降值之差不大于平均下降值的30%。如果下降值低于表中所列,说明断火之缸工作不良。转速下降值越小,则单缸功率越小,当下降值等于零时,单缸功率也等于零,即该缸完全不工作。

转速正常平均下降值　　　　　　　　　　　　　　　　表3-1

发动机汽缸数	转速正常平均下降值(r/min)	发动机汽缸数	转速正常平均下降值(r/min)	发动机汽缸数	转速正常平均下降值(r/min)
4缸	80~100	6缸	60~80	8缸	40~80

发动机单缸功率偏低,一般系该缸高压分线、分线插座或火花塞技术状况不佳,汽缸密封性不佳,汽缸窜润滑油等原因造成,应更换、调整或维修。

4)微机发动机综合测试仪的维护

(1)仪器应存放在温度为-5~40℃,相对湿度<80%,无腐蚀气体的环境中;

(2)当出现故障时,应由专业人员维修,切勿随意拆卸;

(3)使用时必须严格按说明书进行操作,尤其注意电源不要接错,否则会烧坏仪器;

(4)仪器可连续使用4h以上,不必经常关机。

4. 用QCG-2GJ型汽车无负荷测功表检测功率的方法

无负荷测功表的工作原理与无负荷测功仪相同,但它只能测发动机无负荷功率及转速。

1)仪器面板的组成与功用

仪器面板由表头、指示灯、按键、测功按钮及天线组成。表头有上、下两个刻度,上刻度为转速刻度,由0~5,读数时×1000;下刻度为功率指数刻度,由0.5~1。指示灯有两个,表头右下方的绿色指示灯为电源指示灯,表头左下方的红色指示灯为仪表工作距离指示灯。仪器有两个按键:绿灯下面的按键为电源按键,红灯下面的按键为仪表功能转换键。测功按钮位于面板中央,天线装于仪表右上角。

2)测量操作方法

(1)测量转速。

①将仪表天线完全拉出。

②跳起仪表功能选择键,此时仪表为测量转速的状态。

③按下电源按键,此时绿色信号灯亮,表示仪表已接通电源。

④起动发动机,调整在怠速状态,待水温达到80℃左右后,调整天线顶端与分电器的距离,直到红色信号灯亮度稳定(对于解放和东风汽车,天线顶端距3缸、4缸火花塞0.5m即可)。此时踩下加速踏板并保持稳定,仪表即指示汽车相应的转速。

⑤读数(确定汽车转速)时,如被测汽车为6缸汽油机,将仪表指示值×1000(例如:指

针指在 1.5 的刻度线上,转速则为 1.5×1 000 = 1 500r/min)。如被测车为 4 缸发动机,则再乘1.5(例如:指针指在 1.5 的刻度线上,转速为 1.5×1 000×1.5 = 2 250r/min)。

(2)无负荷测功。

①测完转速后,将节气门开度减小到怠速位置,按下仪表功能转换键,此时仪表由转速工作状态转换到测功状态。

②按下测功按钮,待指针指在"M"位置后松开,与此同时猛踩加速踏板,使发动机转速迅速上升到最大。此时仪表指针即会停在功率指数刻度的某一刻度上,如 0.5,0.7,…

③查 P-S 对照表(在仪表的背面有 P-S 对照表),确定发动机功率,其横坐标为功率指数 S,纵坐标为相对应的功率 P。如被测汽车为东风 EQ1090 型,仪表指针停在功率指数 0.7 刻度线上,从 P-S 对照表上即可查得该车发动机功率为 91.1kW。

在 P-S 表上未列入的汽车,则由仪表指针所停的区域来判断汽车功率。如停在蓝色区域为功率良好的汽车,停在黄色区域为功率中等以上的汽车,停于红色区域为功率较差的汽车。表针所指的功率指数值越小,功率越大。

④测功结束后,如需进行第二次测功,必须关闭电源,并按下测功按钮 2s 左右使其完全放电后再进行。切忌碰撞仪器,当仪器指针指不到"M"时,应更换电池;为节省电池,在不使用时应及时关闭电源。

5. 发动机的动力性指标及检测结果分析

1)发动机动力性指标

表 3-2 所列为部分汽车发动机的动力性指标(不带风扇、空压机、空滤器、排气消声器等附件时输出的功率),是在一定试验条件下测得的功率曲线最高值。

部分汽车发动机动力性指标　　　　表 3-2

汽车型号	排量（L）	发动机型号	最大功率（kW）	最大功率对应转速（r/min）
东风 EQ 1090	—	EQ 6100-1	99.3	3 000
解放 CA 1091	—	CA 6102	99.3	3 000
上海桑塔纳 LX	1.8	JV	66	5 200
上海桑塔纳 2 000GLi	1.8	AFE	72	5 200
上海桑塔纳 2 000GSi	1.8	AJR	74	5 200
夏利 TJ 7101U	0.993	TJ 376Q-E	39	6 000
夏利 TJ 7131U	1.342	8A-FE	63	6 000
广州本田雅阁 HG 7231	2.254		110	5 700
上海别克"新世纪"、GLX、GL	2.98	L46	126	5 200
富康 AL	1.6	TU5JP	65	5 600
捷达(GT、GTX、AT)	1.6	EA113	74	5 800

2)检测结果分析

根据《机动车运行安全技术条件》规定,在用车发动机功率不得低于原额定功率的 75%,否则需进行修理;大修后的发动机功率不得低于原额定功率的 90%。发动机功率偏低,是燃料供给系统调整状况不佳、点火系状况不佳或汽缸密封性不佳等原因造成的。其典型故障的原因与排除方法如表 3-3 所列。

影响发动机功率的典型故障及排除方法　　表 3-3

故障现象	故 障 原 因	排 除 方 法
压缩不良	活塞环磨损或烧蚀,活塞和汽缸磨损 气门与气门座不密封 一个或数个气门弹簧折断	修理发动机 研磨气门 更换弹簧
汽缸充气不良	汽缸垫烧穿 化油器节气门完全打开 气门间隙调整不当 空气滤清器堵塞 消声器堵塞	更换衬垫 调整节气门操纵机构 调整间隙 洗涤滤清器,并加新润滑油 清理消声器
发动机过热	风扇传动带松或有油污 冷却系有水垢	调整传动带紧度和清洁传动带 清除冷却系水垢
爆燃、回火、冒黑烟	点火过早或过迟 混合气过浓或过稀	调整点火提前角 清洗和调整化油器、汽油泵

3.1.2 燃油消耗量的检测

汽车燃油消耗量的检测,可采用测定其容积、质量、流量和流速等方法。其中,容积法和质量法较常用,特别是容积法应用更为广泛。发动机台架试验时,容积法和质量法是测定发动机消耗一定燃油体积或一定燃油质量所经过的时间,由燃油量和时间计算单位时间的燃油消耗量。汽车道路试验或整车在底盘测功试验台上检测燃油消耗量,是测定汽车通过一定路程时消耗的燃油量和通过时间,然后由燃油量、路程和时间,计算试验车速下单位里程体积燃油消耗量、100km 体积燃油消耗量、100t·km 体积燃油消耗量或单位体积油耗行程。所以常用 L/100km 来描述整车的燃油消耗量,而发动机则需更精确些,常用 g/kW·h 来描述其燃油消耗量。

就车测定燃油消耗量时,须采用车用油耗计。这种测量装置具有体积小、质量轻、使用方便、不易损坏,能以蓄电池为电源和可装在车内与里程表并用诸优点,因而能固定安装在汽车上,随汽车的长期使用,考核其燃油消耗量。

车用油耗计的形式有多种,常见的为容积式,如图 3-3 和图 3-4 所示。容积式车用油耗计按其结构不同可分为膜片式、量管式和活塞式 3 种,目前较为常用的有 GD-30 型车用容积膜片式油耗计。

GD-30 型车用油耗计适用汽、柴油两种发动机。其电源为直流 12V,流量范围为 2～30L/h,最大使用压力 ±98.066 5kPa,精度为 ±1%,质量仅为 1.3kg。GD-30 型车用油耗计由传感器和计数器两部分组成,如图 3-5 所示,传感器串接在待测的油道上(进出油口可以互换),计数器安装在便于操纵及观察的地方,两者之间用专用电线连接。当燃油流经传感器时,传感器能发生与流经传感器的注体体积成正比的脉冲信号,并将脉冲信号输送到计数器。计数器内有电子放大器将信号放大,并驱动电磁计数器进行记录,然后由数码管显示。实际

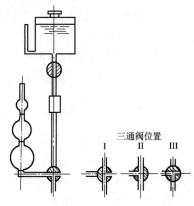

图 3-3　容积法测量油耗装置

测量时应经常检查仪器的计数器工作是否正常、传感器是否正常,然后正确安装及连接。需要注意的是,测出的油耗值必须乘以 K 值,K 的数值在该型号油耗计计数器标牌中已标定,具体操作方法详见 GD-30 型车用油耗计的使用说明书。

PY-14B 数字油耗仪、BCY 型及 SLJ-2 型微电脑流量计、AM2018 型燃油消耗测试仪等,一般都由传感器和计数器组成。

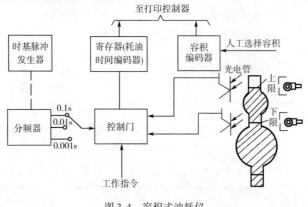

图 3-4 容积式油耗仪

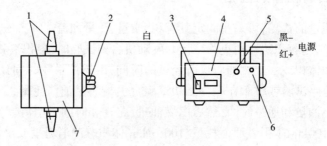

图 3-5 GD-30 型车用油耗计
1-进出油口;2-磁敏开关;3-复零按钮;4-计数器;5-电源指示灯;6-电源开关;7-传感器

3.2 发动机汽缸密封性的检测与诊断

汽车发动机汽缸密封性是由活塞组、气门与气门座以及汽缸盖、汽缸体、汽缸垫零件保证的。发动机在长期使用中,会使汽缸活塞组零件磨损,气门与气门座磨损、烧蚀以及缸体、缸盖密封面翘曲,将使汽缸的漏气量增加,密封性下降,从而导致发动机功率下降,油耗增加。因此,为了保证发动机的正常工作状况,须对发动机汽缸的密封性进行检测。检测方法有汽缸压缩压力检测、曲轴箱窜气量检测、汽缸漏气率检测及进气管真空度检测等。

3.2.1 汽缸压缩压力的检测

汽缸压缩终了的压力对保证发动机的热效率和平均指示压力有密切关系。影响汽缸压缩终了压力的因素有汽缸活塞组的密封性,气门与气门座的密封性以及汽缸垫的密封性等。因此,通过汽缸压缩终了压力的测量,可以间接地判断上述部位的技术状况。

1. 用汽缸压力表检测

1) 测量方法

首先预热发动机至正常状况(冷却液温度达 70~90℃)后停机,拆下各缸火花塞(或喷油嘴)以减少曲轴转动时的阻力,将化油器的节气门和阻风门全开,将专用的汽缸压力表(图3-6)的锥形橡胶塞紧压在火花塞(或喷油器)孔上,然后用起动机带动曲轴旋转3～5s,对汽油机转速应不小于130～250r/min;柴油机转速应不小于500r/min,压力表指示值即为该缸的压缩压力。为保证测量数据准确,各缸应重复测量2～3次,依次测量各缸,如图3-7所示。

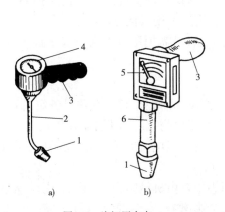 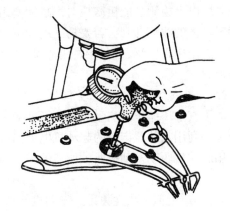

图3-6 汽缸压力表
a)普通型;b)带记录型
1-锥形橡胶塞;2-气管;3-手柄;4-压力表;5-带有按缸
号记录压力值的刻度表;6-带有自动记录装置传动活
塞的汽缸

图3-7 测量汽缸压力

2)发动机汽缸压缩压力的技术标准

常见各种车型发动机的汽缸压缩压力标准值如表3-4所列。

发动机汽缸压缩压力标准值　　　　　表3-4

发动机型号	压缩比	汽缸压力标准值（kPa）	检测压力时的转速（r/min）
东风 EQ 6100-1	7.2	880	130～150
解放 CA 6102	7.4	930	
上海桑塔纳 JV	8.5	1 000～1 300	200～250
上海桑塔纳 2000 AFE	9.0	1 000～1 300	
上海桑塔纳 2000 AJR	9.5	1 000～1 300	
夏利 TJ 376Q-E	9.5	1 000～1 225	
夏利 8A-FE	9.3	981～13 700	
广州本田雅阁	8.9	930～1 230	
上海别克 L46	9.0	不小于689	

3)汽缸压力检测结果分析

检测结果可分为超过标准、符合标准、低于标准3种情况。若检测结果超过原厂标准,则是燃烧室容积减少了,其原因主要是燃烧室内积炭过多,汽缸衬垫过薄或缸体或缸盖接合平面经过多次修理磨削过度造成。检测结果若某缸低于原厂标准,原因较为复杂,要判断具体原因,则按以下步骤进行。

向该缸火花塞孔内注入20～30mL润滑油,然后用汽缸压力表重测汽缸压力并记录,如果重测的汽缸压力比第1次高,接近于标准压力,则表明是汽缸、活塞环、活塞磨损过大或活塞环对口、卡死、断裂及缸壁拉伤等原因造成汽缸不密封。

重新测量的汽缸压力与第1次基本相同,即仍比标准压力低,表明是进排气门或汽缸衬垫不密封。两次检测结果均表明某相邻两缸压力都相当低,说明是两缸相邻处的汽缸衬垫烧损窜气。

采用以上检测只能粗略地对汽缸活塞组不密封部位的故障进行分析与推断,不能精确地确定具体的故障,因此,若要精确地检查,则还需要采用其他方法确诊。另外,汽缸压力表检测尽管使用很广泛,但存在着测量误差大的缺点,且需把所有的火花塞一缸一缸卸下,费时费力。

2. 电子汽缸压缩压力测量仪

电子汽缸压缩压力测量仪可在不拆卸火花塞的情况下,测定发动机各缸的压缩压力。其原理是利用示波器记录的起动机电流曲线来间接地测定发动机各缸压缩压力。

用起动机驱动发动机曲轴所需的转矩 M_{tq} 与起动机电流 I_g 有一定的函数关系,即:

$$M_{tq}=f(I_g)$$

M_{tq} 与 I_g 近似呈线性关系。发动机起动阻力矩是由机械阻力矩和汽缸内压缩空气的反力矩两部分组成。在正常情况下前者可以认为是常数,后者是随汽缸压缩过程而波动的变量,利用示波器可直接记录起动机的电流曲线,如图3-8所示。由曲线可以看出,曲线的波动部分类似一个正弦波形,波形各段的峰值与各缸的最大压缩压力有关,且成正比。一般是从第1缸取出用来分开各缸压力的同步信号作为示波器的外触发信号,这样可以使起动电流波形各段的峰值与各缸对应起来,则相应的峰值大小就可以表示该缸的压缩压力值。

德国 BOSCH MTO 251 型、国产 QFC-5 型、WFJ-1 型微机发动机综合测试仪就是依据上述原理检测发动机汽缸压缩压力的,测试时发动机要达到正常工作温度,用起动机以规定的转速驱动发动机运转4s,即可打印出各缸压缩压力。

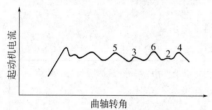

图3-8 起动机起动电流曲线

3.2.2 曲轴箱窜气量的检测

曲轴箱窜气量是指汽缸内的工作介质和燃气从汽缸与活塞间不密封处窜入曲轴箱的量。曲轴箱窜气量增加的主要原因是汽缸活塞组磨损的结果。曲轴箱窜气量随汽车行驶里程的增加而增加,随着曲轴箱窜气量的增加,发动机的功率将逐渐下降,油耗将不断增加。

曲轴箱窜气量与发动机的转速和外部负荷有关,尤其与负荷的大小有关。因此,测定时须严格按照规范进行。测试时,密封曲轴箱通风系统,只留加润滑油口,曲轴箱内气体通过软管从加润滑油口处导出,输入气体流量计。起动发动机预热至正常水温,使发动机在加载状况下转速稳定在1 200~1 600r/min,节气门全开。记下气体流量计每分钟的流量。

发动机加载可在底盘测功机上进行,如果在道路上测量,汽车需重载,选择大坡度道路低挡上坡行驶;车速必须保证发动机在最大转矩转速范围(1 200~1 600r/min)内运转,节气门全开,必要时可以用脚制动器配合加载。

图3-9为一种测量气体流量的玻璃流量计简图。在测量时,将曲轴箱密封(堵住润滑油

尺口、曲轴箱通风进出口等),由加润滑油口处用橡胶管将漏窜气体导出,输入气体流量计。当气体沿图中箭头移动时,由于流量孔板两边存在压力差使压力计水柱移动,直到气体压力与水柱落差平衡为止。压力计通常以流量刻度,因而由压力计水柱高度可以确定窜入曲轴箱气体的数量,流量孔板备有不同直径的小孔,可以根据漏窜气体量的范围来选用。

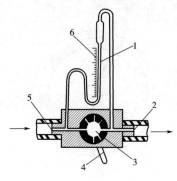

图 3-9 气体流量计的工作原理
1-压力计;2-通大气管;3-流量孔板;4-流量板手柄;5-通曲轴箱胶管;6-刻度板

实验表明,发动机在一般的工作情况下,曲轴箱内的气压很低,即使是满负荷下也只有 980~1 960Pa。因此,测量方法不当,会使测量结果产生很大的误差。

曲轴箱窜气量检测诊断标准,一般是通过具体车型的测量,逐渐积累资料来制定。曲轴箱窜气量对于判断汽缸活塞组技术状况和结构参数的变化,反应较灵敏。根据试验资料,大修后汽缸换活塞环的里程在 25 000~40 000km,窜气量为 45~50L/min,换环后窜气量回降 10~20L/min。而且,窜气量指标还可用以检查发动机大修质量,在大修走合期后,其窜气量一般在 10~20L/min。根据大修间隔周期中窜气量变化情况,可以判断汽缸磨损是否正常。总之,在进行窜气量检测的同时,再辅以其他诊断手段,可以实现对发动机进行不解体检查与诊断。

曲轴箱窜气量除了采用上述气体流量计检测之外,还可采用国产的 CQ/A 型发动机窜气量测量仪检测,该仪器具有测试简易、读数方便、不需要计算等优点。

3.2.3 汽缸漏气量的检测

汽缸漏气量的检测可采用 QLY-1 型汽缸漏气量检验仪进行,检验仪示意图及面板如图 3-10 所示。

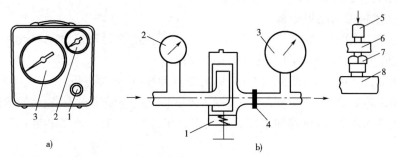

图 3-10 汽缸漏气量检验仪
a)面板;b)示意图
1-减压阀;2-进气压力表;3-测量表;4-校正孔板;5-橡胶软管;6-快换管接头;7-充气嘴;8-汽缸盖

1)汽缸漏气量检验仪及工作原理

该仪器利用充入汽缸内的压缩空气,用气压表测量压缩终了活塞处于上止点时(此时进排气门均处于关闭状态)汽缸内压力的变化情况,来表征汽缸活塞组的密封性。该仪器仅适用于汽油机。

从图 3-10 中可以看出,QLY-1 型汽缸漏气量检验仪是由减压阀、进气压力表、测量表、校正孔板、橡胶软管、快换管接头和充气嘴等组成,此外还得配备外部气源、指示活塞位置的指针和活塞定位盘(图 3-11)。

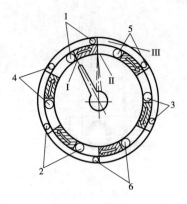

图 3-11 活塞位置指示器
Ⅰ-压缩行程开始位置；Ⅱ-压缩行程上止点；Ⅲ-1 缸上止点位置；1-5-3-6-2-4-发动机工作顺序

外部气源的压力应相当于汽缸压缩压力,一般为 588.40～882.60kPa。压缩空气按箭头方向进入汽缸漏气量检验仪,其压力由进气压力表显示。随后,它经由减压阀、校正孔板、橡胶软管、快换管接头和充气嘴进入汽缸,汽缸内的压力变化由测量表显示。

2）汽缸漏气量的检测方法

（1）先将发动机预热到正常温度,然后用压缩空气吹净缸盖,特别要吹净火花塞孔上的灰尘,最后拧下所有火花塞,装上充气嘴。

（2）将仪器接上气源,在仪器出气口完全密封的情况下,通过调节减压阀,使测量表指针指在 392.27kPa 位置上。

（3）卸下分电器盖和分火头,装上指针和活塞定位盘,按照点火顺序和定位盘的刻度,便能确定各缸的上止点位置。

（4）摇动曲轴,先使第 1 缸活塞处于压缩终了上止点位置,然后转动活塞定位盘使刻度"1"对正指针,变速器挂低速挡,拉紧驻车制动器手柄。

（5）把第 1 缸充气嘴接上快换管接头,向第 1 缸充气,测量表上的读数便反映了该缸的密封性。在充气的同时,可以从化油器、排气消声器口、散热器加水口和加润滑油口等处,察听是否有漏气声,以便找出故障部位。

（6）摇转曲轴,使指针对正活塞定位盘上下一缸上止点的刻度线,按以上方法检测下一缸漏气量。

（7）按以上方法和点火顺序,检测其他各缸的漏气量,为使数据可靠,各缸应重复测量 1 次。仪器使用完毕后,减压阀应退回到原来位置。

3）检测技术标准与结果分析

当测量表气压指示大于或等于 0.25MPa 时,表示汽缸密封正常;若小于 0.25MPa,表示密封性差,此时可采取以下辅助手段诊断故障部位。

（1）在化油器处监听,如听到漏气声,则为该缸进气门与座密封不良。

（2）在消声器处监听,如听到漏气声,则为该缸排气门与座密封不良、烧蚀等造成漏气。

（3）在正常水温下,散热器加水口若有气泡冒出,则为汽缸与水道相通（常为汽缸盖衬垫漏气）。

（4）若进排气门处均无漏气声,而在相邻缸火花塞处听到漏气声,则为相邻两缸之间的缸垫烧穿漏气。

（5）如在曲轴箱加润滑油孔处监听到漏气声,通过把检测活塞从压缩上止点摇到下止点,根据漏气声的变化,可估计汽缸的磨损情况。

3.2.4 进气歧管真空度的检验

发动机进气歧管真空度的测定,可以用来间接地诊断汽缸活塞组的磨损情况、配气机构的技术状况以及点火和供油系的调整状况。

测定前,应对点火系和化油器进行正确调整。起动发动机并预热至正常工作温度,然后把真空表软管接到进气管上,保持发动机在稳定怠速下运转,如图 3-12 所示,即可由真空表的指示来分析判断汽缸活塞组和配气机构的技术状况。

(1) 发动机密封性正常。真空表指针的指示应稳定在 50~70kPa 之间。当海拔高度每增加 304.8m,真空表读数相应降低 3.38kPa。发动机密封性正常时真空表读数如图 3-12a)所示(白针表示稳定,黑针表示假想漂移)。

(2) 气门与气门座不密封。该气门处于关闭时,真空表指针跌落 3~23kPa,而且指针有规律波动,如图 3-12b)所示。

(3) 气门与导管卡滞。当气门处于关闭时,真空表指针为有规律地迅速跌落 10~16kPa,如图 3-12c)所示。

(4) 气门弹簧折断或弹力不足。发动机在 200r/min 下运转,真空表指针在 33~74kPa 范围内迅速摆动。某一只气门弹簧折断,指针将相应地产生快速波动,如图 3-12d)所示。

(5) 气门导管磨损。真空表读数较正常值低 10~13kPa,且缓慢地在 47~60kPa 范围内摆动,如图 3-12e)所示。

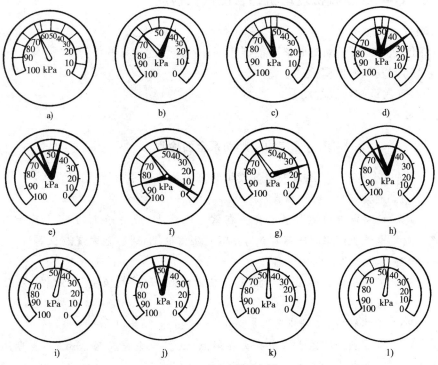

图 3-12 真空表指示实例

(6) 活塞环磨损。发动机转速升至 2 000r/min 时,突然关闭节气门,真空表指针迅速跌落至 6~16kPa 以下;当节气门关闭时,指针不能恢复到 83kPa,如图 3-12f)所示。当迅速开启节气门时,指针不低于 6~16kPa,则活塞环工作良好。

(7) 汽缸衬垫窜气。真空表读数从正常值突然跌落至 33kPa,当泄漏汽缸在工作行程时,指针又恢复正常值,如图 3-12g)所示。

(8) 混合气过稀过浓。混合气过稀时,指针不规则跌落;混合气过浓时,指针缓慢摆动,如图 3-12h)所示。

(9) 进气歧管衬垫漏气与排气系统堵塞。进气歧管漏气时,真空表指示值比正常值低 10~30kPa;排气系统堵塞时,发动机转速升至 2 000r/min,突然关闭节气门,真空表指针从 83kPa 跌落至 6kPa 以下,并迅速回至正常,如图 3-12i)所示。

(10)点火过迟。真空表指针稳定地指示在47~57kPa,如图3-12j)所示。

(11)气门开启过迟。真空表指针稳定地指示在27~50kPa之间,如图3-12k)所示。

(12)火花塞电极间隙太小,断电器触点接触不良。真空表指针缓慢地摆动在47~54kPa之间,如图3-12l)所示。

3.3 起动系统的检测与诊断

起动系统性能的好坏,主要取决于起动电流、蓄电池起动电压、起动转速以及起动系统其他零部件的技术状态,其诊断方法通常采用人工经验诊断法和仪器检测法。本节重点介绍采用QFC-5型微机发动机综合测试仪检测起动系故障和采用QDS-G型汽车电器万能试验器检测起动电压、起动机工作状况的方法。

3.3.1 QFC-5型微机发动机综合测试仪检测

1. 检测方法

检测前准备同3.1,发动机调整至最佳状态并预热。起动系的检测步骤:

(1)~(5)同发动机功率检测。

(6)键入"1",选择检测起动系。

屏幕显示:

汽油机起动系全面检测

注意事项 模拟时可不接传感器

1. 请接好"电流传感器"
请将电流传感器金属夹夹在蓄电池线上,使夹子上的"↑"符号与蓄电池电流流向保持一致(金属夹不能碰蓄电池正极,否则烧毁仪器)。

2. 请接好"电压传感器"
将电压传感器上的红鱼夹夹在蓄电池正极,黑鱼夹夹在蓄电池负极上或搭铁。

3. 请接好"触点传感器"
将触点传感器上红鱼夹夹在触点上,黑鱼夹夹在搭铁上,测量期间起动机不着火。

4. 请接好"缸压传感器"(可以不接,但测量结果中,没有绝对缸压值),将缸压传感器代替火花塞拧在任一缸上,最好是一缸,作为标准缸,要拧紧。

5. 请将发动机的节气门开到最大,起动起动机约4s,到屏幕出现数据为止,停止起动机,发动机正常着火。

将传感器接好后,开始测量吗(Y/N):Y

D:返回CCDOS N:返回前级目录 Z:返回主目录

(7)键入"Y",开始检测。

屏幕显示:

请输入标准缸传感器所在缸号"1"

(8)键入"1",开始对标准缸传感器所在缸进行检测。
屏幕显示:
请输入您的选择?
(9)键入"Y",进入检测程序。
屏幕显示:
准备好请起动

检测时,发动机先对电流传感器、缸压传感器进行自动校正零点,然后在屏幕上显示出"准备好请起动"字样,表示计算机准备完毕,可以测量。此时起动起动机约4s,直到屏幕出现曲线和数据为止,计算机自动将起动电流、起动电压、起动转速、相对缸压、绝对缸压等检测结果数据显示在屏幕上,并画出不同的曲线。模拟检测时,退出检测程序,屏幕上出现数据,不出现曲线。

键入"N",进入模拟检测状态,屏幕上出现数据,不出现曲线;键入"P"键,仪器将打印出起动转速、起动电压、起动电流及各缸的相对缸压值、绝对缸压值;键入"M"键,仪器将打印出起动电压、起动电流、绝对缸压与相对缸压等曲线。

2. 检测结果分析

1)起动电流

黄颜色的曲线是起动电流起动后的变化曲线。当开始起动瞬间,起动机所用电流是非常大的,一般是 100~200A(柴油机为 200~600A)。经过 1~2s 的时间,起动电流趋于稳定。蓄电池内阻越大,起动电流的曲线就越粗。

2)起动电压

红颜色曲线是蓄电池空载时的电压,黄颜色曲线是蓄电池起动后的变化曲线,起动电压中间值为正常起动电压,一般汽油机为12V。起动电压末值比起动电压中值小得越多,说明蓄电池亏电就越大。

3)相对缸压

白颜色曲线是发动机相对缸压曲线,当某一缸漏气时,其缸压曲线降低,相对缸压百分比就小。红颜色曲线是发动机绝对缸压的变化曲线,标准缸所在缸的绝对缸压值是正确的,其余缸的绝对缸压值精度稍差一些。

3.3.2 QDS-G 型汽车万能试验器检测

QDS-G 型汽车万能试验器与 QFC-5 型微机发动机综合测试仪相比,具有价格低、质量轻、携带方便的优点,一般的企业都能配备。现就有关起动系检测方面的内容介绍如下。

1. 起动电压的检测

按下仪表面板上的50V开关。将测试线的红、黑插片分别接到仪器的直流电压的正、负极接线柱上。然后将测试线另一端的红、黑夹子分别接到蓄电池的正极和搭铁线上。接通起动机开关,此时仪表读数值即为蓄电池起动电压。蓄电池起动电压一般应不小于8V。

2. 测量起动机工作状况

按下仪表面板直流电流300A开关。先将仪器的两根粗备用线的插片端(区别正负)牢固地拧在仪器直流电流300A的接线柱上,备用线的另一端分别牢固地拧在备用的300A分流器的两端;再自备两根粗备用线,其一端分别与300A分流器的两端牢固连接,然后将自备的备用线分别极性与被测起动机串联。此时接通起动开关使起动机运转,300A仪表指针应指示在规定的范围内；否则，说明起动机绕组有短路或搭铁故障。

3.4 点火系的检测与诊断

发动机点火系的点火性能主要取决于火花塞所要求的放电电压和达到最大爆发压力的点火时间。因此，要求点火系测试的项目包括断电器触点闭合角、各缸波形重叠角、点火提前角、分电器技术状况、点火电压值以及点火系的故障。通常可用元征 ADC2000 型、金奔腾 Diag Tech-I 型汽车专用点火示波器或 QFC-5 型微机发动机综合测试仪以及 QDS-G 汽车电器万能试验器进行检测。

3.4.1 点火示波器的测量原理

发动机点火示波器是一种用来检测、诊断点火系技术状况的仪器之一。点火示波器一般由示波管、传感器和电子电路组成，其最大的优点是操作简单，测试迅速，并能描绘点火的全过程。

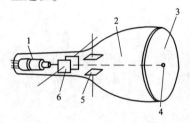

图 3-13 示波器的阴极射线管
1-电子枪；2-电子束；3-荧光屏；4-光亮点；5-垂直偏转板；6-水平偏转板

点火示波器的示波管为阴极射线管，由电子枪、偏转板和荧光屏组成，如图 3-13 所示。在管内的电子枪将电子束射至管前的荧光屏上，产生一个光亮点。在管子的里面有两组金属板，水平的两块称为垂直偏转板，垂直的两块称为水平偏转板。当从示波电路中得到适当的电荷时，水平偏转板会使电子束在管内的水平方向产生弯曲，从而使在荧光屏上显示光点的电子束从左至右横掠屏幕扫过一条光亮的线条，然后再从右至左变暗回扫。由于光的运动非常之快，以致光点出现在观察者面前的是一条实线。

当示波器接上运转发动机的点火系时，垂直偏转板可通过示波器电路接收到电荷，且此电荷的大小与点火系电压的瞬时变化成比例。随着电子束从左到右的扫描，变化着的电荷使其垂直方向产生弯曲，因而光点在阴极射线管的屏幕上扫出一条曲线图形。该曲线图形与点火系电荷的大小相对应，并代表了点火系中电压随时间的变化，显示了断电器触点开闭时每一点火循环的瞬时变化情况。

示波屏幕上的曲线图形，在垂直方向上表示电压，在水平方向上表示时间，走向从左至右，并且以基线为准，向上为正电压，向下为负电压。

3.4.2 点火示波器波形显示

1. 波形类别

示波器可显示发动机点火过程的如下波形。

(1) 多缸平列波。即在屏幕上从左至右按点火顺序将所有各缸点火波形首尾相连的一种排列方式。

(2) 多缸并列波。即在屏幕上从下到上按点火顺序将所有各缸点火波形之首对齐并分别放置的一种排列方式。

(3) 多缸重叠波。即在屏幕上将所有各缸点火波形之首对齐并重叠成近似一个点火波形放置的排列方式。

(4)单缸选缸波形,即根据需要选出的任何一缸的单缸点火波形。

由于点火波形又有初级波形(也称触点波形)和次级波形(也称高压波形)之分,所以上述波形中又可分出初级平列波形和次级平列波形、初级并列波形和次级并列波形,以及初级选缸波形和次级选缸波形等多种。

2. 标准波形

图3-14所示为点火示波器显示的单缸初、次级电压标准波形。它描绘了从断电器触点打开开始,经过闭合至再次打开为止(一个完整的点火循环)的电压随时间的变化过程。

(1)次级标准波形。次级标准波形如图3-14b)所示。

AB段:在断电器触点打开的瞬间,由于初级电流下降至零,磁通也迅速减小,于是次级线圈产生的高压急剧上升,当次级电压还没达到最大值时,就将火花塞间隙击穿。击穿火花塞间隙的电压称为击穿电压(点火电压),如图中AB线。AB线也称为点火线。

BC段:在火花塞间隙被击穿时,两电极之间要出现火花放电,同时次级电压骤然下降,BC为此时的放电电压。

CD段:火花塞电极间隙被击穿后,通过电极间隙的电流迅速增加,致使两极间隙中的可燃气体粒子发生电离,引起火花放电。在示波器屏幕上,CD的高度表示火花放电的电压,CD的宽度表示火花放电的持续时间。当发动机转速为2 000r/min时,火花放电持续时间约为0.01s,即使一个完整的点火循环,对于六缸发动机来说也不过0.01s。CD线称为火花线。

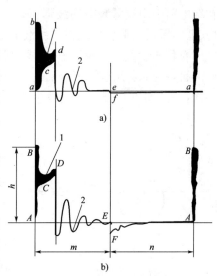

图3-14 单缸标准波形
a)初级标准波形;b)次级标准波形
1-高频振荡;2-低频振荡;m-触点张开时间;
n-触点闭合时间;h-击穿电压

在火花塞间隙被击穿的同时,储存在C_2(系指分布电容,即点火线圈匝间,火花塞中心电极与侧电极间,高压导线与机体间所具有电容量的总和)中的能量迅速释放,故ABC段称为"电容放电"。其特点是放电时间极短(1μs),放电电流很大(可达几十安培),所以A、C两点基本上是在同一垂线上。电容放电时,伴有迅速消失的高频振荡,频率为$10^6 \sim 10^7$Hz。但电容放电只消耗磁场能的一部分,剩余磁场能所维持的放电称为"电感放电"。其特点是放电电压低,放电电流较小,持续时间较长,但振荡频率仍然较高。所以,整个ABCD段波形为高频振荡。

DE段:当保持火花塞持续放电的能量消耗完毕,电火花消失,点火线圈和电容器中的残余能量以低频振荡形式耗完。

EF段:断电器触点闭合,点火线圈初级电路又有电流通过,次级电路导致一个负电压。

FA段:触点闭合后,先是产生次级闭合振荡,而后次级电压由一定的负值逐渐变化到零。当至A点时,触点又打开,次级电路又产生点火电压。

从图3-14b)中可以看出,由左至右,从A点至E点为断电器触点张开时间,从E点至A点为触点闭合时间。张开时间加闭合时间应等于一个完整的点火循环,亦即等于一个完整的多缸发动机各缸间的点火间隔。断电器触点的张开时间、闭合时间和各缸点火间隔,一般用分电器凸轮轴转角表示。多缸发动机点火间隔:4缸发动机为90°,6缸发动机为60°,8缸发动机为45°。所以,触点的张开时间和闭合时间又可分别称之为触点张开角和触点闭合角。上述角度如用曲轴转角表示,对于四冲程发动机来说需乘以2。

(2) 初级标准波形。初级标准波形如图3-14a)所示。它是从跨接在断电器触点(俗称白金)上得到的,又称为触点波形。当触点打开时,初级电压迅速增长,次级电压也迅速增长,两电压之和击穿火花塞间隙,如 ab 线所示。当火花塞两电极间出现火花放电时,随之出现的高频振荡,由于点火线圈初、次级间的变压器效应,也出现在初级波形中,所以图中 abc 段为高频振荡波形。当次级火花放电完了时,点火线圈和电容器中的残余能量要继续释放,初级电路中出现低频振荡波形,如 de 段所示。同样,由于点火线圈初、次级间的变压器效应,低频振荡波形也出现在次级波形上,这就是上述图3-14b)中 DE 段波形。

de 段振荡终了时为一段直线,高于基线的距离表示施加于初级电路上触点两端的电压。触点在 e 点闭合。闭合后的初级电压几乎降为零,显示如一条直线,一直延续到触点下一次打开,如 fa 段所示。当发生下一次点火时,点火循环将在下一个汽缸重复开始。

3. 波形的故障反映区

点火示波器与发动机联机后,如果实测波形与标准波形相比有差异,则说明点火系有故障。点火系的故障在波形上有4个主要反映区,次级波形故障反映区如图3-15所示。

点火示波器,既可以制成能显示波形的便携式测试仪器,又可以和其他测试仪器组合成台式综合测试仪。国产 QFC-5 型微机发动机综合测试仪就带有点火示波器部分,而元征 ADC2000 型、金奔腾 Diag Tech-I 型汽车专用示波诊断仪和 QDS-G 型汽车电器万能试验器则为便携式测试仪器。

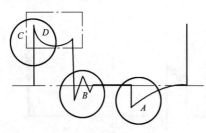

图3-15 次级波形故障反映区
A 区-断电器触点故障反映区;B 区-电容器、点火线圈故障反映区;C 区-电容器、断电器触点故障反映区;D 区-配电器、火花塞故障反映区

3.4.3 点火系的检测与诊断

1. 检测的项目与方法

QFC-5 型微机发动机综合测试仪检测前,发动机调至最佳状态并预热,其检测内容分点火系全面项目检测、触点的检测、点火高压的检测、闪光法点火提前角的检测及缸压法点火提前角的检测等。

1) 点火系的全面检测

(1) ~ (5) 同发动机功率检测。

(6) 键入"2",选择点火系检测,进入"点火系项目选择"程序。

屏幕显示:

    1. 全面项目检测

      (转速、闭合角,重叠角,点火高压,单缸动力性)

    2. 触点检测

      (转速,闭合角,重叠角,触点点火波形)

    3. 点火高压检测

    4. 闪光法提前角检测

    5. 缸压法提前角检测

(7) 当键入"1"时,进入"全面项目检测"程序,对转速、闭合角、重叠角、点火高压、单缸动力性进行检测。

屏幕显示:

汽油机点火系全面项目检测

1. 请接好"触点传感器"
   黑夹子接搭铁,红夹子接触点。
2. 请接"标准缸传感器"
   请将标准缸传感器串接在某一缸(最好是一缸)的火花塞与高压线之间。
3. 请接好"点火高压传感器"(可不接,但输出无高压值)
   将点火高压传感器的两端,代替高压线,分别串接在点火线圈与分电器之间。
4. 请用节气门螺栓将发动机转速固定在中速1 000r/min左右时,开始测量。
   现在请您开始选择功能:Y

D:CCDOS N:返回前级目录 Y:开始测量

(8) 键入"Y",开始检测。

屏幕显示:

请输入标准缸传感器所在缸号

假定标准缸传感器所在缸号为"1"。

(9) 键入"1",开始检测标准缸传感器所在的缸号。此时,屏幕上出现汽油机点火系全面项目检测结果。

屏幕显示:

请选择功能:Y

(10) 键入"Y",进入检测程序。此时,开始对发动机进行实际检测或模拟检测。屏幕上首先出现"触点初级平列点火波形",过5s,自动出现"点火高压次级并列点火波形",又过5s,自动出现"触点初级并列点火波形",自动一缸接一缸地断火,直到所有缸全部断火后,结束测量,返回到"汽油机点火系全面项目检测结果"的目录上去。这时,所检测的结果均显示在屏幕上。键入"P"键,仪器将打印出所测数据。

2) 触点的检测

(1)~(6)同点火系的全面检测。

(7) 键入"2",开始进行触点检测。

屏幕显示:

汽油机点火系触点项目检测

注意事项 模拟时可不接传感器

1. 请接好"触点传感器"
   黑夹子接搭铁,红夹子接触点。
2. 请接好"标准缸传感器"

请将标准缸传感器串接在某一缸(最好是一缸)的火花塞与高压线之间。

3. 故障说明

触点烧蚀……闭合角下跳,边沿有毛刺。

触点弹簧软……在闭合期间(低电平时)有信号。

火花塞不点火……没有细小振铃,呈一直线。

电容漏电……大振铃变小。

电容容量小……小振铃变密。

现在请您开始选择功能:Y

D:CCDOS　N:返回前级目录　Y:开始测量

(8)键入"Y",进行测量。

屏幕显示:

请输入标准缸传感器所在缸号:1

(9)键入"1"进行检测。此时屏幕出现汽油机点火系触点检测结果。

屏幕显示:

请选择功能:Y

(10)键入"Y"键,进入"检测"程序。对发动机进行实际检测或模拟检测,屏幕上出现"触点初级平列点火波形",键入"A"键,出现"触点初级并列点火波形";键入"B"键,出现"触点初级平列点火波形"。

键入"P"键,仪器自动打印所测数据,键入"M"键,仪器自动打印出点火波形曲线。

3)点火高压检测

(1)~(6)同点火系的全面检测。

(7)键入"3",进入"点火高压检测"程序,对转速、点火高压进行检测。

屏幕显示:

汽油机点火系点火高压检测

注意事项　模拟时可不接传感器

1. 请接好"触点传感器"

   黑夹子接搭铁,红夹子接触点。

2. 请接好"标准缸传感器"

   请将标准缸传感器串接在某一缸(最好是一缸)的火花塞与高压线之间。

3. 请接好"点火高压传感器"

   将点火高压传感器的两端,代替高压线,分别串接在点火线圈与分电器之间。

4. 故障说明

   火花塞断火……急速时,某一缸点火高压过高时,应换火花塞。加速特性不好……踩加速踏板加速时,某一点火高压瞬间过高。点火线圈……没有下跳波形。

   现在请您选择功能:Y

D:CCDOS　　N:返回前级目录　　Y:开始测量

(8)键入"Y"进行测量。屏幕显示：

请输入标准缸传感器所在缸号

(9)键入"1"进行检测,屏幕出现汽油机点火高压项目显示。屏幕显示：

请选择功能:Y

(10)键入"Y"进入检测程序。屏幕上出现"点火高压波形"及"点火线圈次级波形"(如果是"正极搭铁"车辆,波形相反,按一下"C"键,即可调整过去,再按一下,又恢复成相反波形)。这时,主要是观察波形有无下跳(对应点火线圈有问题),波形有无特别高(火花塞断火),加速时波形有无上冲(火花塞加速特性不好)等现象。键入"P"键,仪器打印出检测数据,键入"M"键,仪器打印出点火高压线波形曲线。

4)闪光法提前角检测

闪光法提前角检测原理如图3-16所示。

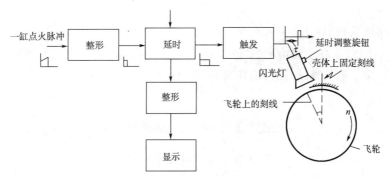

图3-16　点火提前角测量原理框图

(1)~(6)同点火系全面检测。

(7)键入"4",进入闪光法提前角检测程序。

屏幕显示：

汽油机点火系闪光法提前角

注意事项　模拟时可不接传感器

1. 请接好"触点传感器"

   黑夹子接搭铁,红夹子接触点。

2. 请接好"标准缸传感器"

   请将标准缸传感器串接在某一缸(最好是一缸)的火花塞与高压线之间。

3. 操作步骤

   请将发动机转速固定在低速(500r/min),使闪光灯对准上止点,打开正时灯开关,调整正时灯上的旋钮,使上止点标记与发动机壳体上的标记对齐,推一下正时灯上的记录开关,即可记录该转速下的提前角,同样再分别测出中、高速的提前角。

4. 数据分析

   中、高速时用提前角的增加值判断真空和离心提前装置是否起作用,拆去真空管即可测出纯离心提前角,总提前角减去纯离心提前角即为真空提前角。

现在请您开始选择功能:Y

D:CCDOS   N:返回前级目录   Y:开始测量

(8)键入"Y"进行检测。这时标准缸传感器只能接在1缸或6缸。因为飞轮上的上止点是根据1缸所标志的,别的缸看不到(将上止点标记用白粉笔描一下,便于观察)。

此时屏幕出现"提前角检测结果显示",同时屏幕显示:

请选择功能:Y

(9)键入"Y"键,进入检测程序。对发动机进行实际检测或模拟检测。出现"触点初级平列点火波形"。

将发动机转速固定在低速(500r/min),使闪光灯对准上止点,打开正时灯开关,调整正时灯上的旋钮,使上止点标记与发动机壳体上的标记对齐。推一下正时灯上的记录开关,即可记录下该转速下的提前角。注意:推上打印开关后,稍等片刻,闪光灯出现停闪一下时,表示计算机已接收该信号。键入"P"键,仪器自动打印检测结果,键入"N"键,退出检测程序,返回目录。

5)缸压法提前角的检测

(1)~(6)同点火系全面检测。

(7)键入"5",进入"缸压法提前角检测"程序。

屏幕显示:

汽油机点火系缸压法提前角测量

注意事项   模拟时可不接传感器

1. 请接好"触点传感器"

   黑夹子接搭铁,红夹子接触点。

2. 请接好"缸压传感器"

   将缸压传感器代替火花塞拧在任一缸上,将拆下的火花塞固定在发动机机壳上,注意火花塞中心极不要和壳体相碰。

3. 请接好"标准缸传感器"

   将标准缸传感器串接在替下的火花塞与高压线之间,使其缸外点火。

4. 操作步骤

   请将发动机转速固定在低速(500r/min),键入"空格键",即可记录该转速下的提前角值,同样再分别测出中、高速的提前角。

5. 数据分析

   中、高速时用提前角的增加值判断真空和离心提前装置是否起作用,拆去真空管即可测出纯离心提前角,总提前角减去纯离心提前角即为真空提前角。

现在请您开始选择功能:Y

D:CCDOS   N:返回前级目录   Y:开始测量

(8)键入"1"进行检测。屏幕上出现"提前角检测结果显示",同时显示:

请选择功能:Y

(9)键入"Y"键,进入检测程序。屏幕上出现"触点初级平列点火波形"。

将发动机稳定到低速上,待几秒后,按一下"空格键",将其提前角放在对应转速的位置上。

可将发动机转速分别调到中速和高速测量。计算机自动区分转速,将测量值分别填写在不同位置上。几种常用汽车的点火提前角的技术标准如表 3-5 所列。

几种常见车型的点火提前角　　　　表 3-5

汽车型号	检测条件	点火提前角
解放 CA 1091	900r/min	上止点前 5.5°～8.5°
上海桑塔纳	1 个大气压,90 号汽油,怠速运转	化油器式,上止点前 6°±1°;电喷式,上止点前 12°±1°
天津夏利	怠速时	TJ376Q-E:上止点前 5°±2°;8A-FE:上止点前 10°
皇冠 3.0	(700±50)r/min	上止点前 10°
富康 ZX	750r/min	上止点前 8°
广州本田雅阁 HG 7231	怠速	上止点前 12°±2°
上海别克	怠速	上止点前 10°

2. 故障诊断方法

以 6 缸汽油发动机为例,说明用波形检测参数和诊断故障的方法。

1)各缸波形重叠角 θ_c

每次测得的 θ_c 值越接近,而且 θ_c 的最大值 θ_{on} 越小越好,质量较好的分电器 θ_{on} 一般应在 2°以下。导致 θ_{on} 大的原因主要是分电器轴松旷和凸轮磨损不均匀。

2)断电器触点闭合角 θ_b

6 缸发动机闭合角应为 38°～42°;4 缸发动机闭合角应在 45°左右。此时,相当于断电器触点间隙值为 0.35～0.45mm。闭合角小,说明断电器触点间隙大;反之,则说明断电器触点间隙小。注意在调整闭合角(断电器触点间隙)时,将会明显改变点火提前角,应同时对点火提前角进行必要的调整。

3)点火高压值

有触点点火系的点火高压一般为 6～8kV,因这个参数有一定的随机性,所以测量结果只要大体上符合正常值即可。

应特别指出,怠速或加速时,若一缸点火高压过高,则应更换该缸火花塞。

4)点火波形分析

QFC-5 型微机发动机综合测试仪可通过点火波形的观测来诊断故障。下面介绍几种故障波形的诊断。

(1)初级并列波。标准初级并列波如图 3-17 所示。利用初级并列波可进行如下参数测量和故障诊断。

①如图 3-17 所示,可从波形上观察各缸触点闭合角情况,同时注意参考仪器所显示出的 6 个缸的闭合角数值。多缸发动机触点闭合角(分电器凸轮轴转角)的标准值如下。

4 缸发动机:40°～45°。

6 缸发动机:38°～42°。

8 缸发动机:29°～32°。

若测出的闭合角太小,说明触点间隙太大,这不仅有可能使点火提前,而且会造成高速时点火高压不足;若测出的闭合角太大,则说明触点间隙太小,这不仅有可能使点火推迟,而且会造成某些缸由于触点张不开而缺火。因此,应调整触点间隙使闭合角符合标准,但调整触点间隙后,点火提前角也随之改变,因而还应校正点火正时以保证发动机的动力性和经济性。

从初级并列波形上也很容易地测出各缸间的重叠角,如图 3-17 所示。

② 如果并列波的每一缸触点闭合点或张开点有杂波,如图 3-18 所示,则说明触点烧蚀。

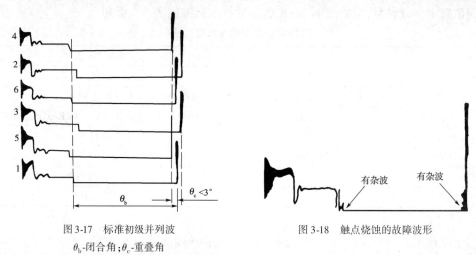

图 3-17 标准初级并列波
θ_b-闭合角;θ_c-重叠角

图 3-18 触点烧蚀的故障波形

③ 若某些缸触点闭合点附近或触点闭合段内有杂波,则可能是触点弹簧弹力不足,使触点接触不良造成的,其波形如图 3-19 所示。

④ 某缸火花塞跳火波形振荡波减少、振幅减小、波形变宽、波形平直且不上下跳动,则说明该缸火花塞"淹死",其波形如图 3-20 所示。如波形时好时坏,说明该火花塞性能不良,可根据选缸转速下降值决定是否更换。

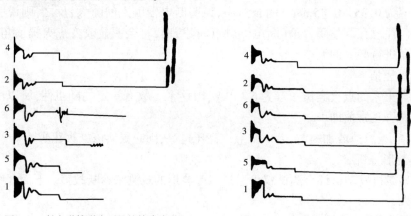

图 3-19 触点弹簧弹力不足的故障波形

图 3-20 5 缸火花塞"淹死"的故障波形

⑤ 如每一缸跳火后的低频振荡波形上下跳动,说明点火线圈次级可能断路,其波形如图 3-21 所示。

⑥ 如某一缸触点张开波形时有时无,说明触点在该缸有时张不开,这是触点间隙调得太小,加上凸轮制造不准、磨损不均、凸轮轴磨损松旷、弯曲变形等原因造成,其波形如图 3-22 所示。

(2) 次级并列波。标准的点火高压并列波如图 3-23 所示。将发动机稳定在急速,若某一缸高压很高或轻抖一下加速踏板,高压峰值上升很高,则说明火花塞加速性能不好,应更换。此种波形所反映的故障及测量的项目,与相应的初级波形一致,因此无特殊需要可不予检测。

图 3-21 点火线圈次级断路的故障波形

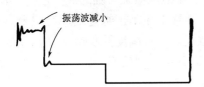

图 3-22 电容器性能不良的故障波形

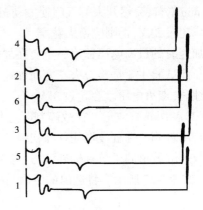

图 3-23 标准点火高压并列波

点火高压平列波,其标准波形如图 3-24 所示。利用次级平列波可完成如下参数测量和故障判断:

①各缸点火高压值的测量。点火高压值可通过仪器打印出来;也可通过点火高压平列波直接观察点火高压值的过高或过低。各缸点火高压值之差应不大于 2kV。各缸波形位置按点火顺序从左至右排列,但第 1 缸在最右边。

如果各缸的点火高压过高,均大于 10kV,则可能是混合气过稀、分电器中央高压线端部未插到底或脏污严重、分火头与分电器盖插孔电极间隙太大或各缸火花塞间隙均偏大等原因造成。

若个别缸点火电压过高,则可能是该缸高压分线端部未插到底,或脏污严重,或分火头与分电器盖不同心,造成分火头与该缸高压分线插孔电极间隙太大,或该缸火花塞电极间隙太大等原因造成。

若各缸点火电压均过低(<6kV),则可能是混合气过浓,各缸火花塞间隙过小、火花塞电极脏污,蓄电池电压不足或电容器容量不足等原因造成。

若个别缸点火电压过低,则可能是该缸火花塞间隙太小、电极脏污或其绝缘性能差等原因造成。

②单缸短路高压值测量。将某缸火花塞用旋具对缸盖短路,该缸跳火电压应小于 5kV,否则,说明分火头与分电器盖插孔电极间隙过大或高压分线与分电器盖插孔接触不良。其 2 缸火花塞高压短路的次级平列波形如图 3-25 所示。

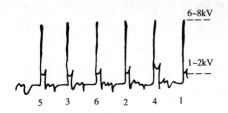

图 3-24 标准点火高压平列波

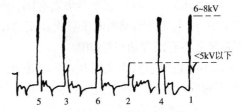

图 3-25 2 缸火花塞高压短路的次级平列波形

③单缸开路高压值测量。将某缸高压线从火花塞上取下而不短路,该缸高压值应达到 20~30kV;否则,说明高压线、分电器盖绝缘不良或点火线圈、电容器的性能不佳,其波形如图 3-26 所示。如果需要测量 1 缸开路高压值时,必须将 1 缸火花塞上的高压传感器移到别的缸上。

④火花塞加速电压特性测量:调整化油器节气门调整螺钉,使发动机转速稳定在

800r/min左右,突然开大节气门使发动机加速运转。此时各缸点火电压相应增大,但增大部分不应超过3kV,否则应换火花塞。

加速时的最高电压数值一定要在加速瞬间读出,当转速稳定下来后点火峰值仍回到原状态。此试验主要是检查火花塞在加速工况中的工作性能,当火花塞电极间隙偏大或其电极烧蚀时,点火电压就会超过3kV。

(3)初级选缸波形。在故障判断过程中,有时为了仔细观察某一缸的故障波形,可将其单独选出观测。选缸波形往往在初级并列波上进行,屏幕上显示出被选的单缸波形。标准的初级选缸波形同于单缸标准波形,见图3-14a)。被提高垂直幅度并扩展水平幅度的选缸波形,如图3-27所示。将选出的波形与标准波形对照,便可发现故障。

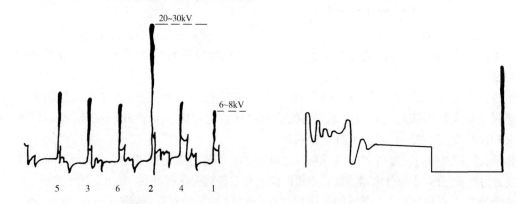

图3-26　2缸火花塞高压线取下的次级平列波形　　图3-27　提高垂直幅度并扩展水平幅度的初级选缸波形

3. 电子点火系统示波器检测波形与传统点火系统的区别

电子点火系统也可以用示波器检测其波形,检测原理与方法见本章发动机点火示波器测量原理和QFC-5型微机发动机综合测试仪的使用方法,但有以下区别:

(1)电子点火系统的初级和各种次级电压波形与传统的触点式点火系统的波形相似,由于电子点火系统除了少数配有电容器,用于抑制点火时的高频振荡波对无线电的干扰外,大多无电容器,故其振荡波会比传统点火系统少些。

(2)电子点火系统无触点、电容等,有的电子点火系统无分电器,因此,与这些有关的故障原因就没有了。

(3)目前的一些电子点火器都具有闭合角可控功能,故在检测闭合角时,闭合角度变化是正常的,而不变化则说明电子点火器闭合角可控电路已失效。因此在检测前应了解电子点火系统是否有闭合角可控功能。

(4)不同的电子点火系统其正常的电压波形会有一些差异,为在检测时判断迅速而又准确,平时应注意查看各型汽车维修手册上的点火电压波形说明,或用示波器记录下各型汽车在正常工作状态下的点火电压波形。

3.4.4　检测仪器的扩展功能

汽车点火系统的检测除了采用元征ADC2000型、金奔腾Diag Tech-I型专用示波诊断仪或QFC-5型微机发动机综合测试仪之外,还可采用A1 2000A型点火测试仪。该仪器主要适用于桑塔纳汽车在汽车维修车间进行维护和修理时的检测,主要检测发动机转速、点火提前角及闭合角,还可进行负载循环和温度的测试,检测精度高。因为仪器设置了各种不同的功能键,故在操作时只要按动不同的功能键即可获得相应的检测数据。而且,该仪器还具有将测试值和信息用各种语言显示的功能。

3.5 燃油供给系的检测与诊断

燃油供给系统包括汽油机供给系与柴油机供给系,其技术状态的好坏直接影响着发动机的动力性、经济性和可靠性,在使用中有较高的故障率,因此,往往是检测与诊断的重点内容。根据汽油机供给系与柴油机供给系的不同,其检测与诊断的方法也有所不同。

3.5.1 化油器式汽油机供给系的检测与诊断

在检测燃油供给系的技术状况时,除故障诊断外,视必要应检测燃油消耗量和可燃混合气的配制质量。汽油机供给系的故障,主要表现在漏油、堵塞和机件损坏3个方面,其中漏油和堵塞为常见故障。在化油器式汽油机供给系中,汽油泵和化油器是两个最重要的部件,也是最易发生故障的部位。

汽油机供油系常见故障的检测一般采用就车人工经验法诊断。近年来随着检测仪器的发展,利用检测仪来检测汽油机空燃比及排气污染物等,以正确地诊断汽油发动机供油系统的故障。

下面主要介绍汽油泵供油压力、泵油量和密封性的车上检测。以机械膜片式汽油泵为例,主要检测其泵的压力、泵油量和密封性是否符合原厂规定。

(1)泵油压力和密封性的检测。就车检测泵油压力和密封性时,在化油器进油针阀密封性良好的情况下,用三通接头和软管把微压表(0~98kPa)安装在化油器与汽油泵之间的管道上,如图3-28所示。起动发动机,在不同工况下运转时,可观察到汽油泵的泵油压力。停熄发动机,用手油泵泵油,由于此时化油器进满油后其进油针阀关闭,因而可测得汽油泵出口的关闭压力。汽油泵出口关闭压力应为20~30.66kPa。然后停止泵油,观察微压表压力下降情况。若1min后压力下降≤2.66kPa(单阀汽油泵)或≤5.33kPa(双阀或单阀大阀汽油泵),则密封性符合要求。

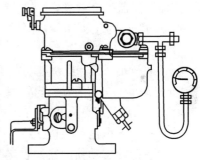

图3-28 新车检测汽油泵的泵油压力和密封性

(2)泵油量的检测。即在规定转速下检测汽油泵单位时间内的输油量。其测量方法是将发动机按规定转速进行运转,测出每小时或每分的泵油量,这种检测方法较麻烦。目前有一种能就车检测汽油泵泵油量的汽油泵试验计,既能检测泵油压力和密封性,又能检测泵油量。这种试验计也是通过三通接头安装在化油器与汽油泵之间的管道上,并附有微压表、量瓶和油路开关等。当检测完泵油压力和密封性后,调整发动机转速至测泵油量的转速,然后操纵油路开关,在断绝对化油器供油的同时打开通往量瓶的开关并启动计时器,使汽油泵输出的汽油通过软管全部流入附带的具有刻度的量瓶中,直至化油器浮子室内的汽油烧完,检测单位时间内的泵油量(mL/s)。视必要,可将检测的数值换算成以L/min或L/h为单位的数值,以便与规定值对照。

国产机械膜片式汽油泵的主要参数,如表3-6所列。

机械膜片式汽油泵主要参数　　　　表3-6

型号	凸轮轴转速（r/min）	泵油量（L/min）	出油器关闭压力（kPa）	停止泵油1min后压力下降（kPa）
262	1 200	>1.5	20～30.66	<2.66
$262A_1$	1 800	>0.84	20～30.66	<2.66
266	1 200	>3.16	20～30.66	<5.33
266G	1 200	>3.16	20～30.66	<5.33
$266A_1$	1 800	>2.5	20～30.66	<5.33
$266A_{12}$	1 800	>2.5	20～30.66	<5.33
265_2	2 200	>3.5	26.66～33.33	—
268	1 200	>3.16	26.66～33.33	<2.66

在汽油泵上下壳体接合处密封性良好、上盖（或玻璃杯）与上壳体接合处密封性良好和膜片技术状况良好的情况下，泵油压力决定于膜片弹簧张力，密封性决定于进、出油阀的磨损和清洁程度，泵油量决定于内、外摇臂和凸轮轴偏心轮的磨损程度。因此，对泵油压力、密封性和泵油量检测后若发现不符合原厂要求，应对有关机件进行检修或更换。

电动汽油泵的泵油压力、泵油量和密封性的检测与机械式汽油泵相同。

3.5.2 电喷发动机燃油喷射系统的检测与诊断

检测电喷发动机运转时燃油管路内的油压，可以判断电动汽油泵或油压调节器有无故障，汽油滤清器是否堵塞等。检测燃油压力时，应准备一个量程为1MPa左右的油压表及专用的油管接头，按下列步骤检测燃油压力。

1．油压表的安装

（1）将燃油系统卸压。起动发动机，在发动机运转中拔下电动汽油泵继电器（或拔下电动汽油泵电源插头），待发动机自行熄灭后，再转动起动开关，起动发动机2～3次，燃油压力即可完全释放，然后关闭点火开关，装上电动汽油泵继电器（或插上电动汽油泵电源接线）。

（2）拆下蓄电池负极搭铁线。

（3）拆除冷起动喷油器油管接头螺栓（拆开螺栓时，要用一块棉布包住油管接头，以防汽油喷溅），将油压表和油管一起安装在冷起动喷油器油管接头上（图3-29a）。

油压表也可以安装在汽油滤清器油管接头、分配油管进油接头，或用三通接头接在燃油管道上，或便于安装和观察的任何部位（图3-29b）。

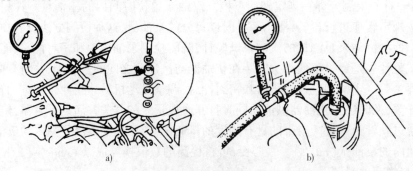

图3-29　油压表的安装

(4)擦干溅出的燃油。
(5)重新装上蓄电池负极搭铁线。

2. 燃油系统静态油压的测量

(1)用一根短导线将电动汽油泵的两个检测插孔短接(如丰田车)。
(2)打开点火开关(但不要起动发动机),让电动汽油泵运转。
(3)测量燃油压力。其正常油压应为300kPa左右。若油压过高,应检查油压调节器;若油压过低,应检查电动汽油泵、汽油滤清器和油压调节器。
(4)拔掉电动汽油泵检测插孔的短接线,关闭点火开关(OFF)。

3. 燃油系统保持压力的测量

测量静态油压结束5min后,再观察油压表指示的油压。此时的压力称为燃油系统保持压力。其值应不小于147kPa。若油压过低,应进一步检查电动汽油泵保持压力、油压调节器保持压力及喷油器有无泄漏。

4. 发动机运转时燃油压力的测量

(1)起动发动机。
(2)让发动机怠速运转,测量此时的燃油压力(图3-30a)。
(3)缓慢开大节气门(踩下加速踏板),测量在节气门接近全开时的燃油压力(图3-30a)。
(4)拔下油压调节器上的真空软管,并用手堵住(图3-30b),让发动机怠速运转,测量此时的燃油压力。该压力应和节气门全开时的燃油压力基本相等。

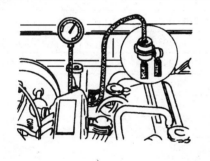

a)   b)

图3-30 燃油压力的测量
a)测量怠速及节气门全开时的燃油压力;b)测量拔下油压调节器真空软管后的燃油压力

不同车型燃油系统的燃油压力各不相同。几种常见进口车型的燃油压力标准如表3-7所列。若测得的油压过高,应检查油压调节器及其真空软管;若测得的油压过低,则应检查电动汽油泵、汽油滤清器及油压调节器。

5. 电动汽油泵最大压力和保持压力的测量

(1)将燃油系统卸压。
(2)拆下蓄电池负极搭铁线。
(3)将油压表接在燃油管路上,并将出油口塞住(图3-31)。
(4)接上蓄电池负极搭铁线。
(5)使用一根导线将电动汽油泵的两个检测插孔短接。
(6)打开点火开关,持续10s左右(不要起动发动机),使电动汽油泵工作,同时读出油压表的压力,该压力称为电动汽油泵的最大压力。它应当比发动机运转时的燃油压力高200~300kPa,通常可达490~640kPa。如不符合标准值,应更换电动汽油泵。

几种常见进口车型的燃油压力标准　　　　表 3-7

厂牌	机 型	急速运转时的燃油压力（kPa）	节气门全开（或拔掉油压调节器真空软管）时的燃油压力（kPa）
GM（通用）	1.6L, L4	207～276	241～310
	1.8L, L4	166～255	207～276
	2.0L, L4	172～207	241～261
	2.3L, L4	210～303	279～324
	2.8L, V6	210～303	279～324
	3.0L, V6	214～276	255～296
	3.0L, V6	200～234	234～296
	3.0L, V6	214～290	276～324
	3.1L, V6	210～303	279～324
	3.3L, V6	214～303	276～324
	3.4L, V6	214～303	283～324
	3.8L, V6	165～255	234～296
	3.8L, V6	214～290	276～324
	4.3L, V6	303～414	372～441
	4.5L, V8	220～262	276～345
	5.0L, V8	210～303	279～324
	5.7L, V8（除 LT5）	210～303	279～324
	5.7L, V8（LT5）	262～358	330～379
FORD（福特）	3.8L	172	241
CHRYSLER（克莱斯勒）	所有 TBI	100	100
	所有 TBI	200	270
	所有 3.0L, V6	260	330
	所有 3.3L～3.8LV6	260	330
	PRV, 道奇, 鹰 3.0L, V6	200	270
	3.9L, 5.2L	220	270
TOYOTA（丰田）	3S-GE, 3S-GET	186～214	228～262
	LANDCRUISER	228～255	255～317
	SUPRA TURBO	158～207	228～276
	MR2, COROLLA, VAN	193～207	262～303
LEXUS（凌志）	LS 400	193～234	262～303
	其他	228～255	262～303
ACURA（极品）	—	200～241	241～283
GEO（吉喔）	GEO STORM	172～207	241～262
HONDA（本田）	Civic	234～317	276～345
	Prelude	214～276	255～303
	其他	200～255	241～283

续上表

厂牌	机型	急速运转时的燃油压力(kPa)	节气门全开(或拔掉油压调节器真空软管)时的燃油压力(kPa)
HYUNDAI(现代)		269	317~338
ISUZU(五十铃)	MPI	248	293~310
	2.8L,3.1L,V6,TBI	62~90	62~90
	3.2L,V6	172~207	241~317
MAZDA(马自达)	323	179~241	234~276
	626	186~228	234~276
	其他	214~262	262~317
MITSUBISHI(三菱)	1.8L,2.0L 2.4L,3.0L	234~262	303~331
NISSAN(尼桑)	MAXIMA	248	303
SUBARU(富士重工)	TBI	138~165	138~165
	MPI	179~207	250
一汽红旗	CA488发动机	250	300

(7)关闭点火开关,5min 后再观察油压表的压力,此时的压力称为电动汽油泵的保持压力。其值应大于340kPa。如不符合标准值,应更换电动汽油泵。

(8)拆下油压表。

6. 油压调节器保持压力的测量

当燃油系统保持压力不符合标准值(<147kPa)时,应作此项检查,以便找出故障原因。其检查方法是:

图 3-31 电动汽油泵最大压力的测量

(1)将油压表接入燃油管路。

(2)用一根短导线将电动汽油泵的两个检测插孔短接。

(3)打开点火开关(旋至 ON 位置),并保持10s,让电动汽油泵运转。

(4)关闭点火开关(OFF),拔去电动汽油泵检测插孔上的短接导线。

(5)用包上软布的钳子将油压调节器的回油管夹紧。

(6)5min 后观察燃油压力,该压力称为油压调节器保持压力。如果该压力仍然低于燃油系统保持压力的标准(147kPa),则说明燃油系统保持压力过低的故障不在油压调节器;相反,若此时压力>147kPa,则说明油压调节器有泄漏,应更换。

(7)拆下油压表。

7. 油压表的拆卸

测量好燃油压力后,按下列步骤拆卸油压表:

(1)释放燃油系统的油压。

(2)拆下蓄电池负极搭铁线。

(3)拆下油压表。

(4)重新装好油管接头。

(5)接好蓄电池负极搭铁线。

(6)预置燃油系统的油压。

(7)检查油管各处有无漏油。

3.5.3 柴油机供给系的检测与诊断

柴油机供给系可用人工经验法进行检测诊断,也可用测试仪进行。现着重介绍利用 QFC-5 型微机发动机综合测试仪检测柴油机的综合参数。在发动机不解体情况下,该仪器显示器能以多种形式观测各缸高压油管中的压力波形和喷油器针阀升程波形,能定量、准确地测出喷油器的针阀开启压力、关闭压力、喷油提前角,同时,还能进行异响分析、配气相位测量等。

1. 测试项目

(1)观测压力波形。可观测各缸高压油管中压力变化的波形,这些波形以多缸平列波、多缸并列波、单缸选缸波和全周期单位缸波的形式出现。

(2)观测针阀升程波形。可观测到针阀升程与喷油泵凸轮轴转角的对应关系和针阀升程与高压油管中压力变化的对应关系。

(3)观测异常喷射。可观测到喷油器间断喷射、二次喷射和停喷等。

(4)检测瞬态压力。可测出各缸高压油管内的残余压力、最高压力、喷油器针阀开启压力和针阀关闭压力。

(5)观测各缸供油量的一致性。可观测到各缸供油量是否一致。观测误差应小于 2mL。

(6)检测供油正时。可检测 1 缸供油提前角和各缸供油间隔角。提前角和供油间隔角的检测误差均应小于 1°凸轮轴转角。

(7)测量转速。

2. 波形显示

柴油机的工作性能,在很大程度上取决于喷油泵和喷油器的工作状况。喷油泵和喷油器的工作状况,可以通过高压油管中压力的变化情况和针阀升程反映出来。因此,用示波器观测高压油管中压力与喷油泵凸轮轴转角之间的变化关系,喷油器针阀升程与喷油泵凸轮轴转角之间的变化关系,就可以判断出柴油机燃料供给系的工作是否良好。

图 3-32 是在柴油机有负荷情况下实测的某缸高压油管内压力 P 和针阀升程 S 随凸轮轴转角 θ 的变化曲线。从图中还可看出针阀升程与高压油管内压力的对应关系。图中 P_r 为高压油管中的残余压力,P_0 为针阀开启压力,P_b 为针阀关闭压力,P_{max} 为最高压力。在横坐标方向上,整个曲线可划分为 3 个阶段。其中 Ⅰ 为喷油延迟阶段,若调高针阀开启压力 P_0,高压油管渗漏,出油阀偶件或喷油器针阀偶件不密封造成残余压力 P_r 下降,随意增加高压油管的长度或增加高压油系统的总容量(如漏装减容体)等,都会使这个阶段增长;Ⅱ 为主喷油阶段,该阶段长短主要与柴油机负荷有关,对于柱塞式喷油泵来说,即与柱塞的供油行程长短有关,供油行程愈大,该阶段就愈长;Ⅲ 为自由膨胀阶段,若高压油

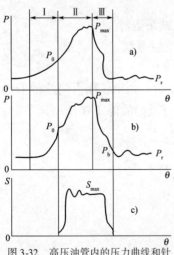

图 3-32 高压油管内的压力曲线和针阀升程曲线

a)喷油泵端压力曲线;b)喷油器端压力曲线;c)针阀升程曲线

管内的最大压力不足,可使该阶段缩短,反之使该阶段延长。

从图3-32中可以看出,第Ⅰ、Ⅲ阶段为喷油泵的实际供油阶段,第Ⅱ、Ⅲ阶段为喷油器的实际喷油阶段。在循环供油量一定的情况下,若Ⅰ阶段缩短和Ⅲ阶段延长,则使喷油量增大。因此,曲线上3个阶段的长短,对该缸工作的好坏是有影响的,多缸发动机各缸对应的Ⅰ、Ⅱ、Ⅲ阶段如果不一致,则对发动机工作性能影响更大。所以,必须将各缸的压力波形同时测取出来,以多种形式进行对比观测。

高压油管内的压力波形,可用全周期单缸波、多缸平列波、多缸并列波等波形进行观测。

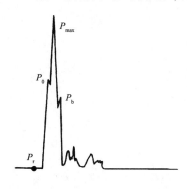

图3-33 全周期单缸波形

全周期单缸波是单独将某一缸高压油管中的压力随喷油泵凸轮轴转过360°时的变化情况显示出来的波形,如图3-33所示。在数码管上可以轮流指示出某缸同压油管中的残余压力P_r、针阀开启压力P_0、针阀关闭压力P_b和最大压力P_{max}、转速等。

通过对各种转速下压力波形、针阀升程波形和瞬态压力的观测,可以有效地判断各缸供油量、喷油量、供油压力、喷油压力和供油间隔的一致性。针阀升程是判断实际喷油状况的重要参数。因此,通过对针阀升程波形的观测,可发现喷油器有无间断喷射、二次喷射和停喷等故障。

3. 转速与供油提前角的测量

(1)转速测量。转速是发动机的基本参数,其测量原理为:喷油泵凸轮轴转一圈各缸轮流供油一次,取出某一缸(一般定取1缸)的压力波并整形使其成为定宽脉冲,对四冲程发动机还要注意到曲轴转速是喷油泵凸轮转速的2倍,则有

$$曲轴转速 = 1 缸脉冲频率 \times 60 \times 2$$

因此,将1缸脉冲送入微机,则仪器即可显示出转速值。

(2)1缸供油提前角测量。1缸供油提前角,即喷油泵1缸柱塞开始供油时间。根据光学的频闪效应,用闪光灯可将发动机上的1缸上止点记号对正,利用仪器打印键或正时灯上的打印开关,可直接打印出折合为曲轴转角的总提前角值。

4. 故障诊断方法

微机发动机综合测试仪检测前,发动机调至最佳状态并预热,其检测内容分为外卡传感器检测、油压传感器检测、闪光法提前角检测、缸压法提前角检测。

当计算机显示或打印出的波形和图3-33、图3-34所示的标准波形不同时,则视为故障波形。常见的故障波形如图3-35所示。曲线光滑无抖动点,故障可能为针阀开启压力过高,供油量太少或针阀关闭不死(图3-35a);在波形上除正常的P_0、P_b抖动点外,前沿上边右抖动点出现,说明高压油路内有漏油点(图3-35b);针阀卡死或该缸不供油,此时可能由于仪器不同步造成波形跳动(图3-35c);残余压力下降,说明高压油路有严重漏油现象(图3-35d)。

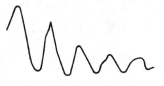

图3-34 供油压力检测结果

通过调节,使示波器上出现的振动波形幅度最高且呈尖峰状。然后从定位缸开始,按供油顺序依次出现振动波形,若振动波形幅度和形状都相同,则说明各缸喷油状况正常;若发现波形幅度偏低,说明该缸喷油量少;若无波形,说明该缸不喷油或不雾化。将发动机转速提高,若仍无波形,则应在加速中观测;若还是无波形或波形很小,说明该缸不工作或工作很

差,此时应用喷油嘴检验台检查喷油嘴的针阀开启压力和雾化质量。在进行该项测量时,可通过打印机将各缸喷油状况波形打印出来。各种常见车型的喷油器喷油压力及供油提前角如表 3-8 所列。

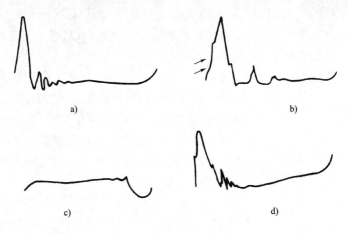

图 3-35 供油系常见故障波形

a)针阀开启压力过高,供油量太少或针阀关闭不严;b)高压油路内有泄漏点;c)针阀卡死或不供油;d)高压油路有严重泄漏

常见车型供油提前角及喷油器喷油压力　　　　表 3-8

车　型	喷油器型号	喷油压力(kPa)	供油提前角
黄河 JN 150 151	ZCK 150 S435	16 181 ~ 17 162	28°~30° 24°±1°
三菱扶桑 T 653 BL	波许 KD 型	11 768 ~ 12 749	带送油阀 15°,不带送油阀 17°
日野 KL 系列 KM400	NP-KD597 SD10	11 768 11 768	18°
日产 CWL50P	5101-444	19 613	—

3.6 润滑系的检测与诊断

润滑系的功能主要是为润滑系统提供具有一定压力、连续、清洁的润滑油,对发动机运动部件的摩擦副进行润滑、清洗、冷却和起到密封作用,以达到减少机件磨损,保证发动机正常工作,延长其寿命的目的。润滑系统的评价指标有发动机工作过程中的机油压力、温度,润滑油的清洁度、润滑油消耗量、润滑油品质等几个方面。下面介绍这几个方面的检测与诊断。

3.6.1 机油压力的检测与诊断

1. 机油压力的检测

机油压力是发动机润滑系技术状况的重要指标,机油压力的大小,一般可直接通过汽车仪表板上的机油压力或油压信号指示灯显示而测得,虽其精度较差,但能满足使用中的检测要求。常用的检测方法是,当打开点火开关时,机油压力表指针指示为"0",如装有油压信号指示灯则灯亮。发动机起动后,油压信号指示灯在数秒内熄灭,机油压力表则表示为某一较高的数值,并随发动机热起逐渐指示正常。一般汽油机机油压力应为 0.18 ~ 0.392MPa,

柴油机应为 0.294~0.588MPa。当机油压力不符合要求时,可采用人工经验判断。

2．机油压力不正常的原因和诊断

机油压力不正常有两种情况,一种是机油压力过低,另一种是机油压力过高。

1)机油压力过低的诊断方法

(1)原因。机油压力过低的原因有很多,主要有以下几个方面:机油压力表失准;机油压力传感器效能不佳;润滑油黏度降低;汽油泵膜片破裂使汽油漏入油底壳或燃烧室未燃气体漏入油底壳,将润滑油稀释;油底壳油面太低;机油泵齿轮磨损、泵盖磨损或泵盖衬垫太厚造成供油能力太低;润滑油集滤器滤网堵塞;润滑油限压阀调整不当、关闭不严或弹簧折断;内外管路有泄漏之处;曲轴主轴承、连杆轴承或凸轮轴轴承磨损松旷,轴承盖松动,减摩合金脱落或烧损。

(2)诊断方法：

①第一次起动发动机时,注意观察机油压力表的指示情况。若刚起动时压力正常,然后迅速下降至低于规定值,说明油底壳存油不足,可在停车后拔出机油尺检查;若油面低于下限,则即为此故障。

②第一次起动发动机时,若刚起动机油压力就低,说明故障不在油底壳的存油多少上,可先检查润滑系外露部分有无明显泄漏之处;如无泄漏,再检查机油压力表和传感器的技术状况。

③检查机油压力表的技术状况时,可先检查机油压力表与传感器导线两端的连接状况。若无问题,再将导线从传感器上拆下,然后打开点火开关,使导线与机体搭铁;若机油压力表指针急速上升到头,说明压力表良好;若压力表指针不动或仅动一点,说明压力表失效。

④若机油压力表良好,应检查传感器的效能。从发动机机体拆下传感器,然后起动发动机,观察油流情况,若流出的机油压力很足,说明传感器失效;反之,若油流压力不足,油道又无堵塞,说明故障不在传感器,应继续查找。

⑤如润滑油限压阀露在发动机机体外部,可停熄发动机检查限压阀的技术状况,若限压阀磨损严重、弹簧太软、弹簧折断或调整状况不佳,则故障在此。

⑥若限压阀良好,可拔出机油尺,用手指捻试润滑油检测其黏度。若润滑油太稀,说明润滑油黏度发生变化;若润滑油中有汽油味,说明润滑油被汽油或被汽油蒸气稀释。

⑦若润滑油黏度良好,说明机油压力过低的原因,可能在机油泵、集滤器、内部管路或各处轴承间隙上,此时须拆下发动机润滑油池才能诊断出结果。

2)机油压力过高的诊断方法

(1)原因。机油压力过高的原因有机油压力表失准,润滑油变稠或新换润滑油黏度太大,主油道及分油道内积垢太多或曲轴主轴承、连杆轴承、凸轮轴轴承间隙太小,限压阀调整不当等。

(2)诊断方法：

①未起动发动机前,首先检查机油压力表指针能否回零,若不能回零,则故障在机油压力表。

②若压力表良好,拔出油尺,检查油面高度。若油面太高,则故障在此;若油面不高,可用手捻试润滑油检测其黏度,并与规定标号新润滑油进行对比。若黏度太大,则为故障原因。

③如润滑油限压阀露在发动机机体外部,可检查限压阀的技术状况。如限压阀调整不佳,球阀或柱塞阀发卡,则为故障原因。

3.6.2 润滑油品质变化程度的检测

对于已用润滑油的分析与新润滑油的理化分析不同,它主要是分析润滑油的污染性质和程度。下面介绍机油污染分析仪的检测方法。机油污染分析仪有很多种形式,下面介绍其中几种,供参考。

1. 机油不透明度分析仪

分析仪的结构原理如图3-36所示。稳压电源由电桥和光源提供,光源发出的光通过放油样的玻璃油池而传到光敏电阻。光敏电阻作为电桥的一个桥臂,电桥的输出端接电流放大器,而直流放大器的输出端接一个指示读数的电流表——光电表,表头按百分刻度。油池中放入干净油时表头指示为零;当润滑油污染程度达到极限允许值时,指针指80%。为了使用方便,用3种颜色大致表示污染范围,红色表示需要更换润滑油的换油区,黄色表示润滑油可用区,绿色表示良好区。

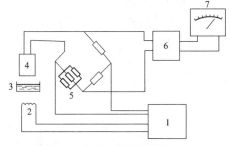

图3-36 机油不透明度分析仪原理图
1-稳压电源;2-光源;3-试样油池;4-光电管组成的平衡电桥;5-电阻;6-直流放大器;7-透光度表

测试前,先在油池中放入干净油样,调整表头指针为零,然后再换入需要测量的油样。由于测试油样与标准油样的透光度不同,照在光敏电阻上的光线强度就不一样,润滑油污染越严重,透光越弱,光敏电阻阻值变化越大,电流表指针指示也越大。

这种仪器的优点是结构简单,使用方便。缺点是测量精度差,使用范围窄,而且不能测出有添加剂的润滑油其添加剂残余能力以及润滑油含杂质的成分。

2. 机油介电常数分析仪

1) RZJ-2A型机油质量检测仪的工作原理

润滑油是电介质,有一定的介电常数。介电常数是表示物质绝缘能力特性的系数,又叫介电系数。在润滑油中,介电常数值取决于润滑油中的添加剂或存在的污染物。

在润滑油变质时,过氧化物、酸和其他原子团在油粒子上形成,从而引起了油粒子的极性变化(一端变正,一端变负)。当一些极化了的粒子逐渐增多时,润滑油混合物的介电常数随之增大。也就是说,润滑油污染越重,介电常数越大。通过对润滑油介电常数变化的比较,来分析润滑油的污染程度。

这种分析仪如图3-37所示。它采用了对污染物有较大灵敏度的平面电容器作为传感器,而润滑油试样如同电容的电介质,当润滑油的介电常数变化时,电容值也随之改变。通过专用的数字电路,将其变成数字信号,送入微机处理与参考数字信号比较。当显示为零时,数字相等,当显示不为零时,数字信号大于或小于参考信号,表示油的介电常数发生改变,从而达到检测润滑油质量的目的。

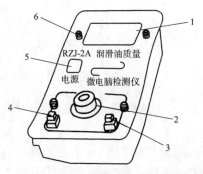

图3-37 机油介电常数分析仪面板示意图
1-数字显示屏;2-润滑油传感器;3-清零按键;4-测量按键;5-电源开关;6-固定螺钉

2) 仪器操作方法

(1) 检测前的准备。打开电源,仪器液晶应依次显示" +00.0"" +11.1"…"99.9""00.0"之后,出现

"-0",表示自我检测结束,仪器工作正常,可以测量。但若中间出现的数字与上述不符时表示仪器有问题,须进一步检查。

(2)测量。在测量前用白色脱脂棉清洁传感器油槽;用 3~5 滴与被测油样同牌号的新油置入传感器油槽中,一定要使油与油槽边沿平齐(使油液面的反射面为平镜面);等油扩散完 2~5s 后,轻轻按一下"清零"按钮。先显示与上一个零点变化量,约 2s 后清零,显示"±000"(按下清零按钮,一定要等 4s 以后,才能擦拭掉新油);再彻底清洁传感器油槽,并保持清洁、干燥;将 3~5 滴被测油样置入传感器油槽中(要求同新油);等油扩散后 2~5s,轻轻按一下"测量"按钮,显示出综合测量值,约 30s 后,显示水分含量范围,以后每隔 2s 分别交替显示水分含量范围与综合测量值;测试完后,清洁传感器;持续测试时,要间歇调整零点,显示出的结果与水分含量范围之间的关系如表 3-9 所列。

显示结果与水分含量的关系   表 3-9

水分含量(%)	仪器显示值	水分含量(%)	仪器显示值
0~0.2	0.2	0.6~0.8	-6.8
0.2~0.4	-2.4	>0.8	-0.8
0.4~0.6	-4.6		

3)测试结果与润滑油污染的关系

机油品质检测仪,是依据感受油的介电常数这一性质来测定油的质量的。这个介电常数的大小与润滑油中存在的一些污染物的相对浓度成比例,表 3-10 中所列的是润滑油污染物及对介电常数的效应。

润滑油污染物及对介电常数的效应   表 3-10

污染物	显示结果		
	向(+)偏	向(+)偏激烈	向(-)偏
氧化物	●		
油泥	●		
污物	●		
燃烧炭烟	●		
酸	●		
防冻液		●	
水		●	
金属粒子		●	
汽油			●

4)油质仪的换油标准

根据主要理化性能标准、污染指数标准及行车试验结果的验证,建议油污染指数 4.2~4.7 为汽油机润滑油换油标准,5.0~5.5 为柴油机润滑油换油标准。

该仪器不仅能分析润滑油的污染程度,还能分析主要是哪些污染物使润滑油变质的。

3. 油质仪的使用与维护

(1)当数字显示屏左上方显示出"LOBA-T"字符号时,说明电池电压已经低于 7.2V,需要更换电池或扩大稳压电源的量程。

(2)在开机自检或测试过程中出现"+78.9"时,说明传感器的两条螺旋线被金属颗粒短路。此时应用脱脂棉沾着汽油仔细将金属颗粒擦干净(必要时用放大镜观察传感器螺旋线,用绣花针轻轻将金属颗粒拨掉)。因两条金属线很细,严禁对传感器刻、划、碰。

(3)若按下电源开关后无显示,应检查电池接线柱是否接触不良或断线。

(4)每次测量前,应热机15min,并不断反复调试0点,对提高测量精度有所帮助。

(5)传感器对潮湿很敏感,在雨、雪和雾中不要使用油质仪。

(6)在开机自检中,出现"+12.3",说明CPU损坏,需更换;出现"+45.6",说明序片中程序有问题,需与厂家联系更换;出现"+23.4"说明"清0""测量"按键中有异常导通现象,用万用表测量一下,便可找出并更换;出现数字少画或多画,是由于导电橡胶接触不好,须重新安装;若出现一个或数个数字变化不是同时加"1"的增长或没有"+"号,说明连接电缆接触不良,用万用表换个测量接插件对应角通不通即可。

(7)在"-0"中按"测量"或"清零"键时,不出现正常显示值,仍为"-0.0"时,说明按键断线或按下不导通,应接上断线或更换按键。

4. 光缆式机油分析仪

这种仪器主要用于监控和确定最佳换油时期,其结构原理如图3-38所示。

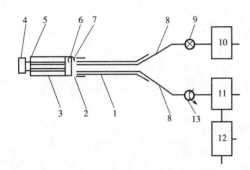

图3-38 光缆式机油分析仪原理图
1-光缆;2-进油口;3-测量槽套管;4-调整螺栓;5-密封盖;6-反射镜;7-测量槽;8-光缆支路;9-灯泡;10-光源;11-信号放大;12-信号处理及读出装置;13-光电管

检验时,将测量槽套管经润滑油加注口插入工作的发动机油底壳中,润滑油经套管的进油口进入测量槽。然后,接通仪器的光源,使灯泡的光束经光缆支路和光缆传入测量油槽中。光束在穿过测量油槽后,照射到反射镜上,反射过来的光通过光缆和另一条光缆支路照射到光电管上。光束在穿过测量油槽的过程中,其能量被吸收,吸收多少取决于油槽中润滑油被污染的程度。与新润滑油相比,光电管产生的光电流下降值,便是润滑油被污染的尺度。光电流下降值可直接显示在电流表上,表上的刻度为润滑油污染程度百分数。

仪器的测量槽间隙可通过调整螺栓进行调整,可调范围为0.1~0.5mm。测量油槽套管很细,可以插入直径为6mm的加油口中。

除上述方法可对润滑油进行检测外,还有斑痕法、简易化验法等,如图3-39和图3-40所示。此外,还有化学分析、光谱分析、放射性同位素分析等方法。

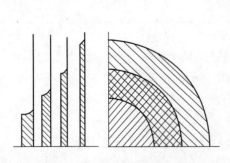

图3-39 斑痕法油斑分层示意图

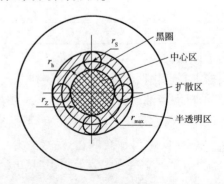

图3-40 置于带4小孔环形遮光片下的油斑斑痕

3.6.3 润滑油消耗量的检测

润滑油消耗量的检测目前实际使用的是油标尺测定法和质量测定法两种。

1. 油标尺测定法

测试前,汽车置于水平地面上,预热后停机,将润滑油加至润滑油底壳规定的液面高度,然后在油尺上清楚地划上刻线,以记住这一油面位置。其后汽车投入实际运用,使润滑油消耗至油尺下限或行驶一定里程时,停止运行,仍置汽车于原地点,按原测试条件,向油池内加入已知量(质量或体积)的润滑油,使油面仍升至油尺上的刻线,所加油量为润滑油消耗量。

此测定方法简单,但测量误差较大。

2. 质量测定法

预热发动机至正常温度,按测试条件打开油底壳的放油螺塞,放出油底壳内的润滑油,至润滑油由流变成滴时,拧上油底壳的放油螺塞,记下放油时间,然后将已知质量的润滑油加入油底壳至规定的液面,使汽车投入实际运行。汽车行驶若干里程后,当需要测试润滑油消耗量时,只要按同样的测试条件和放油时间,放出油底壳内的在用润滑油,并称量出其质量就可以了。加入和放出的质量之差即为润滑油消耗量。

此测定法费力费时,但测量精度较高。

3.7 冷却系的检测与诊断

冷却水温的过高或过低,都会引起发动机功率下降,油耗增加。因此,在正常情况下,冷却水温应保持在80~90℃。在使用过程中,冷却系的技术状况逐渐变坏,使冷却系冷却水温度过高或过低,其主要原因为:冷却液过少,有渗漏处;散热器水管堵塞;冷却系内有水垢;风扇皮带打滑;节温器失灵等。根据这些情况,可以把外观检查、压力试验及部件检验结合起来以综合地对冷却系进行检测与诊断并排除故障。

冷却系检测与诊断的目的主要是查明系统中存在的故障,常用的方法有外观检查、汽缸密封性检查、水泵性能检查、散热器水管堵塞检查、节温器性能检查及水温表故障检查等。

1. 外观检查

外观检查主要是通过察看散热器、水泵、水管、水套、放水开关等部位是否漏水,冷却水水量是否足够,风扇和散热器的距离是否正确,皮带两侧面有否磨损。外观检查应在静止的冷发动机上进行,因为冷却系统的外部渗漏在冷态时容易被发现,当发动机热态时,这种泄漏因蒸发而不易被发现。对那些不容易接近的部位(汽缸体后部、放水阀以及水泵的密封圈等)可以通过留在地面上的水迹判断泄漏部位。检查风扇皮带松紧度可用拇指压在风扇和发电机皮带轮中间的皮带上,施加20~50N的力,皮带压进距离应在10~20mm之间。对于轿车,一般还须对风扇硅油离合器和风扇转速控制电路进行检查。

2. 压力试验

压力试验主要检查内部渗漏,一般常见的内部渗漏有:汽缸垫漏气、缸盖螺栓松脱以及缸盖或缸体上有裂纹等。下面介绍两种压力试验方法。

(1) 汽缸漏气试验。可用旧的火花塞壳制成一个连接器,通过它依次对每个火花塞孔输给700kPa的压缩空气,这时活塞应处于压缩行程的上止点。如果将缸盖上的出水软管拆去,汽缸漏气时冷却水中将有气泡冒出,或从出水口水位升高反映出来。这种方法,也是检验气门漏气的有效方法。另外，还可以采用 QLY-1 型汽缸漏气量检验仪进行检验。

(2) 冷却系密封性试验。在发动机不工作时，将 50kPa 的压缩空气从散热器放水阀引入（图 3-41），如果气压不降低，表示散热器加注口密封正常。起动发动机，在发动机热起后，再通入 20kPa 的压缩空气，若冷却系工作正常，气压表指针应抖动，不抖动表示节温器阻塞。气压表指针迅速上升至 50kPa，表示散热器阻塞或汽缸垫漏气，此时不应立即停止发动机。停歇发动机后，压力表指针不立即下降，故障属于散热器水管阻塞；指针迅速下降，说明汽缸垫漏气。在检查中，应查看有无漏水处。

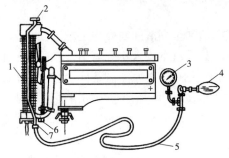

图 3-41　冷却系密封性检查
1-散热器；2-水箱盖；3-压力表；4-橡皮球；5-软管；6-放水开关；7-蒸汽引出管

3. 水泵故障检查

水泵工作状态不正常或水泵叶轮打滑，使水泵的泵水量不能与发动机的转速成正比，或者水封泄漏。

(1) 水泵工作状态检查。打开散热器加水口盖，使发动机缓慢加速，察看加水口内冷却水的循环；若不断加快，则水泵工作正常，叶轮也不打滑；反之，水泵有问题。当不易从加水口观察冷却水的循环情况时，可用另一方法，让发动机在水温高时熄火，并迅速拆下汽缸盖通往散热器上水室接头的胶管，再用布团将上水室接头塞住，从加水口向散热器内加注冷却水，再起动发动机。如汽缸水套内和散热器中的水被水泵泵出胶管口外 200mm 左右，说明水泵工作正常，叶轮也不打滑；反之，则异常。

(2) 水泵流量试验。水泵流量试验须在专用试验台上进行，由试验台驱动装置带动水泵转动，观察排水量是否符合制造厂的标准或者是否有漏水现象。

4. 节温器性能检查

节温器是一个随冷却水水温高低自动调节流经散热器水量的装置，从而使冷却水温度保持平衡。节温器是否失灵的检查方法是：在冷却水温度高时，拆下汽缸盖通往散热器上水室接头胶管，用布或纱堵住上水室接头，向散热器内加注冷却水，然后起动发动机。当水温达到 80℃ 时，节温器处于开启状态，此时，就看到散热器中的水从开启的节温器内泵出。发动机转速越高，泵出的距离越大，高温水泵出一段时间后，向散热器内加入冷却水，节温器随着发动机温度降低而关闭，通往上水室的胶管就没有水泵出了。如果发动机继续运转，冷却水温升到 80℃ 以上时，节温器又重新开启。当上述动作异常时，可拆下节温器或换装新的节温器试验，以确定使用的原节温器是否失灵。应当注意的是，不同车辆装用的节温器开启和关闭温度是不一样的。如东风 EQ1090 汽车的节温器，当水温低于 76℃ 时，主阀门关闭，侧阀门打开；随着水温提高，主阀门渐开，侧阀门渐关；当水温升到 86℃ 时，主阀门全开，侧阀门全关。检验节温器好坏还可以用另一种方法，即把节温器从发动机上拆下，清洗后放在水中加热，用量程为 100℃ 的温度计测量温度，按节温器主阀门开启或侧阀门关闭的温度规定，检查其性能是否良好，工作是否可靠。当温度再提高 10℃ 左右节温器阀应全开，其工作升程应不小于 9mm。

5. 水温表故障的检测

正常的水温表，在打开点火开关后，指针应从 100℃ 向 40℃ 方向偏转，然后逐渐指示正确水温。当打开点火开关，仪表板上的其余仪表正常，水温表如果不动，可能有两种情况：一是水温表坏，二是水温表不坏，水温传感器坏。用旋具将水温传感器接线柱与机件短路，若水温表指针从100℃向40℃转动,说明水温表正常,传感器有故障;如水温表指针仍然不动,说明水温表本身有故障。当打开点火开关,水温表指针迅速从100℃位置移至40℃位置,但发动机温度升高后,指针仍然在40℃位置不动,此时可拆下传感器导线,若指针迅速从40℃位置回到100℃位置,则说明水温表传感器内部有搭铁短路之处;若指针仍然在40℃位置不动,则说明水温表至传感器的连接导线有搭铁之处。诊断时若发现传感器内部有故障,接线与发动机机体间发生断路,应立即关掉点火开关,以免烧坏水温表。另外,水温表还可以用QDS-2A型汽车电器万能试验器等设备检测,其检查方法为将被试水温表和该仪器300mA电流表及12V电源、负荷电阻接成串联回路,负荷电阻用以调节回路电流,比较两表的读数值。根据串联回路电流相等的原理来判定被试表的好坏,如图3-42所示。具体操作步骤如下:

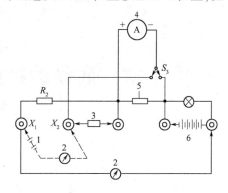

图3-42 检验电热式水温表
1-12V电源;2-被试仪表;3-300mA分流器;4-电流表;5-30A分流器;6-12V电源;R_2-负荷电阻;S_3-电流表开关;X-插孔

(1)将300mA分流器(仪器外附),安装在仪器外接分流器两接线柱上拧紧。

(2)取电源线2条,用正线将12V电源正极接在仪器负荷电阻接线柱上,用负线将电源负极接至被试表的负极。

(3)取备用线1条,将被试表正极接至300mA分流器的负端(即外接分流器"-"极接线柱)。

(4)将电流表开关扳向外接分流器一边,并逐渐旋紧负荷电阻。此时电表应有读数,并逐渐上升,待被试表的读数上升到稳定值后,比较两表的读数,应符合技术标准。

6. 散热器水管堵塞的检查

散热器水管因杂质、油污、积垢多而堵塞时,就会因冷却水循环受阻而使水温过高。检查的方法是:打开散热器加水口盖,使上水室的水位低于加水口10mm左右,然后起动发动机,先以怠速运转,注意观察水流和水位,随后使发动机转速提高到1 200r/min左右,仔细观察转速提高时的水位变化,如果比怠速时水位升高,甚至冷却水溢出加水口,说明管道堵塞;如果比怠速时水位略低,而且又随着发动机转速的稳定,水位相对保持不变,则表示散热器畅通,水管无堵塞。

复习思考题

1. 简述发动机动力性检测的方法、设备和指标。
2. 简述发动机经济性检测的方法、设备和指标。
3. 如何检测发动机的汽缸密封性?
4. 检测发动机起动电机的电流有何作用?
5. 如何检测发动机的点火波形?有何作用?
6. 发动机水温过高的原因是什么?绘出诊断流程框图。

第4章 底盘的检测与诊断

4.1 传动系的检测与诊断

汽车传动系是底盘的主要组成部分之一。传动系的技术状况变化将直接影响发动机动力的传递。利用仪器设备检测离合器打滑、传动系游动角度和用振动声学方法诊断传动系异响,可判断传动系的技术状况好坏。

4.1.1 离合器打滑的检测

离合器打滑会使发动机的动力不能有效地传递到驱动轮上去,并使离合器自身过热,加剧磨损、烧焦甚至损坏。

离合器打滑频闪测定仪可用来检测离合器是否有打滑现象。离合器打滑频闪测定仪主要由透镜、闪光灯、电阻器、电容器、电源和传感器等组成,如图4-1所示,电源采用车上蓄电池。

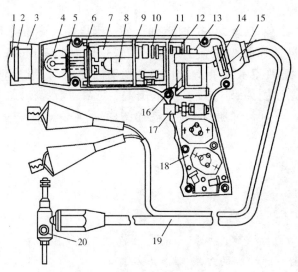

图4-1 离合器打滑频闪测定仪
1-环;2-透镜;3-框架;4-闪光灯;5-护板;6、9、11、12、18-隔板;7-电阻器;8、10-电容器;13-二极管;14-支持器;15-座套;16-变压器;17-开关;19-导线;20-传感接头

使用该仪器时,须由发动机的火花塞给仪器内高压电极输入电脉冲信号。火花塞每跳火一次,闪光灯就亮一次,且闪光频率与发动机转速成正比。离合器打滑的检测可在底盘测

功试验台或车速表试验台上进行，无试验台的可支起驱动桥进行。检测中应挂入直接挡，使汽车原地运转，必要时可使用行车制动器或驻车制动器，以增加驱动轮或传动系负荷。将闪光灯发出的光亮点投射到传动轴的某一点（可预先设置标记）。若离合器不打滑，传动轴上某点与光亮点同步，看起来传动轴似乎不转动；若某点与光亮点不同步，而是逐渐滞后于光亮点，并看到传动轴似乎在慢慢转动，说明离合器打滑。

如果无上述频闪测定仪，也可以用发动机点火频闪正时灯代替。

4.1.2 传动系游动角度的检测

当传动系各部分因磨损松旷或调整不当而产生振抖和异响时，常用的诊断方法是用手转动或晃动，凭经验作出判断，但这样很难明确故障部位、损坏情况，因此有时不得不拆卸进行检查。传动系机件磨损松旷是由于各部分间隙（游动角度）超过允许值的结果，因而传动系游动角度可以作为评价汽车传动系技术状况的一般性综合诊断参数。利用传动系游动角度检验仪可对各传动部分的游动角度进行检验。

1. 游动角度检验仪的工作原理

1）数字式游动角度检验仪

（1）仪器的组成。该仪器检验范围为 $0°\sim30°$，使用的电源为直流12V。仪器由倾角传感器和测量仪两部分组成，二者以电缆相连。倾角传感器的作用是将传感器外壳随传动轴游动的倾角转换为相应频率的电振荡。传感器外壳是一个长方形的壳体，其上部开有 V 形缺口，并配有带卡扣的尼龙带，因而可方便地固定在传动轴上。传感器外壳内的装置如图4-2所示。测量仪实际上是一台专用的数字式频率计，其作用是直接显示传感器的倾角。

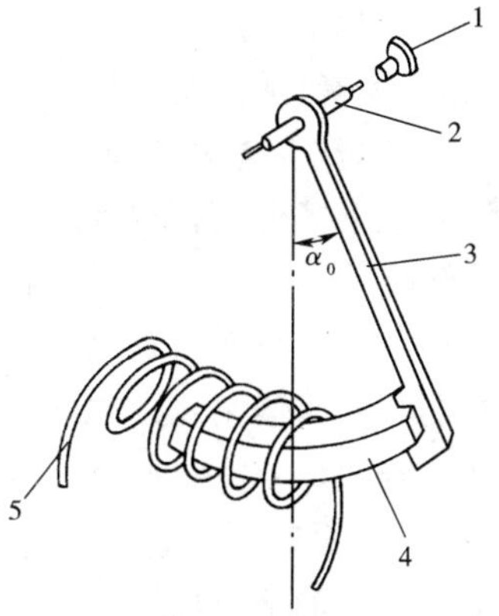

（2）仪器工作原理。仪器采用 PMOS 数字集成电路。由传感器送来的振荡信号，经计数门进入主计数器，在置成的补数基础上累计脉冲数。计数结束后，在锁存器接收脉

图4-2　倾角传感器结构
1-轴承；2-心轴；3-摆杆；4-弧形铁氧体磁棒；5-弧形线圈

冲作用下，将主计数器的结果送入寄存器，并由荧光数码管将结果显示出来。使用中，将游动范围内两个极端位置的倾角读出，其差值即为游动角度。

2）指针式游动角度检验仪

该仪器由指针、刻度盘和测量扳手组成。指针固定在驱动桥主动轴上，刻度盘则固定在主传动器壳上，如图4-3a）所示。测量扳手一端带有 U 形卡嘴，以便卡在十字万向节上。为了适应多车型，卡嘴上带有可更换的钳口。测量扳手上还有指针和刻度盘，以便指示转动扳手的读数值，如图4-3b）所示。

2. 游动角度的检测方法

1）用数字式游动角度检验仪检测游动角度

将测量仪接好电源，用电缆把测量仪和传感器连接好，先按仪器使用说明书的要求对仪器进行自校，再将转换开关扳到"测量"位置上，就可实测了。在汽车传动系中，最便于固定倾角传感器的部位是传动轴。因此，在整个检测过程中，该传感器都一直固定在传动轴上。

使用数字式游动角度检验仪分段检测游动角度时，应遵循被测段一端固定而另一端检测的原则，方法如下：

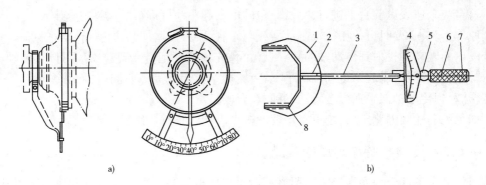

图 4-3 指针式游动角度检验仪
a) 指针与刻度盘的安装;b) 测量扳手
1-卡嘴;2-指针座;3-指针;4-刻度盘;5-手柄;6-手柄套筒;7-定位销;8-可换钳口

(1) 万向传动装置游动角度的检测。把传动轴置于驱动桥游动范围的中间或将驱动桥支起,拉紧驻车制动,左、右旋转传动轴至极端位置,测量仪便直接显示出固定在传动轴上的传感器的倾斜角度。将两个位置的倾斜角度记下,其差值即为万向传动装置的游动角度。该角度不包括传动轴与驱动桥之间的万向节的游动角度。

(2) 离合器和变速器各挡位游动角度的检测。放松驻车制动,变速器挂入选定挡位,离合器处于接合状态,在传动轴置于驱动桥游动范围的中间或将驱动桥支起的情况下,左、右旋转传动轴至极端位置,测量仪便显示出传感器的倾斜角度,求出两位置倾斜角度的差值,便得到该挡位下的游动角度。该游动角度减去已测得的万向传动装置的游动角度,即为离合器与变速器在该挡位下的游动角度之和。按同样的方法,依次挂入变速器各挡位,便可测得离合器与变速器在各挡位下的游动角度。

(3) 驱动桥游动角度的检测。放松驻车制动,变速器置空挡位置,踩下制动踏板,左、右旋转传动轴至极端位置,即可测得驱动桥的游动角度。该角度包括传动轴与驱动桥之间万向节的游动角度。多桥驱动的汽车,当需要检测每一段的游动角度时,传感器应分别固定在变速器与分动器之间的传动轴、前桥传动轴、中桥传动轴和后桥传动轴上。

在测量仪上读取数值时应注意,其显示的角度值在 0°~30°内有效,大于 30°时无效。出现大于 30°的情况,可将固定在传动轴上的传感器适当转过一定角度,使传动轴两极限位置所示角度值在 0°~30°内即可。若其中一极限位置为 0°,另一极限位置超过 30°,说明该段游动角度已大于 30°,超出了仪器的测量范围。

2) 用指针式游动角度检验仪检测游动角度

检测游动角度时,测量扳手应从一个极端位置转动到另一个极端位置,所用转矩≥30N·m,游动角度值从检验仪指针所处位置的刻度盘上读取。

传动系游动角度的检测应分段进行。可在变速器挂空挡并制动的情况下,用测量扳手卡在驱动桥主动轴万向节的从动叉上,先测取驱动桥的游动角度,再移动测量扳手卡在变速器后端万向节的主动叉上,测取万向传动和驱动桥的游动角度,该角度减去驱动桥的游动角度即为万向传动的游动角度。然后放松制动,变速器挂在要测的挡位上,离合器处于接合状态,视必要可支起驱动桥,测量扳手仍卡在变速器后端万向节的主动叉上,即可测得在不同挡位下从离合器到变速器的游动角度。对上述 3 段游动角度求和,即可获得传动系游动角度。

应该指出,利用检验仪不能检测出单个齿轮的缺陷、齿轮啮合不良、传动轴弯曲等。而这些缺陷,将使传动系传动效率降低,加速零件磨损并增大传动噪声。因此,除利用游动角度检验仪检测外,还应配合其他检测诊断方法,如振动、异响检验和经验诊断法等。

4.1.3 用振动声学方法诊断传动系故障

传动系有故障,如传动轴弯曲或扭曲,轴承磨损间隙增大,齿轮啮合不良及齿轮其他毛病等,将会引起机件的振动和发出各种异常响声。研究表明,每种故障引起的振动都有其特征频率,由于故障程度有差异,因此任何一种故障的特征频率都在某一频率范围。利用振动声学方法诊断可以得到准确的结论。

当配合副因磨损间隙过大而继续工作时,零件间就会产生碰撞(如啮合齿轮因轮齿侧向间隙过大产生的碰撞,滚动轴承因间隙过大滚动体与轴承架间产生的碰撞等),在冲击时,传动系零件产生的声学信号是衰减振动形式:

$$S(t) = ae^{-\delta t}\sin\omega_0 t$$

式中:a——信号振幅,由冲击强度决定,mm;

δ——衰减系数,表示振动能量扩散的速度特征;

ω_0——零件的固有频率,Hz。

参数 ω_0 和 δ 是传动系零件所固有的,不取决于技术状态。振幅 a 值与运动副的状况有关,并由其工作状态决定,因此振幅可以作为诊断参数。因传动系工作时,有连续不断的碰撞发生,因此信号的振幅应由机构在高速工作时产生的、连续不断的强迫振动频率为 f_B 的衰减振动的脉冲总和来决定。

该诊断方法与汽车异响诊断类似,需借助于异响测听仪、频谱分析仪来检测传动系状况,探查故障所在。

4.1.4 传动系检测参数

中型载货汽车传动系游动角度及各分段游动角度极限值应不大于表 4-1 所列,数据仅供诊断传动系技术状况时参考。

游动角度参考数据　　　　　　　　　　　　　表 4-1

部　位	游动角度	部　位	游动角度
离合器与变速器	≤15°	驱动桥	≤65°
万向传动装置	≤6°	传动系	≤86°

4.2　转向系的检测与诊断

汽车转向系是底盘的主要组成部分之一,其技术状况变化对汽车操纵稳定性和高速行驶的安全性有直接影响。利用仪器设备对转向盘的自由行程和转向力等参数进行检测,可诊断出转向系技术状况的好坏。

4.2.1 转向盘转向力的检测

操纵稳定性良好的汽车,必须有适度的转向轻便性。如果转向沉重,不仅增加驾驶员的劳动强度,而且因不能及时正确转向而影响行车安全。如果转向太轻,又可能导致驾驶员路感太弱或方向发飘等现象,同样不利于行车安全。

转向轻便性可用一定行驶条件下作用在转向盘上的转向力(即作用在转向盘外缘的最

大切向力)来表示。采用转向参数测量仪或转向测力仪等仪器,可以测得转向力及对应转角。下面以国产ZC-2型转向参数测量仪为例,介绍其组成与工作原理。

1. 仪器组成

该仪器主要由操纵盘、主机箱、连接叉和定位杆四部分组成,如图4-4所示。操纵盘由螺栓固定在三爪底板上,底板经力矩传感器与连接叉相接,每个连接叉上都有一只可伸缩长度的活动卡爪,以便与被测转向盘相连接。主机箱为一圆形结构,固定在底板中央,其内装有接口板、微机板、转角编码器、打印机和电池等,力矩传感器也装在其内。定位杆从底板下伸出,经磁力座吸附在驾驶室内的仪表盘上。定位杆的内端连接有光电装置,光电装置装在主机箱内的下部。

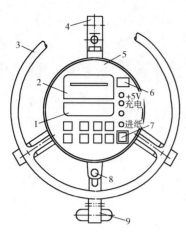

图4-4 ZC-2型转向参数测量仪
1-显示器;2-打印机;3-操纵盘;4-连接叉;5-主机箱;6-电压表;7-电源开关;8-固定螺栓;9-定位杆

2. 工作原理

当把转向测量仪对准被测转向盘中心,调整好三只活动卡爪长度与转向盘连接牢固后,转动操纵盘的转向力通过底板、力矩传感器、连接叉传递到被测转向盘上,使转向盘转动以实现汽车转向。此时,力矩传感器将转向力矩转变成电信号,而定位杆内端连接的光电装置则将转角的变化转变为电信号。这两种电信号由微机自动完成数据采集、转角编码、运算、分析、存储、显示和打印,因而该仪器既可测得转向力,又可测得转向盘转角,当然也可测得转向盘自由转动量。

3. 检测方法

转向力的检测可按转向轻便性试验方法进行,一般有原地转向力试验、低速大转角(8字行驶)转向力试验、弯道转向力试验等,可参照有关国家标准的规定进行检测。

4.2.2 转向盘自由转动量的检测

转向盘自由转动量,是指汽车保持直线行驶位置不动时,左右晃动转向盘时的自由转动量(游动角度)。转向盘自由转动量是一个综合诊断参数,当其超过规定值时,说明从转向盘至转向轮的传动链中一处或几处的配合松旷。转向盘自由转动量过大时,将造成驾驶员工作紧张,并影响行车安全。

转向盘自由转动量可采用专用检测仪进行。简易的转向盘自由转动量检测仪由刻度和指针两部分组成。刻度盘通过磁力座吸附在驾驶室仪表板或转向盘轴管上,指针则固定在转向盘的周缘上。也可以反过来,即指针通过磁力座固定在仪表板或转向盘轴管上,而刻度盘固定在转向盘周缘上。使用该种检测仪时,应使汽车处于直线行驶位置不动,轻轻转动转向盘至空行程一侧的极端位置,调整指针指向刻度盘零度,再轻轻转动转向盘至空行程另一侧极端位置,指针所示刻度即为转向盘自由转动量。

前述的转向参数测量仪或转向测力仪,一般都具有测量转向盘转角的功能,因此安全可以用来检测转向盘自由转动量。当转向盘自由转动量超过规定值时,可借助于汽车悬架转向系间隙检查仪进一步检查诊断,直至查出磨损松旷的部位。其检查方法是:将汽车前轮置于检查仪的两块测试板上,用手提灯上的开关操纵两测试板作纵向、横向运动,即可检查出汽车横拉杆、球头、转向支臂、悬架、车轮轴承等部件的间隙,从而消除隐患,确定安全。

4.2.3 转向系检测与诊断标准

国家标准 GB 7258—2012《机动车运行安全技术条件》对转向系提出了如下要求：

机动车的轮转向盘应转动灵活、操纵轻便、无阻滞现象。车轮转到极限位置时，不得与其他部件有干涉现象。

机动车转向轮转向后应有自动回正能力，以保持机动车稳定的直线行驶。

机动车转向盘的最大自由转动量从中间位置向左或向右均应不大于 10°（最大设计车速≥100km/h 的机动车）或 15°（最大设计车速<100km/h 的机动车）。

机动车辆在平坦、硬实、干燥和清洁的道路上行驶，其转向盘不得有摆振、路感不灵、跑偏或其他异常现象。

机动车在平坦、硬实、干燥和清洁的水泥或沥青路面上，以 10km/h 的速度从直线行驶过渡到直径为 24m 的圆周行驶，其施加于转向盘外缘的最大圆周力应不大于 245N。

机动车的最小转弯直径，以前外轮轨迹中心线为基线测量其值应不大于 24m。当转弯直径为 24m 时，前转向轴和后轴的内轮差（以两内轮轨迹中心线计）应不大于 3.5m。

转向节及臂、转向横直拉杆及球销应无裂纹和损伤，并且球销不得松旷。横、直拉杆不得拼焊。

4.3 制动系的检测与诊断

制动系的技术状况变化直接影响汽车行驶的安全性和运输效率。因此，汽车制动系的检测是汽车检测的重点之一。

根据 GB 7258—2012《机动车运行安全技术条件》的规定，可以用制动距离、制动减速度或制动力检测汽车制动性能。制动性能检测分路试法检测和试验台检测两种，试验台检测可在滚筒式制动试验台上进行，也可以在平板式制动试验台上进行。

4.3.1 试验台检测

试验台检测制动性能具有迅速、准确、经济、安全、不受自然条件的限制，以及试验重复性好和能定量地指示出各轮的制动力等优点，因此在国内外得到了广泛的应用。

1. 制动力检测原理

汽车制动时制动力取决于制动器制动力和车轮与地面间附着力中的较小者，其中制动器制动力取决于制动系统压力和车轮制动器技术状况，而车轮与地面附着力由车轮垂直载荷和轮胎与地面间的附着系数 φ 决定。

测力式制动试验台在试验台轮胎支承面高附着系数的前提下，测出制动全过程中车轮所受制动力的反作用力——轮胎对试验台支承装置的作用力，进行分析，对制动系技术状况作出评价。

目前应用较广泛的测力滚筒式制动试验台制动力的检测原理如图 4-5 所示。将被检车的车轮置于两个滚筒

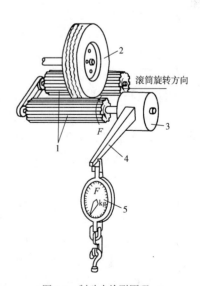

图 4-5 制动力检测原理
1-滚筒；2-车轮；3-电动机减速器；4-杠杆；
5-测力秤

上,用电动机通过减速器驱动滚筒从而带动车轮旋转,当车轮制动时,车轮给滚筒一个与其旋转方向相反的力,该力大小与滚筒对车轮的制动力相等,并通过浮动的电动机减速器体、杠杆传给测力秤,并由测力秤的指示表显示出来,从而测出车轮的制动力。

2. 制动试验台的组成

测力式制动试验台按车轮支承形式不同可分为滚筒式和平板式两种。

1)滚筒式制动试验台

测力滚筒式制动试验台有单轮式、单轴式和双轴式3种。

图4-6所示为单轴测力滚筒式制动试验台的结构示意图,例如QCT-1型反力式试验台。它由框架、驱动装置、滚筒装置、测量装置、举升装置和指示与控制装置等组成。

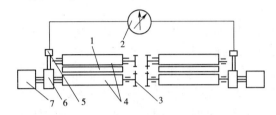

图4-6 单轴测力滚筒式制动试验台

1-举升装置;2-指示装置;3-链传动;4-滚筒装置;5-测量装置;6-减速器;7-电动机

(1)驱动装置。驱动装置由电动机、减速器(或扭力箱)和传动链条等组成。电动机通过减速器减速增扭后驱动主动滚筒,主动滚筒又通过链传动把动力传给从动滚筒。减速器与主动滚筒共用一轴,其壳体处于浮动状态。车轮制动时,该壳体能绕轴摆动,把制动力矩传给测力杠杆。

(2)滚筒装置。滚筒装置由4个滚筒组成,左右各一对单独设置。被测车轮置于两滚动之间,滚筒相当于一个活动路面,用来支承被检车轮并在制动时承受和传递制动力。

(3)测量装置。测量装置由测力杠杆和传感器等组成。测力杠杆一端与减速器壳体连接,另一端与传感器相连,传感器的形式很多,如油压式、自整角电机式、电位计式、差动变压器式和电阻应变片式等。传感器能把测力杠杆的移动量或受力变成电信号,送入指示与控制装置。

(4)举升装置。举升装置由举升器、举升平板和控制开关等组成。汽车驶入、驶出时,举升器将举升平板托起,使汽车平稳出入两滚筒之间,减少冲击。举升器有液压式、气压式和电动式等形式。

(5)指示与控制装置。指示装置有电子式和微机式两种。电子式指示装置多配以指针式仪表,这种仪表有一轴单针式和一轴双针式两种形式。单针式只指示一个车轮的制动力,左右车轮需分别设置;双针式可同时指示左右轮制动力。微机式指示装置多配以数字式显示器,目前制动试验台多为微机式。控制装置有手动式和微机自动式两种。

汽车制动试验台微机式指示与控制装置组成如图4-7所示,主要由放大器、模数转换器(A/D)、数模转换器(D/A)、继电器、微机、显示器和打印机等组成。在键盘和脚踏开关的控制下,微机控制举升装置的升降、滚筒电动机转动与停止、测力传感器信号的采集、存储和处理,它不仅能指示左右轮制动力,还能输出左右轮制动力的和与差值、车轮阻滞力、制动协调时间和制动释放时间,并能将检测结果与检测标准对照,作出技术状况评价。

另外,有些试验台在两滚筒之间装有直径较小的第三滚筒,其上带有转速传感器,其作用是一旦检测时车轮制动抱死,其上的转速传感器送出的电信号可使滚筒立即停转,防止轮胎剥伤。由于制动力诊断标准是以轴制动力和占轴荷的百分比为依据,因此,有些测力式滚筒制动试验台带有内藏式轴重测量装置,见图4-8。

2)平板式制动试验台

测力平板式制动试验台是凭借汽车在测试平板上的实际紧急制动过程来测定汽车前、

后轮制动力的,它有单轮式、单轴式和双轴式3种。图4-9所示为意大利VAMAG公司的双轴测力平板式制动试验台结构简图,该试验台主要由测试平板、控制和显示装置、过渡板及前、后引板组成。

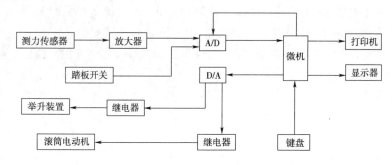

图4-7 微机式指示与控制装置框图

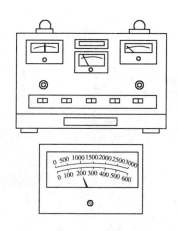

图4-8 轴重指示仪表
(仪表上指针为设定轴重)

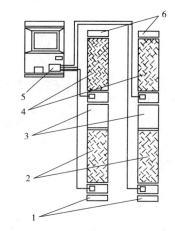

图4-9 双轴平板式制动试验台
1-前引板;2-前测试平板;3-过渡板;4-后测试平板;
5-控制和显示装置;6-后引板

(1)测试平板。测试平板共4块,一次制动试验可同时检测4个车轮的制动力、轮重和悬架工作状况。4块测试平板结构相同,如图4-10所示,主要由面板、底板、钢珠、压力传感器和拉力传感器组成。

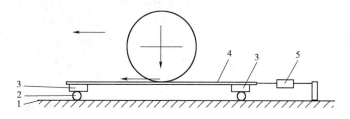

图4-10 测试平板结构图
1-底板;2-钢珠;3-压力传感器;4-面板;5-拉力传感器

当汽车以一定速度驶上测试平板并进行紧急制动时,车轮对测试平板作用一大小与车轮制动力相等、方向与汽车行驶方向相同的作用力,该力通过纵向拉杆传到拉力传感器,传感器将此作用力转变为相应大小的电信号,并将该信号送入放大器。车轮作用于平板的垂直作用力由分布于面板四角的压力传感器转变为电信号,送入放大器。

(2)控制和显示装置。控制与显示装置是一个以单片机为核心的数据采集、分析、处理和显示系统。单片机对拉力传感器放大器和压力传感器放大器中的各路输出信号进行高速采样,并将其转换为数字信号,然后对这些数字信号进行处理、计算,按要求显示出各轮制动力、轴制动力、左右轮制动力差、全车制动力、制动协调时间、制动释放时间等测试结果。同时还能给被检车驾驶员提供操作指示。VAMAG 平板式制动试验台还能通过对制动停车后前、后轮胎对面板垂直作用力的变化过程的分析,获知汽车车身振动的衰减情况,从而判断汽车悬架系统技术状况。

(3)辅助装置。辅助装置包括前、后引板和中间过渡板,其作用是方便汽车平稳上下制动测试平板。

3. 制动试验台的检测方法

1)测力滚筒式制动试验台检测方法

(1)将试验台指示与控制装置上的电源开关打开,按使用说明书要求预热至规定时间。

(2)如果指示装置为指针式仪表,检查指针是否在零位,否则应调整之。

(3)检查并清洁试验台滚筒表面。

(4)核实汽车各轴轴荷,不得超过试验台额定轴荷。

(5)检查汽车轮胎是否沾有泥、水、砂、石等杂物,若有应清除之。

(6)检查汽车轮胎气压是否符合汽车制造厂的规定,否则应充、放气至规定值。

(7)升起试验台举升器,汽车尽可能沿垂直于滚筒的方向驶入试验台。先前轴,再后轴,使车轮处于两滚筒之间。

(8)汽车停稳后变速杆置空挡位置,驻车制动为完全放松状态,把脚踏开关套在制动踏板上。

(9)降下举升器,至轮胎与举升器完全脱离为止。

(10)如试验台带有内藏式轴重测量装置则应在此时测出轴荷。

(11)起动电动机,使滚筒带动车轮转动,先测出车轮阻滞力。

(12)用力踩下制动踏板,一般试验台在 1.5~3.0s 后或第三滚筒发出信号后,滚筒自动停转,读取检测结果。

(13)升起举升器,驶出已测车轴,驶入下一车轴,按上述同样方法检测制动力。

(14)当与驻车制动相关的车轴在试验台上时,检测完行车制动后应重新起动电动机,在行车制动安全放松的情况下,用力拉紧驻车制动杆,检测驻车制动性能。

(15)车辆所有的行车制动及驻车制动性能检测完毕后,升起举升器,汽车驶出试验台。

(16)切断试验台电源。

2)测力平板式制动试验台检测方法

(1)将试验台指示与控制装置上的电源开关打开,按使用说明书要求预热至规定时间。

(2)检查并清洁制动试验台平板表面。

(3)核实汽车各轴轴荷,不得超过试验台额定轴荷。

(4)检查汽车轮胎是否沾有泥、水、砂、石等杂物,若有应清除之。

(5)检查汽车轮胎气压是否符合要求,否则调整至规定值。

(6)被测车以 5~10km/h 车速驶上试验台,前方指示灯闪亮时,驾驶员施以紧急制动。

(7)汽车重新起步,当指示灯再次闪亮时,立即拉紧手制动,然后再起步驶离试验台。

(8)切断试验台电源。

从以上介绍可知,与测力滚筒式制动试验台相比,测力平板式制动试验台具有结构简单、检测过程更接近实际行驶中制动状况和检测效率较高的特点。平板式制动试验台一般还具有侧滑检测的功能。

4. 制动试验台的维护

1)测力滚筒式制动试验台的维护

测力滚筒式制动试验台的维护按表4-2 的规定进行。

测力滚筒式制动试验台的维护　　　　　　　　　表4-2

维护周期	维护部位	维护要领	调修方法
1周	滚筒轴承盖螺栓和扭力箱内大齿轮轴端螺钉	检查各处螺栓是否松动	各处螺栓如有松动应予紧固
3个月	滚筒轴承处	检查滚筒轴承处润滑脂润滑情况	如有脏污或干涸时,应按厂家规定油品进行加注润滑脂
6个月	滚筒及滚筒轴承	检查滚筒有无运转杂音或损伤部位	滚筒有运转杂音或损伤时,应进行修理
6个月	扭力箱、缓冲器及链条	拆下链罩盒,检查链条脏污及张紧情况	链条脏污时,要彻底清洗,并重新润滑;链件伸长时,应予更换
1年	接受设备检定部门的检定		

注:试验台不使用时,应保持试验台机器周围环境的清洁,并及时清除泥、水、砂、石,防止其侵入试验台。

2)测力平板式制动试验台的维护

测力平板式制动试验台的维护按表4-3 的规定进行。

测力平板式制动试验台的维护　　　　　　　　　表4-3

维护周期	维护部位	维护要领	调修方法
1个月	测试平板	检查测试平板移动是否灵活	如不灵活应进行清洁和润滑
1个月	拉力传感器	检查拉力传感器元件两端连接是否松动	如松动应紧固
6个月	测试平板	拆下测试平板,检查上下V形槽、钢珠及测力杠杆连接磨损情况	对磨损严重的零件应视情更换
1年	接受设备检定部门的检定		

注:试验台不使用时,应保持试验台机器周围环境的清洁,并及时清除泥、水、砂、石,防止其侵入试验台;试验台上不要停放车辆或堆放重物,防止测试平板变形。

4.3.2　路试法检测

汽车制动性能除通过制动试验台检测制动力进行评价外,还可以通过道路试验检测制动距离和制动减速度进行评价。

1. 用路试法检测制动距离

路试检测制动性能应在平坦(坡度应不大于1%)、干燥和清洁的硬路面(轮胎与路面之间的附着系数不小于0.7)上进行。检测时,被检车在规定宽度的试验车道上沿着车道的中心线行驶至高于规定的初速度后,置变速器于空挡,当滑行到规定的初速度时,紧急制动,使汽车停止,借助于第五轮仪或其他测试方法测量车辆的制动距离。

汽车的制动距离是指汽车在规定的初速度下紧急制动时,从脚接触制动踏板时起至汽车停住时止汽车驶过的距离。

为保证检测精度,在路试法检测制动性能中常使用第五轮仪进行检测,它可以测出制动过程中的制动距离、制动时间和制动初速度。

第五轮仪有机械式、电子式和微机式3种,目前微机式第五轮仪应用较广泛。

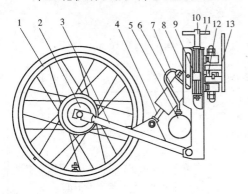

图 4-11 微机式第五轮仪
1-充气轮胎;2-传感器;3-叉架;4-活塞杆;5-储气筒;
6-气缸;7-气管;8-壳体;9-螺母;10-丝杆;11-调节手把;
12-调节轴;13-固定板

微机式第五轮仪由传感和记录两部分组成。传感部分的作用是把汽车行驶的距离变为电信号输出,其结构如图 4-11 所示,由充气轮胎、传感器、减振器、连接装置和对地压力调节机构等组成。充气轮胎安装在汽车的尾部或侧面,在对地压力调节机构的作用下,轮子紧贴地面,并随汽车的行驶作纯滚动。常用的传感器有光电式和磁电式两种,随轮子转动,传感器发出与轮子滚动距离相对应的电信号,送给记录部分。记录部分的作用是将传感器送来的电信号进行计数,并与自身产生的时间信号相比较计算出车速,根据设定的制动初速度测量制动距离和制动时间,并将结果显示出来。

第五轮仪不使用时应保持清洁,妥善放置;传感部分各关节点应清洁润滑,轮胎保持充气状态;每年应接受设备检定部门的检定,以保证检测精度。

2. 用路试法检测制动减速度

用路试法检测制动减速度的试验条件与路试法检测制动距离相同,不同点是用制动减速度仪或用其他测试方法测量车辆充分发出的平均减速度(FMDD)。充分发出的平均减速度应在测得其计算公式中相关参数后计算确定。

汽车制动减速度是指汽车在规定的初速度下,紧急制动时,汽车速度在单位时间内降低的程度,GB 7258—2012《机动车运行安全技术条件》规定,用在规定的初速度下紧急制动时充分发出的平均减速度来评价汽车制动性能。

充分发出的平均减速度 FMDD 可用下式进行计算求得:

$$\text{FMDD} = \frac{v_b^2 - v_e^2}{25.92(S_e - S_b)}$$

式中:FMDD——充分发出的平均减速度,m/s^2;

v_b——车辆的速度,km/h,$v_b = 0.8v_0$(v_0 为制动初速度);

v_e——车辆的速度,km/h,$v_e = 0.1v_0$;

S_b——在速度 v_0 和 v_b 之间车辆驶过的距离,m;

S_e——在速度 v_0 和 v_e 之间车辆驶过的距离,m。

制动减速度仪以检测制动减速度和制动时间为主。制动减速度仪由仪器和传感器两部分组成。传感器有滑块式和摆锤式两种,常见的滑块式传感器结构如图 4-12 所示,它由弹簧滑块机构和光电转换机构组成。汽车检测时,传感器部分放置在驾驶室或车厢地板上,正面朝

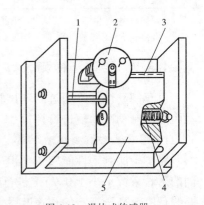

图 4-12 滑块式传感器
1-阻尼杆;2-光电转换机构;3-齿条;4-弹簧;5-滑块机构

上,其前端对准汽车前进方向,并紧靠固定部位。汽车制动时,在惯性力的作用下,滑块克服弹簧的拉力产生位移,位移量与汽车减速度成正比。为尽量减少弹簧与滑块组合产生的简谐振动,由阻尼杆产生适当阻尼。光电转换机构由发光二极管、光敏晶体管、定光栅和动光栅组成,将滑块移动量变成电脉冲信号送入仪表。仪表部分接到脚踏开关信号后,对传感器送来的信号进行整形、放大、分析、处理,最后显示制动减速度和制动时间。

4.3.3 制动性能检验标准

1. 试验台检测标准

1)行车制动性能检验

(1)制动力。汽车、汽车列车在制动试验台上测出的制动力应符合表4-4的要求,对空载检验制动力有质疑时,可用表中规定的满载检验制动力要求进行检验。

台试检验制动力要求　　　　　　　　表4-4

检测参数	制动力总和与整车重量的百分比		轴制动力与轴荷的百分比	
	空载	满载	前轴	后轴
要求	≥60	≥50	≥60	—

(2)制动力平衡。在制动力增长全过程中,左右轮制动力差与该轴左右轮中制动力大者之比对前轴应不大于20%;对后轴应不大于24%。

(3)制动协调时间。制动协调时间是指在紧急制动时,从踏板开始动作至车轮制动力达到表4-4所规定的制动力的75%时所需时间。汽车单车制动协调时间应不大于0.6s,汽车列车制动协调时间应不大于0.8s。

(4)车轮阻滞力。车轮阻滞力是指行车和驻车制动装置处于完全释放状态,变速器置空挡位置时,试验台驱动车轮所需的作用力。汽车各车轮的阻滞力不得大于该轴轴荷的5%。

2)驻车制动性能检验

当采用制动试验台检查车辆驻车制动的制动力时,车辆空载,乘坐一名驾驶员,使用驻车制动装置,驻车制动力的总和应不小于该车在测试状态下整车质量的20%;对总质量为整备质量1.2倍以下的汽车,此值应为15%。

2. 路试法检测标准及结果分析

1)行车制动性能检验

(1)制动距离。车辆在规定的初速度下的制动距离和制动稳定性应符合表4-5的要求,对空载检验制动距离有质疑时,可用表中满载检验的制动性能要求进行检验。

制动距离和制动稳定性要求　　　　　　　　表4-5

车辆类型	制动初速度 (km/h)	满载检验的制动 距离 (m)	空载检验的制动 距离 (m)	制动稳定性要求车 辆任何部位不得超出 的试车道宽度(m)
座位数≤9的载客汽车	50	≤20	≤19	2.5
总质量≤4.5t的汽车	50	≤22	≤21	2.5①
其他汽车、汽车列车	30	≤10	≤9	3.0

注:①对3.5t<总质量≤4.5t的汽车,试车道宽度为3m。

(2)制动平均减速度。汽车、汽车列车在规定的初速度下紧急制动时充分发出的平均减速度和制动稳定性应符合表4-6的要求。对空载检验制动性能有质疑时,可用表中满载检验的制动性能要求进行检验。

制动减速度和制动稳定性要求　　　　　　　　　　表4-6

车辆类型	制动初速度(km/h)	满载检验充分发出的平均减速度(m/s^2)	空载检验充分发出的平均减速度(m/s^2)	制动稳定性要求车辆任何部位不得超出的试车道宽度(m)
座位数≤9的载客汽车	50	≥5.9	≥6.2	2.5
总质量≤4.5t的汽车	50	≥5.4	≥5.8	2.5①
其他汽车、汽车列车	30	≥5.0	≥5.4	3.0

注:①对3.5t<总质量≤4.5t的汽车,试车道宽度为3m。

(3)制动协调时间。制动协调时间是指在紧急制动时,从踏板开始动作至车辆减速度达到表4-6规定的车辆充分发出的平均减速度的75%所需的时间。单车制动协调时间应不大于0.6s,列车制动协调时间应不大于0.8s。

2)驻车制动性能检验

在空载状态下,驻车制动装置应能保证车辆在坡度为20%(总质量为整备质量的1.2倍以下的车辆为15%)、轮胎与路面间的附着系数不小于0.7的坡道上正、反两个方向保持固定不动的时间应不小于5min。

GB 7258—2012《机动车运行安全技术条件》规定,制动力、制动距离和制动减速度3个指标中只要其中之一符合要求,即判为合格。3个指标中的具体检测项目为:

(1)制动力检测。行车制动性能(含制动力、制动力平衡要求、制动协调时间和车轮阻滞力)及驻车制动性能(驻车制动力)。

(2)制动距离检测。行车制动性能(制动距离)及驻车制动性能。

(3)制动减速度检测。行车制动性能(含充分发出的平均减速度和制动协调时间)及驻车制动性能。

3)检测结果分析和诊断

制动系常见故障形式有制动力不足、同轴左右轮制动力差值过大、制动协调时间过长和车轮阻滞力过大等。

(1)液压制动系。

①各车轮制动力均偏低,主要原因为制动踏板自由行程太大,制动液中有空气或变质,制动主缸故障,增压器或助力器效能不佳或失效。

②个别车轮制动力偏小,主要原因是该车轮制动器故障,若同一制动回路两车轮制动力均偏小,则应检查该制动回路中有无空气或不密封处。

③同轴左右轮制动力最大值差值过大故障原因同②;若在制动力上升阶段左右轮差值过大应检查制动间隙是否适当,若在制动释放阶段左右轮差值过大则应检查制动轮缸及制动蹄复位弹簧。

④各车轮制动协调时间过长应主要检查制动踏板自由行程是否过大;若个别车轮制动协调时间过长则主要检查该车轮制动间隙是否过大;若同一制动回路两车轮制动协调时间过长则可能是该制动回路中有空气。

⑤各车轮阻滞力都超限主要原因是制动主缸故障或制动踏板无自由行程;若个别车轮

阻滞力超限则主要是该车轮制动间隙过小、制动轮缸故障、制动蹄复位弹簧故障或轮毂轴承松旷等。

(2) 气压制动系。

① 各车轮制动力均偏低,主要原因是制动踏板自由行程太大,储气筒气压太低或制动阀故障。

② 个别车轮制动力偏低,主要原因是该车轮制动间隙过大或制动器故障。若同一制动回路两车轮制动力偏低,主要原因是制动管路漏气或某一制动气室膜片破裂。

③ 同轴左右轮制动力最大值差值过大故障原因同②;若在制动力上升阶段左右轮差值过大应检查制动间隙是否适当;若在制动释放阶段左右轮差值过大,则可能是制动蹄或制动气室复位弹簧故障。

④ 各车轮制动协调时间过长应主要检查制动踏板自由行程是否过大;若个别车轮制动协调时间过长则应主要检查该车轮制动间隙是否过大。

⑤ 各车轮阻滞力均超限主要原因是制动踏板无自由行程或制动控制阀故障;若个别车轮阻滞力超限则主要是该车轮制动间隙过小、制动蹄复位弹簧故障或轮毂轴承松旷等原因。

4.4 行驶系的检测与诊断

在行驶系中,车轮定位参数的变化、悬架系统松旷、主销与衬套磨损及车轮不平衡等,不仅影响汽车乘坐的舒适性,有时甚至危及行车安全。因此,对行驶系的检测与诊断应给予足够的重视。行驶系的主要检测与诊断内容包括车轮定位的检测、悬架间隙检测及车轮平衡的检测。

4.4.1 车轮定位的检测

车轮定位参数的检测,有静态检测法和动态检测法两种。静态检测法是在汽车停止的情况下,使用测量仪器对车轮定位进行几何参数的测量;动态检测法是在汽车以一定车速行驶情况下,用测量仪器或设备检测车轮定位产生的侧向力或由此引起的车轮侧滑量。

1. 车轮定位值的检测

车轮定位包括车轮前束、车轮外倾、主销后倾和主销内倾,是车桥技术状况的重要诊断参数。车轮定位正确与否,将直接影响到汽车的直线行驶稳定性、安全性、燃油经济性、轮胎和有关机件的磨损及驾驶员的劳动强度等。因此,车轮定位值的检测不仅对在用车是十分必要的,而且对新车定型和质量抽查也是必不可少的。

车轮定位值的检测采用静态检测法时,使用的检测设备有气泡水准式、光学式、激光式、电子式和电脑式等车轮定位仪,它们一般是利用车轮旋转平面与各定位角间存在的直接或间接关系进行测量的。这些仪器中气泡水准仪在国内的综合性能检测站和维修企业中应用最广。

1) 气泡水准车轮定位仪与测量原理

该仪器一般由水准仪、支架和转盘(又称转角仪)等组成。水准仪分插销式和磁铁式两种,如图4-13所示。它们均由壳体、水泡管、水泡调节装置和刻度盘等组成,可测得前轮外倾值、主销后倾值和主销内倾值。支架是水准仪与轮辋之间的连接装置,有卡紧式和磁力式两种。转盘一般由固定盘、活动盘、扇形刻度尺、游标指示针、锁止销和若干滚珠等组成。

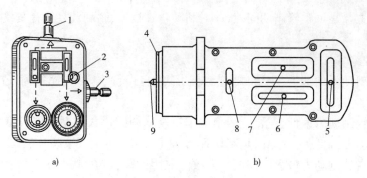

图 4-13 气泡水准车轮定位仪
a) 插销式；b) 磁铁式
1、3-定位销；2-旋钮；4-永久磁铁；5-测量主销内倾角的水泡管；6-测量前轮外倾角的水泡管；7-测量主销后倾角的水泡管；8-校正水准仪水平状态的水泡管；9-定位针

该仪器的测量原理是：外倾角 α 可直接测得。当前轮处于直线行驶位置且有外倾角 α 时，垂直于车轮旋转平面安装的水准仪上的测外倾角的气泡管与水平面的夹角即为前轮外倾角 α，通过标定就可测得。主销后倾角 γ 和主销内倾角 β 均不能直接测量，只能采用建立在几何关系上的间接测量。当前轮在水平平面分别向左、向右转过某一角度 φ（通常设定为 $20°$）时，由于主销后倾角 γ 和主销内倾角 β 的存在，使得转向节、车轮（在制动状态下）和安装在车轮上的水准仪还要绕转向节枢轴中心线偏转一定角度。此时气泡管内气泡的位移量取决于气泡管水平与平面夹角，而此角又取决于角 γ、β，因此气泡的位移量通过标定即可反映主销后倾角和主销内倾角值。测得这一偏转角度，即可间接地获得 γ 和 β 值。

2）气泡水准车轮定位仪检测前轮定位值

常见气泡水准车轮定位仪的检测方法大同小异，如 QD-2 型水准式车轮定位仪等。由于国产 GCD-1 型光束水准车轮定位仪配备的装置多一些，特别是能以聚光器配合标杆精确测得前束值，而这一功能是其他定位仪所不具备的，故以该仪器为例介绍其方法。

(1) 检测前的准备。

①汽车技术状况的预检。检测前轮定位值时，如无特殊说明，被检车之载荷应符合原厂规定；轮胎气压应符合原厂规定；前轮轮胎应为新胎或磨耗均匀的半新胎；检查前轮轮毂轴承、转向节衬套与主销是否松旷，检查制动器是否可靠。

②检测场地的要求。检测场地表面应平整，并尽量处于水平状态；检测场地如为专用地坪，可将两转盘分别放入深为 60mm 的预留坑内，如果无预留坑，当前轮放在转盘上后，后轮应垫以厚 60mm 的平整木块，以保证前后轮接地面处于同一水平面上。

③汽车的正确放置。在汽车两前轮放在转盘上之前，汽车应前后稍许推动，以便前轮自动处于直线行驶状态。然后使两前轮分别放在各自的转盘上，并使主销中心线的延长线基本上通过转盘中心。在有工厂标记的条件下，依工厂标记来确定转向器的中间位置，进而确定前轮的直线行驶位置，是比较方便而且是准确的。在没有工厂标记的条件下，若认为前束在每个前轮上是均匀分配的，则可参照下述方法来确定前轮的直线行驶位置；取下转盘锁止销；在两前轮上分别安装支架和聚光器，将聚光器光束水平投向后轮中心且与后轮垂直的带三脚架的标尺上，标尺应紧靠在车轮中心上；调节聚光器焦距，使在标尺上得到一清晰的带有一缺口的扇形图像（以下简称为指针），如图 4-14 所示；读出两侧标尺指针所指的数值，如果两侧数值相等，则认为前轮处于直线行驶位置。前轮直线行驶位置找好后，应将转盘扇

形刻度尺调整到零位对准游动指针,然后固定。当再转动转向盘时,前轮的转角便可由转盘刻度尺上读出。

④支架的安装。支架总成配有内张式及外收式两种固定脚,可按轮辋形式的不同选用。安装支架时,先将固定支架的两上固定脚卡在轮辋适应部位,再移动活动支架使其固定脚也卡在轮辋上,然后用活动支架的偏心卡紧机构将3个固定脚卡紧在轮辋上。此时,3个固定脚定位端面应贴紧在轮辋的边缘上。松开调整支座弹性固定板固定螺栓,使调整支座沿导轨滑动,通

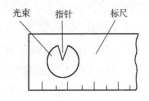

图4-14 聚光器投出的光束指针

过特制芯棒使调整支座安装聚光器或水准仪的孔中心与前轮中心重合。然后拧紧螺栓,使调整支座固定于导轨上。经多次试验,当支座中心与车轮中心偏2～3mm时,对测量结果影响甚微,故也可以目视对中心,而不必使用芯棒。

⑤轮辋变形的检查及补偿。

a. 将聚光器定位销轴插入支座也中,使销轴定位端面与支座定位端面贴合,然后拧紧弹簧卡固定螺钉,使聚光器不至于从支座上滑落。

b. 顶起被测前轮,使其离开转盘或地面,当在其圆周上施力时能自由转动。

c. 将标杆以7倍轮辋半径的距离放在所测车桥之前或之后的地面上。一般情况下,测前轮轮辋的变形量时,可把标杆放于前桥之前;测后轮轮辋变形量时,可把标杆放在后桥之后。

d. 将聚光器通以直流12V电源,聚光器发出强光束指针。转动聚光器的调节盘,使光束指针的扇形缺口朝上。调整聚光器伸缩套筒,使光束指针清晰地指在标杆上带有刻度的标牌上。用手把持住聚光器,松开弹簧卡锁紧螺钉,缓慢转动车轮一周,读出光束指针指示的最大值与最小值。最大值与最小值之差即为轮辋端面的摆差。当摆差>3mm时,一般认为轮辋是不合格的,应予更换。

e. 对于有摆差的前轮轮辋,为了消除对检测前轮定位角度值的影响,可转动调整支座上的滚花调节螺钉,直到光束指针指示的最大值与最小值之差在3mm之内为止。轮辋的变形被补偿后,将车轮放在转盘上,并使主销中心线延长线基本上通过转盘中心。

(2) 前轮前束值的检测。已如前述,GCD-1型光束水准车轮定位仪备有两套聚光器和两套长度可按不同轮距调节的标杆。聚光器接通电源后可投出强光束指针,而标杆的标牌上每隔7mm为一刻度并代表前束1mm。

①检测原理。用聚光器配合标杆来检测前轮前束值的原理如图4-15所示。当中心为O的前轮AB与放置在地面上的标杆垂直时,聚光器光束指针投射到标杆的M点,光束在与A点同一截面上的投影为A_2点。当前轮具有前束时,AB与标杆是不垂直的,此时聚光器光束指针投射到标杆上的N点,而在与A点同一截面上的投影点为A_3,且聚光器实际位置由原来的OCD变为OC_1D_1。由于CM远大于OC,而前束与CM比较起来也非常小,故可认为点C与点C_1重合,且$AA_1=A_2A_3$。

从图中可以看到,$A_2A_3:MN=CA_2:CM$。其中$CA_2=OA=D/2$,$CM=7\times D/2$。所以,$A_2A_3:MN=D/2:7\times D/2=1:7$。此时,若$AA_1=A_2A_3=1$mm,则$MN=7$mm。

在标杆的标牌上,每隔7mm划一刻度。这样,当前轮外圆点每偏转1mm时,在相距车轮中心为7倍于前轮半径的标杆标牌上,光束指针的变化为一个刻度(代表实际1mm)。这就把前轮前束实际值放大7倍后显示在标杆标牌上,从而提高了测量灵敏度和读数精度。

②检测时,汽车两前轮放于转盘上找正直线行驶位置后,在检测前束的过程中不得再转

动转向盘或车轮。

a. 调节标杆长度，使同一标杆两标牌之间距离略大于被测轮距，并能使聚光器光束指针大致投射到标牌的中间位置，如"20"左右。两套标杆一定要调整到等长，且标牌之间的距离一定要相等，否则将影响检测结果。

b. 将已调好的两套标杆放置在被测前桥的前后两侧，并平行于该桥。两标杆之间的距离为前轮上规定前束测点处直径的 7 倍，每一标杆距前轮中心的距离为前轮上规定前束测点处半径的 7 倍。

前轮上规定前束测点依车型而定。有的测点在胎面中心处，有的测点在胎侧凸出处，而有的测点在轮辋边缘处，检测前束前应注意查阅汽车使用说明书。

c. 先将一侧聚光器的光束投向前标杆的标牌上，使光束指针指于某一整数上，如图 4-16 所示。再将该聚光器的光束向后投射到后标杆的标牌上，并平行移动后标杆使光束指针落在与前标牌同一指示数值上。然后，将另一侧聚光器分别向前标杆、后标杆投射光束，读出光束指针指示值，计算前束。若前标杆指示值为 23，后标杆指示值为 26，则前束值为后值减前值，即 26 - 23 = 3mm；反之，若前标杆指示值为 26，后标杆指示值为 23，则前束值为 23 - 26 = -3mm，说明被测前轮为负前束。

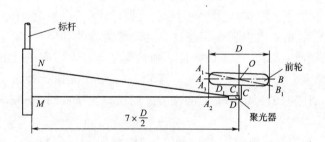

图 4-15　前束检测

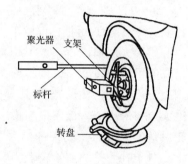

图 4-16　前轮前束检测

国产 GCD-1 型光束水准车轮定位仪具有测量准确，适宜于各种测点部位测量的优点。但该仪器构件较多，安装麻烦，故检测前束较少采用，一般场合仍用顶尖式前束尺和指针式前束尺为宜。

(3) 前轮外倾角的检测。

① 在前轮保持直线行驶位置不动的情况下，将水准仪黑箭头指示的定位销插入前轮支架的中心孔内，并使水准仪在左右方向上大致处于水平状态。轻轻拧紧弹簧卡锁紧螺钉，固定住水准仪，如图 4-17 所示。

② 转动水准仪上的 A 调节盘，直到对应气泡管内的气泡处于中间位置为止，然后在黑刻度盘上读出 A 盘红线所指角度值，该角度值即为前轮外倾角。A 盘每转动 $360°/13 \approx 27.69°$ 代表前轮外倾角 $1°$，黑刻度盘把每 $1°$ 再分成 6 等份，每 1 份为 $10'$，读数分辨率可达 $1'$，因而使读数误差减小。

(4) 主销后倾角的检测。前轮外倾角度值测定后，不动水准仪，接着进行主销后倾角度值的检测。

① 将前轮向内转 $20°$（对于左前轮则向左转，对于右前轮则向右转），松开弹簧卡锁紧螺钉，使水准仪左右方向处于水平状况，然后拧紧锁紧螺钉。

② 转动水准仪上的 BC 调节盘，使其上的红线与蓝、红、黄刻度盘零线重合。调整对应

气泡管的旋钮，使气泡管气泡处于中间位置。

③将前轮向相反方向转40°，即转到直线行驶位置后再向外转20°。转动BC盘使气泡管的气泡回到中间，在蓝盘上读出BC盘红线所示的值，该值即为主销后倾角。BC盘每转动360°/19.11≈18.84°代表主销后倾角或主销内倾角1°，刻度盘把每1°再分成6等份，每1份为10′，读数分辨率可达1′，使读数误差减小。

(5) 主销内倾角的检测。为防止打转向盘时前轮滚动，必须踩下制动踏板或用踏板抵压器压下制动踏板，使前轮处于制动状态。

①从支架上取下水准仪，以红黄箭头所指的定位销插入支架中心孔内，轻轻拧紧锁紧螺钉，如图4-18所示。将被测前轮向内转20°，松开锁紧螺钉，使水准仪在左右方向上大致处于水平状态，然后拧紧锁紧螺钉。

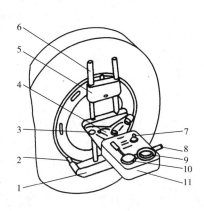 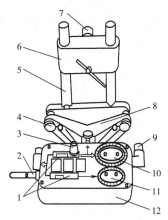

图4-17 前轮外倾角和主销后倾角检测
1-固定支架；2-固定脚；3-调节螺钉；4-调整支座；5-活动支架；6-导轨；7-旋钮；8-定位销；9-BC调节盘；10-A调节盘；11-水准仪

图4-18 主销内倾角检测
1-水泡管；2-定位销；3-旋钮；4-调节螺钉；5-导轨；6-活动支架；7、9-固定脚；8-调整支座；10-BC调节盘；11-A调节盘；12-水准仪

②转动BC调节盘，使其红色刻线与蓝、红、黄刻度盘零线重合。调节气泡管的旋钮，使气泡处于中间位置。

③将前轮向外转40°，即转至直线行驶位置后再向外转20°。调节BC盘使气泡管之气泡回到中间，则BC盘红线在红刻度盘或黄刻度盘所示之值，即为主销内倾角。检测左前轮时在黄刻度盘上读数，检测右前轮时在红刻度盘上读数，简称左黄右红。

(6) 前轮最大转角的检测。

①找正前轮直线行驶位置后，置转盘扇形刻度尺于零位并固定。如果紧接着上述前轮定位值检测之后进行，只需转动转向盘使两侧转盘扇形刻度尺对准零位即为直线行驶位置。

②转动转向盘使前轮向任一侧转至极限位置，从扇形刻度尺上读出并记录转角值，并与原厂规定值对照。不符合要求的前轮最大转角可通过调整转向节上的限位螺钉解决，直到符合要求为止。

以上介绍的是气泡水准式车轮定位仪。光学式车轮定位仪一般由转盘、支架、车轮镜和投光装置等组成。投光装置(由投光器和投影屏组成)也像水准仪一样安装在支架上，而支架固定在轮辋上。光学式车轮定位仪利用光学投影原理，将车轮纵向旋转平面与前轮定位的关系投射到带有指示刻度的投影屏上，从而测得前轮定位值。激光式车轮定位仪的检测原理与光学式相同，只不过采用的是激光投射系统，因而在强烈的阳光下也能清楚地从投影屏读出测量数据。电子式车轮定位仪则是在光学式和激光式的基础上,由投影屏刻度显示转变成显示屏数字显示而已。

除上述前轮定位的内容外,汽车高速化后,也开始对后轮安装提出了定位与检测要求。后轮定位内容目前主要是后轮外倾和后轮前束,它有助于使前后轮胎行驶轨迹重合,从而在高速时减少前后轮胎相对横向滑移量及轮胎偏磨损。

3)微机式车轮定位仪

微机式车轮定位仪要比以上几种车轮定位仪先进得多。它一般由微机、彩色显示屏、操作键盘、传感器、打印机、遥控器和支架等组成,往往制成可移动式。这种仪器一般由安装在车轮上的传感器把车轮与定位角之间的几何关系转变成电信号或光信号,送入微机分析判断,然后由显示屏或打印机输出。微机可以存储若干车型的前轮定位数据,而且还可以不断输入新的数据,以便与测得的同一车型的定位值对照。汽车资料由键盘输入,测试过程可操作全功能遥控器遥控。有些微机式车轮定位仪不仅能检测前轮定位,而且还可以检测后轮定位的技术状况。如美国战车牌(FMC)、大熊牌(BEAR)、太阳牌(Sun)、丹麦(HPA)、法国班米纳(BEMMULLER)、意大利意宝牌(614型)、元征 IVIEM-100 等产品均具有上述功能。

下面以美国战车牌(FMC)高级汽车四轮定位仪为例,介绍该仪器组成、原理和检测方法。

(1)仪器组成。该仪器主要由电控箱、液压系统、跑台、二次举升台、主机和机头等组成。

液压系统由电动机、油泵、限压阀、油箱、高(低)压输油管、油缸等组成。其作用是产生液压油,由电控箱来控制跑台的升降高度,并保证跑台可靠实现自锁。工作过程如下:电动机带动油泵,油泵将油吸入,并排向高压输油管,经限压阀将合适压力的油液传入左右主油缸,油缸的活塞将举升臂与工作台撑开,从而达到举升的目的;下降则是电动机带动油泵,使油泵产生负压,使油缸中的液压油回到油箱;同时低压油管输送液压油进入上齿条上的小油缸内,产生一个较低的压力,但足以将上齿条顶起与下齿条脱开(类似棘轮机构),主油缸内的油液回到油箱,压力消失,依靠跑台自重,跑台下降。

跑台自锁亦是同样原理。跑台升到一定高度,按下"LOCK"键,油泵产生负压,使主油缸中的液压油回油,主油缸内压力消失,从而依靠自重使跑台下降,此时上下齿条相互咬合,达到自锁目的。

跑台机构由工作台面、举升臂、底座、转盘、平衡杆、油缸、二次举升台等组成。

跑台共有两个举升臂、两个底座、两个工作台,它们共同构成平行四边形结构,依靠主油缸的活塞运动使两工作台同步水平举升。自锁装置能保证工作台在任何高度的安全性,两底座间的平衡杆,能保证举升台举升、下降、自锁的同步性与稳定性。

跑台的水平与否对检测精度的影响很大,它主要是通过跑台地脚螺栓下的垫片来调整的,因此在安装时必须严格把关。

(2)工作原理。该仪器的工作原理是利用安装在机头上的红外线发射源与接收源,将被测车体用红外线包围起来。以红外线作为"光尺"测量各定位参数,信号通过各机头中的光敏芯片(或单片)进行数模转换,并通过跑台上的传感器接口及信号线传入主机,经过处理后,检测员可通过屏幕上的界面清楚地看到各定位参数的显示,从而对车况进行诊断,对照电脑屏幕上显示的定位数据调整各相应部件,使各定位数据符合标准。

(3)检测方法。

①使用前的准备工作及注意事项:

a. 检查液压系统中液压油存量,用标尺观察,油渍应在其2/3处,不能低于最低刻度线。

b. 检查各输油管连接处、油缸是否漏油,尤其是看活塞与缸体之间有否漏油。

c. 举起跑台将油缸上输油管的闷头螺栓拧下,按下"DOWN"键,将油管中的空气排掉,直至油管中有油喷出即可。

d. 检查举升臂下的转轴以及平衡杆与连接处的润滑点是否加润滑脂润滑。

e. 检查气泵是否需加润滑油,将气水分离器中的水倒净。

f. 表面清洁检查。

g. 键盘检查及打印机检查。

h. 机头校验。

②面板按钮说明。

a. 电控箱上的开关操作方法。

接通电源:用手轻推电控箱左上部的开关至"1",电源接通。

切断电源:用手轻推电控箱左上部的开关至"0",电源切断。

举升:用手持续按住有"UP"提示的按钮,至你所期待的高度,松开手指。

下降:用手持续按住有"DOWN"提示的按钮,至你所期待的高度,松开手指。

锁定:将跑台上升或下降到某高度后,用手按住有"LOCK"提示的按钮,至跑台稳定。

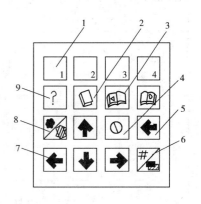

图4-19 机头上操作按钮
1-数字键;2-主菜单键;3-转页键;4-暂停键;5-Enter键;6-#键/功能窗切换键;7-光标键;8-星键/轮辋补偿键;9-帮助键

b. 机头上操作按钮说明(图4-19)。

数字键:各窗底下的功能键代号。

帮助键:在窗口为菜单显示时,可随时按该键而能得到内部资料。

主菜单键:按此键即返回主菜单。

星键:安装新的软件时,提高软件等级键(键盘上功能);轮辋补偿键,仅在轮辋补偿时使用(机头上功能)。

Enter键:进入下一步骤。

暂停键:观看电脑屏幕动画时,用此键予以暂停。

转页键:将屏幕显示翻到上(或下)一页。

#键为键盘上功能键,在机头上为功能窗切换键,即在窗口底部有8个功能窗,4个一组,此键用于切换两组功能窗在屏幕上的显示。

注:机头上在星键与"#"键位置为另两个特殊功能键,它们与键盘上的功能相异。

③检测方法。

a. 接通电源,打开UPS以及主机电源开关,进入定位程序。

b. 根据菜单提示,选择相应定位项目,输入客户资料,选择车辆规格型号,准备工作完毕。

c. 车辆开上跑台,车身与跑台基本对称,前轮必须在前转盘的中间位置。

d. 升起跑台至A平面(自锁齿响4下、上升4格位置),用楔片将后轮固定,以防车辆未拉驻车制动,车辆会移动造成危险。

e. 将机头装在轮辋上,确保其已固定紧不会滑落,接上传感器接头。

f. 打开气泵,使用二次举升台将车辆举至4轮悬空。

g. 松开驻车制动,对轮胎进行轮辋变形的检查及补偿。

h. 放下车辆,用踏板抵压器顶住制动踏板,调节机头水平仪使之完全水平。

i. 根据屏幕提示,测量后倾角。

j. 固定转向盘至水平位置,再次调平机头。

k. 根据屏幕显示各定位参数,对照制造厂家规定,进行检测诊断,打印输出结果。

l. 若定位参数不符合规定,可参照图解调整至正常位置。

m. 将所有坚固件拧紧后,检测完毕,卸下机头,将车辆驶离跑台。

常见车型车轮定位值与最大转角值如表4-7所列。

常见车型车轮定位值与最大转角值　　　　表4-7

厂牌车型 \ 车轮定位参数	前轮前束（mm）	前轮外倾	主销后倾	主销内倾	前轮最大转角	后轮前束	后轮外倾
上海桑塔纳（JV发动机）	空载 −1 ~ −3（−20′±10′）重载 −30′±10′左右允差15′	−1°40′±20′左右允差20′	30′空载,不可调		向左40°18′向右35°36′	25′±15′左右允差20′	−1°40′±20′左右允差15′不可调
一汽奥迪100	0.5 ~ 1	−0°30′±30′	50′±40′	14°20′			
一汽捷达	0° ~ ±10′	−30′±20′	1°30′±30′	14°			
北京切诺基	0左右允差 −0.79 ~ +0.79	0°±15′	7°30′±30′				
天津夏利 TJ 7100	−1 ~ +3	0°20′±10′	2°55′±1°	12°30′	向左39°55′±2°向右35°±2°	+4 ~ +8	
天津大发 TJ 1010SV	5 ~ 13（内侧）空载	1°25′±1°30′空载	3°20′±1°30′空载	12°02′±1°30′空载	向左40°30′向右28°40′		
吉林 JL 1010B	6 ~ 10	1°30′	2°30′	11°30′			
北京 BJ 2020A	1 ~ 4	1°30′	3°	5°30′			
北京 BJ 1040	1.5 ~ 3	1°30′	1°30′	7°30′			
跃进 NJ 1041A	1.5 ~ 3	1°	2°30′	8°	向左39°向右36°		
解放 CA 1091	2 ~ 4	1°	1°30′	8°	向左38°		

续上表

车轮定位参数 厂牌车型	前轮前束 （mm）	前轮外倾	主销后倾	主销内倾	前轮最大转角	后轮前束	后轮外倾
东风 EQ 1090E	1~5	1°	2°30′	6°	向右 30°30′		
黄河 JN 1150	6~8 在轮内侧 φ648mm 直径上测	1°40′	2°	6°50′	向左 36°46′ 向右 29°20′		
黄河 JN 1171	3~4.5 子午线胎 0.5	1°	2°	5°			
丰田皇冠 2600	4±1 空载	空载 25°30′±30′ 满载 30°30′±30′	空载 $-4.5'^{+45'}_{-15'}$ 满载 30′±30′	7°20′			

2. 前轮侧滑量的检测

前轮侧滑量的检测须采用动态检测法,检测的主要目的是为了确知前轮前束与前轮外倾配合是否恰当,使用的检测设备主要有滑动板式侧滑试验台和滚筒式车轮定位试验台两种。

1) 滑动板式侧滑试验台的工作原理

侧滑试验台是使汽车在滑动板上驶过,用测量滑动板左右方向移动量的方法,来检测前轮侧滑量并判断是否合格的一种检测设备。侧滑试验台按滑动板数不同,可分为单板式和双板式两种。近年来双板式侧滑试验台获得了广泛应用,下面以该种形式作介绍。

我国和日本制造的滑板式侧滑试验台大多是双板联动的结构形式。它是由侧滑量检测装置、侧滑量定量指示装置和侧滑量定性显示装置等三大部分组成。

(1) 侧滑量检测装置。如图4-20及图4-21所示,侧滑量检测装置由左右两块滑动板、杠杆机构和复位装置等组成,它把检测出来的转向轮侧滑量,再传递给侧滑量指示装置。滑动板的长度一般有 500mm、800mm 和 1 000mm 三种。滑动板表面做成凸凹不平的花纹形状,以减少转向轮胎与滑动板之间可能产生的滑移。滑动板通过滚轴、轨道和两块滑动板之间的杠杆机构,在外力作用下能进行左右方向等量的相对运动。当转向轮为正前束或负前束通过滑动板时,滑动板将分别向外侧或内侧滑移。前转向轮驶离滑动板,即滑动板受到的侧向力消失后,它们在复位弹簧的作用下恢复原位,即指示装置的指针恢复到零点位置。

根据滑动板滑移量的检测方法和传递给指示装置的方法,侧滑量检测装置可分为机械式和电气式两类。

① 机械式侧滑量检测装置如图4-20所示。检测部分和指示部分用机械方式连接在一起的。通过连杆9和L形杠杆8等零件,将滑动板1与15的滑移量直接传递给指示装置11。

② 电气式侧滑量检测装置如图4-21所示,侧滑试验台采用了自整角电机式的检测装置。该装置是把滑动板的滑移通过齿条10和小齿轮11组成的机构,将直线运动变为回转运动,小齿轮11带动自整角电动机7转动一定角度以产生电信号,并把同样大小的电信号传递给指示装置8中的自整角电动机9的一种结构形式。指示装置8中的自整角电动机9

接收到这一电信号后,立即转动同一角度,即指示出滑动板的滑移量。

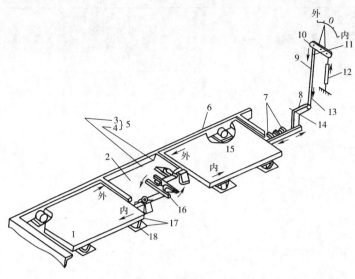

图 4-20　机械式侧滑试验台

1-左滑动板;2-导向滚轮;3-复位弹簧;4-摆臂;5-复位装置;6-框架;7-限位开关;8-L 形杠杆;9-连杆;10-刻度放大倍数调整器;11-指示机构;12-调整弹簧;13-零位调整装置;14-支点;15-右滑动板;16-双销叉式曲柄;17-轨道;18-滚轮

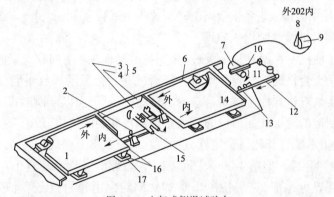

图 4-21　电气式侧滑试验台

1-左滑动板;2-导向滚轮;3-复位弹簧;4-摆臂;5-复位装置;6-框架;7-产生信号的自整角电动机;8-指示装置;9-接受信号的自整角电动机;10-齿条;11-小齿轮;12-连杆;13-限位开关;14-右滑动板;15-双销叉式曲柄;16-轨道;17-滚轮

(2)侧滑量的定量指示装置。侧滑量的定量指示装置也有机械式和电气式两种类型,如图 4-22 和图 4-23 所示。指示装置把检测装置传递来的滑动板滑移量,按汽车每行驶 1km 侧滑 1m 定为 1 格刻度,通常将转向轮正前束(IN 或内)和负前束(OUT 或外)刻成 10 格刻度进行指示。因此,从指示仪表上不但可以直接读出转向轮侧滑量的定量数据,并且还可根据指针偏转的方向(IN 或 OUT)来确定侧滑的方向。

注意:滑动板的长度不同时,同一个刻度表示单边滑动板的侧滑量也是不相等的。即当滑动板长度分别为 1 000mm、800mm 和 500mm 时,那么,同样的一格刻度则分别表示单边滑动板侧滑 1mm、0.8mm 和 0.5mm。

指示装置的刻度板上除用数字及符号标明侧滑量的大小及方向外,还用不同的颜色把侧滑量划分为三个区域,即侧滑量 0～3m/km 范围涂为绿色,表示良好区域;侧滑量 3～5m/km 范围涂为红色,表示为不良好区域;以引起检测人员的注意。

(3)侧滑量的定性显示装置。在检测侧滑量时,为便于快速表示检测结果是否合格,当侧滑量超过规定值时,侧滑量的定性显示装置即用蜂鸣器或用信号灯或声、光信号同时发出定性报警,以引起检测人员的注意。

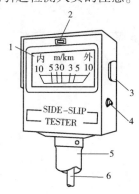 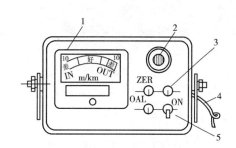

图4-22 机械式指示装置及报警器
1-指示仪表;2-显示灯(报警用);3-蜂鸣器(报警用);4-电源开关;5-座;6-连杆

图4-23 电气式指示装置及报警器
1-指示仪表;2-蜂鸣器或信号灯(报警用);3-电源指示灯;4-电线;5-电源开关

2)侧滑试验台的检测方法

不同型号的侧滑试验台,其使用方法有所区别,一般都应进行如下工作。

(1)检测前的准备。

①在不通电情况下,检查仪表指针是否指在零位上;接通电源,晃动滑动板,待滑动板停止后,察看指针是否仍在零位。如指针失准可用零点调整螺钉或零点调整游丝将仪表校零。

②检查试验台及周围场地有无润滑油、石子、泥污等杂物,若有应清除干净。

③检查各种导线有无因损伤造成接触不良的部位,必要时应进行修理或更换。

④被测车轮胎气压应符合规定。

⑤检查并清除轮胎上的油污、水渍和嵌入的石子、杂物等。

(2)检测方法。

①拔出滑动板的锁止销,接通电源。

②汽车以3~5km/h的速度垂直驶向试验台,使前轮平稳通过滑动板。

③当前轮完全通过滑动板后,从指示装置上观察侧滑方向(注意区别正、负前束)并读取、打印最大的侧滑量。

④检测结束后,切断电源并锁止滑动板。

对于后轮没有定位的汽车,可用侧滑试验台根据汽车后轮前进、后退驶过滑动板时滑动板的滑动方向和滑动量大小来检测后轴是否变形和轮毂轴承是否松旷。对于后轮有定位的汽车,可用前述的四轮定位仪进行后轮前束、外倾的检测。

(3)使用注意事项。

检测时应注意,超过容许吨位的汽车不许驶上试验台,以防压坏、损伤机件;不准汽车在侧滑试验台上转向或制动,因为侧滑板只能左右移动,不能转动或前后移动,否则会扭伤测量机构。

滚筒式车轮定位试验台也可用来检测前轮侧滑量,并能同时测得前轮前束值和前轮外倾值。该种试验台有左、右两套各自独立的滚筒装置,车轮产生的侧向力作用在滚筒上,而且只要车轮在滚筒上转动,车轮会自动保持直线行驶状态,无须人为找正,使用比较方便。但该种试验台结构复杂,造价昂贵,且须固定安装,因而应用较少。

3）侧滑试验台的维护

侧滑试验台的维护按表4-8所列进行。

侧滑试验台的维护　　　　　　　　表4-8

维护周期	维护部位	维护要领	调修方法
1个月	蜂鸣器、信号灯或限位开关	蜂鸣器或信号灯在侧滑量超过规定值时，能否及时报警	如蜂鸣器、信号灯或限位开关不良时，应予调整或更换
3个月	杠杆机构指针及复位装置	杠杆机构指针及复位装置动作是否灵敏	如动作欠灵敏，应予清洁和润滑，必要时更换有关零件
6个月	滑动板、滚轮和轨道	检查各部位有无脏污、变形、松动、锈蚀、磨损等情况	应进行清洁、紧固和润滑
1年	接受设备检定部门的检定		

注：1. 试验台不用时，一定要用锁销锁止滑板，以防止经常晃动而损坏测量机件。
　　2. 保持试验台表面及周围环境的清洁，及时清除泥、水和垃圾，防止其侵入试验台。
　　3. 试验台上不要停放车辆或堆放重物，防止滑板及测量机件变形或损坏。

3. 车轮定位与侧滑量检测标准及结果分析

1）检测标准

国家标准 GB 7258—2012《机动车运行安全技术条件》对车轮定位及侧滑量的要求如下：

（1）机动车车轮定位值应符合该车整车有关技术条件的规定。

（2）用侧滑试验台检验转向轮的横向侧滑量其值应不大于 5m/km。

2）检测结果分析

汽车的前束和转向轮外倾对侧滑量影响较大，因此侧滑量的调整主要是通过前束和外倾的调整来实现。若转向轮向外侧滑，且侧滑量超标，则表明转向轮前束过大，或负外倾角过大，须调整。一般尽量先调整前束，若无法达到侧滑量调整的要求，或前束调整量太大，可判断是由于负外倾角的影响，需进一步用车轮定位仪检测，找出原因并排除。

若转向轮向内侧滑，且侧滑量超标，则表明转向轮负前束或外倾角过大，也须调整。

4.4.2 车轮不平衡的检测

1. 车轮不平衡检测原理

车轮不平衡包括车轮静不平衡和动不平衡两种情况。

1）车轮静不平衡及其检测原理

支起车桥，调整好轮毂轴承松紧度，转动车轮待其自然停住，在停转的车轮离地最近处作一标记，然后重复转、停试验多次，若车轮停转时所作标记基本处于离地最近处，则车轮是静不平衡的，即车轮质心与车轮回转中心不重合，而偏向作标记一边。

静不平衡的车轮，其质心与旋转中心不重合，车轮转动中会产生离心力，该离心力可分解为一个水平分力和一个垂直分力，在车轮转动一周中，当不平衡质量处于通过车轮旋转中心的垂直位置上、下点时，垂直分力达到最大值，但是方向相反，引起了车轮的上下跳动。当不平衡质量处于通过车轮旋转中心的水平位置前、后点时，水平分力最大，方向相反，引起了车轮的前后窜动。对于转向轮，还会形成绕主销来回摆动的力矩，造成转向轮摆振。当左、右前轮的不平衡质量相互处于180°位置时，左右轮跳动相位相反，将引起车身的横向摆振，前轮摆振也最为严重，影响汽车行驶时操纵稳定性。

就车式车轮平衡仪检测车轮静不平衡的原理如图 4-24 所示。支离地面的车轮如果不平衡,转动时必然引起车轮上下振动,该振动通过转向节或悬架传给检测装置的传感磁头、可调支架和底座内的传感器,传感器将振动信号变为电信号后控制频闪灯闪光以指示车轮不平衡点位置,并指示静不平衡值。当传感磁头传递向下的力时频闪灯就发亮,所照射的车轮最下部的点即为不平衡点;不平衡程度越大,传感器的受力也越大,传感器输出信号越大,指示装置指示的数值也越大。

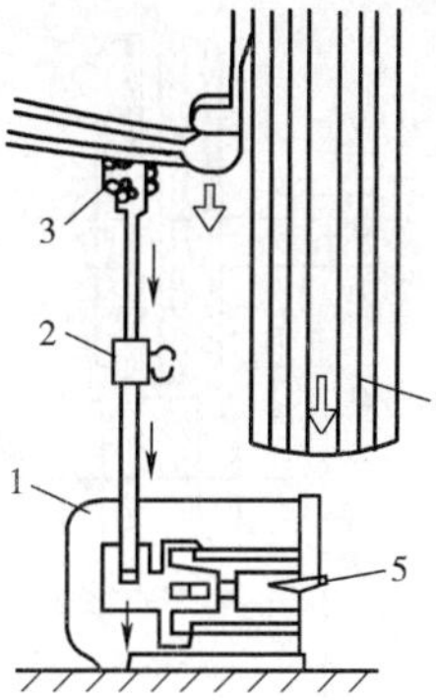

2) 车轮动不平衡及其检测原理

静平衡的车轮,若车轮的质量分布相对车轮纵向对称中心面不对称,就会造成动不平衡,如图 4-25 所示。假定 a 点和 b 点上分别具有两个质量相同的质点 m_1 和 m_2,大小相等,方位相反,车轮质心与车轮旋转轴心重合,亦即车轮处于静平衡状态。当该车轮旋转时,m_1 和 m_2 将分别产生离心力,这两个力大小相等,方向相反,其作用线间距为 L,车轮转动中,由于两个离心力的合力矩不为零而产生一个方向反复变动的力偶 M,这种情况就称为车轮处于动不平衡。车轮转动时,由于存在力偶 M,且 M 的方向反复变化,在 M 的作用下,引起轮毂轴承附加动载荷,造成前轮绕主销的摆振。

图 4-24 车轮的静不平衡检测原理
1-底座;2-可调支架;3-传感磁头;4-车轮;5-传感器

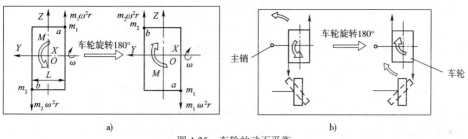

图 4-25 车轮的动不平衡
a) 车轮动不平衡受力;b) 车轮动不平衡引起的前轮摆振

就车式车轮平衡仪检测车轮动不平衡的原理如图 4-26 所示。支起车桥,车轮平衡仪传感磁头安装于制动底板边缘部位,且与车轮旋转中心水平。转动车轮,若车轮动不平衡,则必然引起车轮绕主销的摆振,该振动通过传感磁头传到传感器,传感器将振动信号转换为电信号,控制频闪灯闪光并指示动不平衡值。

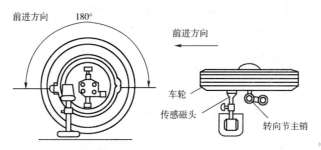

图 4-26 车轮的动不平衡检测原理

2. 就车式车轮平衡仪组成

图 4-27 所示为就车式车轮平衡仪的组成示意图。该平衡仪主要由以下 4 部分组成:
(1) 驱动装置。驱动装置由电动机和转轮组成,检测从动车轮时,将转轮直接贴靠于车

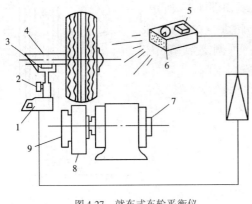

轮的胎面,电动机通过转轮带动车轮旋转。

(2)测量装置。测量装置由传感磁头、可调支架、底座(内装传感器)等组成。检测时,将传感磁头吸附在独立悬架下臂或非独立悬架的转向节处或制动底板上,将振动信号传给底座内传感器,变成电信号输出。

(3)指示装置。指示装置由频闪灯和不平衡度表组成。传感器信号送入指示装置,驱动频闪灯闪光,指示不平衡位置,不平衡量由不平衡度表显示。

(4)制动装置。制动装置为摩擦式制动器,用于使车轮停止转动,以便进行车轮平衡作业。

图 4-27　就车式车轮平衡仪
1—底座;2—可调支架;3—传感磁头;4—转向节;5—不平衡度表;6—频闪灯;7—电动机;8—转轮;9—制动板

3. 车轮动不平衡的就车检测

1)准备工作

(1)用千斤顶支起被测车桥,两边车轮离地间隙应尽量相等。

(2)清除被测车轮上的泥土和石子。

(3)检查轮胎气压,视情充至规定值。

(4)用手转动轮胎,检查轮毂轴承是否松旷,检查车轮的径向跳动和横向摆动是否明显,视情作适当调整。

(5)在轮胎外侧面任意位置上用粉笔或白胶布作好标记。

2)前从动轮静不平衡检测

(1)用三角垫木塞紧对面车轮和后桥车轮,将测量装置推至被测前轮一端的前梁下,传感磁头吸附在悬架下或转向节下,磁头应尽量垂直安装,调节可调支架高度并锁紧。

(2)推车轮平衡仪转轮至车轮侧面或前面,检查频闪灯工作是否正常,检查转轮的旋转方向能否使车轮的转动与前进行驶时一致。

(3)操纵车轮平衡仪与轮胎接触并压紧,起动电动机,带动车轮旋转至规定转速。

(4)观察频闪灯照射下的轮胎标记位置,并从仪表上读取不平衡量数值。

(5)操纵平衡仪上的制动装置,使车轮停转。

3)前从动轮动不平衡检测

(1)将传感磁头吸附在经过擦拭的制动底板边缘平整处,并尽量使磁头与车轮旋转中心处在同一水平位置。

(2)操纵平衡仪电动机使车轮旋转至规定转速,用频闪灯观察轮胎标记位置,从仪表上读取车轮动不平衡量数值。

4)驱动轮不平衡检测

(1)驱动轮转动可由发动机驱动,一般驱动轮车速应达到 50~70km/h,并在某一转速下稳定运转。

(2)测试结束后用汽车车轮制动器使车轮停转。

(3)其他方法及注意事项同从动轮动静不平衡检测。

4. 车轮平衡仪的维护

车轮平衡仪在使用与保管中应做好如下维护工作。

(1)指示仪表应避开阳光直射和温度高的地方,车轮平衡仪应尽可能远离振动源。

(2)平衡仪应切忌进水;如已进水,要关掉电源,及时送专业部门维修。

(3)每使用3个月应检查制动器磨损情况,调整踏板自由行程;检查调整皮带张紧力和显示器的数据显示时间。

(4)每使用1年除进行第(3)项维护作业外,还应接受设备检定部门的检定,保证检测精度。

5. 检测结果分析

用就车式车轮平衡仪检测车轮动、静不平衡情况,一般其动、静不平衡量在10g以内认为可继续使用,若超过10g则应进行平衡作业。

若车轮动、静不平衡量过大则主要检查车轮平衡块是否脱落,轮胎是否存在异常磨损、局部损坏或轮胎修补方法不当,汽车行驶中该车轮是否发生过较严重的碰撞导致轮辋变形等。

4.4.3 汽车悬架和转向系间隙检测

1. 悬架和转向系间隙检测原理

汽车悬架和转向系间隙过大,可能引起汽车转向盘抖振、行驶跑偏、乘坐性不良、轮胎异常磨损和行驶噪声等故障,这些故障现象只有在汽车行驶中才会出现,汽车停止时检查费时费力,不易觉察,如图4-28所示,将汽车车轮置于检测平板上,通过平板前、后、左、右等方向的强制移动,给车轮施加各个方向的作用力,模拟汽车在颠簸路面上运动时车轮的受力,就可充分暴露悬架和转向系各零部件的技术状态和各连接处松紧程度,从而可快捷、准确地判断故障部位。

2. 汽车悬架和转向系间隙检查仪组成

汽车悬架和转向系间隙检查仪组成如图4-29所示。该检查仪主要由电控箱、手电筒开关、泵站和左右测试机构组成。

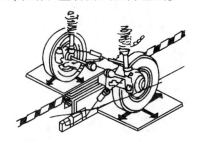
图4-28 悬架和转向系间隙检测原理

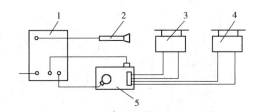
图4-29 悬架和转向系间隙检查仪组成
1-电控箱;2-手电筒开关;3-左测试机构;4-右测试机构;5-泵站

1)手电筒开关

手电筒开关由左、右测试板移动方向控制按键和照明两部分组成。按键用于控制电控箱中各继电器的动作,照明部分可方便检测时对各检查部位的观察。

2)电控箱

电控箱主要由控制电路和保护电路两部分组成。在手电筒按键的控制下,电控箱中油泵电动机和电磁阀继电器动作,给泵站中油泵电动机和相应的电磁阀供电。保护电路具有油泵电动机过载和电路漏电保护功能。

3)泵站

泵站由电动机、油泵、电磁阀、滤油器、溢流阀和压力表等组成。电动机带动油泵工作建立一定的油压;电磁阀在电控箱中继电器作用下控制高压油流向相应的油缸,为测试板推动车轮提供动力。

4)测试机构

一般检查仪由左右两个测试机构组成。按测试板可移动的方向不同,测试机构可分为前、后双向移动式,前、后、左、右四向移动式和前、后、左、右、左前、左后、右前、右后八向移动式3种类型。

可移动方向数不同,测试机构复杂程度也不同。图4-30所示为前、后双向移动式测试机构的结构。它主要由测试板、动力油缸、导向机构和箱体等组成。检测时,在电控箱控制下,泵站油泵高压油经电磁阀输入一个油缸(另一油缸处于卸荷状态),这样在油缸作用下,测试板按导向机构规定的方向移动,给车轮施加移动方向的作用力。

意大利VAMAG公司4PLDT型测力平板式制动试验台具有悬架性能检测功能,现将其检测原理作一简介。

汽车是一个复杂的多质量振动系统,为了便于分析,需要进行简化。若汽车在试验台上制动时,没有横向绕纵轴的角振动,只考虑汽车垂直振动和绕横轴的纵向角振动,忽略汽车轮胎的阻尼,并把悬架质量 M 分解为前轴上的质量 M_1、后轴上的质量 M_2 以及重心 c 上的质量 M_3,则汽车振动系统可简化为如图4-31所示的平面振动模型。根据振动知识可知,汽车以一定初速度驶上制动测试平板并施以紧急制动时,由于汽车质心惯性力的作用,必然引起汽车前、后轴振动子系统发生振动,从而导致各车轮对测试平板垂直作用力的交替变化,通过测量、分析安置在测试平板面板四角的压力传感器(图4-10)输出的电信号就可了解各轮制动振动情况。

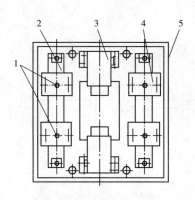

图4-30 双向移动式测试机构
1-润滑孔;2-导向杆;3-油缸;4-轴承座;5-箱体

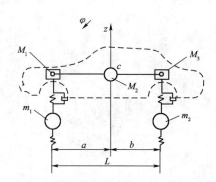

图4-31 双轴汽车简化的平面振动模型

对各车轮悬架系统而言,由确定的质量、弹簧和减振器组成的振动系统,在制动惯性力作用下,其振动衰减具有一定的规律性。若悬架系统中弹簧和减振器性能不良,必然引起振动过程的改变,因此通过检测制动时各测试平板所受垂直作用力变化过程,进行分析、对比就可确定汽车悬架系统中悬架弹簧和减振器的技术状况。

3. 悬架和转向系检测方法

(1)接通电控箱上总电源,电控箱上若有空气开关则打开空气开关。

(2)将手电筒上工作开关按下,手电筒中工作灯应亮,电控箱上绿色指示灯应亮,此时电动机应转动,油泵工作。若有异常应检查排除。

(3)按下手电筒上某一测试板向前或向后键,系统升压,当检测板移动到一侧极限位置时,检查压力表油压是否正常,否则调节溢流阀旋钮,使其达到要求值。然后分别按下其他键使检测板移到中间位置。

(4)检查左、右检测板表面是否沾有泥、油、砂等杂物,若有应清除之。

(5)检查轮胎气压是否符合规定,否则应调整到规定值。检查轮胎上是否有泥土和砂子,若有应清除。

(6)将前桥置于左右检测板上,尽量使车轮在检测板上居中停放,车上引车员踩紧制动并抱住转向盘,车下检验员按动手电筒开关上检测板"前、后移动方向"键,使悬架作上、下、左、右、前、后复杂运动。对断开式前桥,注意观察车轮与制动底板(或制动盘),上下摆臂和销与衬套以及上下球头销处运动是否正常;对整体式前桥,注意观察车轮与制动底板,U形螺栓,钢板弹簧和前、后吊耳是否异常。

(7)车轮保持上述停放状态,按下手电筒开关上检测板"左、右移动方向"键,使悬架受到左右切向力的作用。对于断开式前桥,注意观察车轮和轴头、减振器和螺旋弹簧、横向稳定杆和摇臂等部位是否正常;对整体式前桥,注意观察车轮和轴头、减振器及衬套、横直拉杆与球头是否异常。

(8)根据所测汽车悬架及转向系结构特点,选择左右检测板不同运动方向组合方式,检查相关节点工作情况。

(9)前桥检测完毕,将后桥(或中桥)开上检测板,用上述检测方法进行检测。

(10)检测完毕,关掉手电筒工作开关,再关掉空气开关及总电源,工作结束。

4.汽车悬架和转向系间隙检查仪的维护

(1)检查仪不使用时,应保持检查平板及其周围环境的清洁,防止脏物侵入检查仪。

(2)每使用1个月,按厂家规定油品对各润滑点进行润滑;通过液压系统压力表指示最大压力值大小判断液压系统密封性,若最大压力过低应进一步检查液压系统各零部件,若有泄漏应紧固或视情更换零部件。

(3)每使用3个月,除进行第(2)项维护作业外,应检查液压油的数量和脏污程度,油量不足或液压油过脏应按厂家规定油品进行补充或更换。

4.5 轿车车身的定位检验

现代轿车广泛采用无骨架承载式车身,它没有车架,发动机和底盘各总成直接固定在车身相应部位上,汽车行驶中各种载荷均由车身承受。因此发生汽车碰撞、翻车等意外事故时,车身变形较为严重。

承载式车身是汽车各总成安装的基础,整形后车身上各点相互之间的位置关系不仅影响外形美观,还影响车轮定位、底盘各总成相对位置、汽车左右侧轴距、操纵件运动是否干涉等一系列关键问题,因此,车身整形质量的高低直接影响汽车行驶方向稳定性、平顺性和操纵性,尤其是汽车高速化的今天,这个问题已越来越受到重视。

传统的轿车车身整形是利用目测法找出变形处,对变形处进行冷态校正,然后拉线用直尺、角尺等简单通用量具或较粗糙的模板进行检验,这种方法显然难以满足测量的精度要求。

现代轿车车身整形广泛采用车体矫正系统。这类系统除可实现整形汽车快速多点定位固定、全方位动力牵引校正外,还配有测量基准定位系统、专用量具和专用测量触头,可实现车身上各测量点的三维坐标精确测量,并备有常见车型测量基点分布图及底盘/车身数据,为提高车身整形速度和质量提供了保证。

轿车车身整形定位检测就是对已经整形的轿车车身采用矫正系统提供的测量系统对车身上各测量基点的坐标参数进行测量,并将实测数据与矫正系统提供的该车型标准数据进行对比,以检查矫正质量。为保证可比性,测量时定位基准点、测量量具和检测触头必须符合矫正测量系统的规定和要求。

轿车车身整形后,为保证发动机罩、车门和行李舱罩等开启灵活,四周边隙均匀,外形美观,车身前围、车门框架和后行李舱框架等部分的轮廓尺寸必须在控制的尺寸范围内,除此以外,还必须进行定位检测。

图 4-32 所示为用美国蓝鸟 BREWCO MR-3602 型车身矫正架所配 MOCLAMP 测量系统对整形后上海桑塔纳轿车车身前围轮廓形状测量尺寸示意图,图 4-33 为其定位检测基点布置图,其具体尺寸和控制范围如表 4-9 所列。

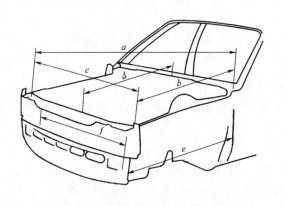
图 4-32 上海桑塔纳车身前围轮廓检测尺寸

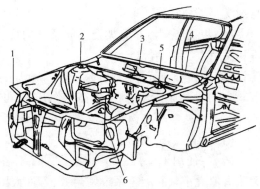
图 4-33 上海桑塔纳车身前围定位检测基点

上海桑塔纳车身前围轮廓尺寸及基点间距　　表 4-9

尺寸\位置	轮廓尺寸(mm)						基点间距(mm)					
	a	b	c	d	e	f	1-4	2-3	4-5	2-6	3-5	2-5
标准尺寸	1 787	1 110	1 363	1 096	1 129	994	1 585	603	327	1 377	592	1 050
允许误差	±3	±3	±2	±2	±3	±2	±2	±2	±2	±2	±2	±2

图 4-34 为瑞典 CAR-O-LINER 公司 5-60 型汽车底盘/车身矫正仪所配测量系统,对奥迪 100 轿车车身整形后车底测量的基点分布、所用量具编号、检测触头及尺寸要求示意图。图中数字及符号含义为:第 1 行数字为测量基点序号;第 2 行字母为矫正系统所配专用测量工具编号;第 3 行符号表示所检基点选用的触头外形及安装方位或所测点局部放大图序号;第 4 行为发动机装车时各基点在垂直方向距测量基准的有效距离;第 5 行数字为发动机离车时各基点在垂直方向距测量基准的有效距离。

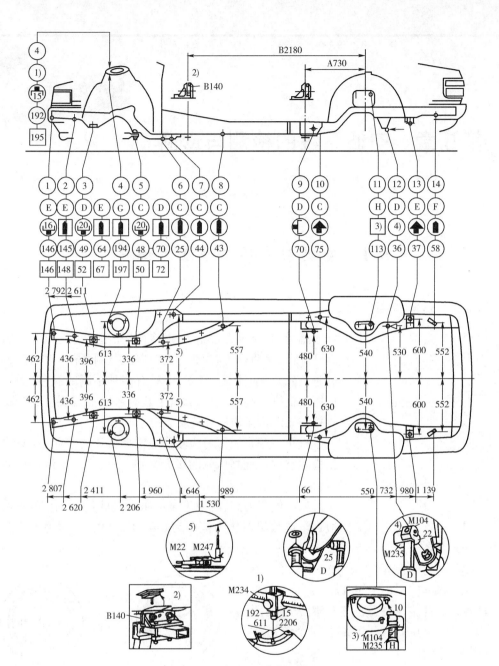

图 4-34 奥迪 100 车底基点图

复习思考题

1. 简述汽车制动性检测的方法、设备和标准。
2. 简述汽车"侧滑"的原因、检测设备和指标。
3. 简述汽车"跑偏"和"制动跑偏"的原因。
4. 汽车"转向沉重"和"不能回正"的原因是什么？
5. 汽车车轮定位的参数有哪些？它们分别对汽车行驶有什么影响？

第5章 空调系统的检测与诊断

5.1 空调系统的工作压力检验

5.1.1 检测仪器

检测汽车空调系统工作压力时,需备1套压力表组,3根连接用的胶皮管,压力表组分高、低压力表两种,其读数应有公制或英制两种。3根连接用的胶皮软管,应耐氟、耐压,应具有多种不同的颜色,为了降低压缩机排泄阀的压力,软管上装有弯成45°的旋回接头,它直接与压缩机排泄阀相连接,用螺母紧固,如图5-1所示。

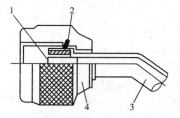

图 5-1 旋回接头
1-锁紧螺母;2-金属弯管接头;3-橡胶密封;4-气门顶针

汽车空调系统压力检测作业需要的压力表组,一只表用于检测空调系统高压侧的压力,另一只表用于检测低压侧的压力。

低压侧压力表,既用于显示压力,也用于显示真空度,一般真空读数绝对压力范围为0~101.3kPa,而压力刻度从表压力0MPa开始,量程应不小于1.5MPa。

高压侧压力表测量的压力范围从表压力0MPa开始,量程应不小于3MPa。

这两只表都装在一个表座上部,表座的两端各有一个手动截止阀,下部有三个管道接口,如图5-2所示。

压力组合表的功能有以下几个方面:

(1)检测高压侧和低压侧压力;
(2)从系统内排出空气、湿气和被污染的制冷剂;
(3)系统放空、排出制冷剂;
(4)系统充注制冷剂。

表座两端的手动截止阀,控制压力表(高、低压软管接口)至中间接口的管道。如果此阀关闭,系统中制冷剂可上达压力表,并使表针动作。如果此阀打开,制冷剂可流经表座通

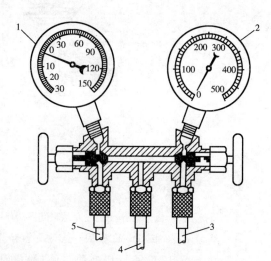

图 5-2 压力表和表座
1-低压表(蓝);2-高压表(红);3-高压侧软管(红);
4-维修用软管(黄);5-低压侧软管(蓝)

路,并流出中间接口,进入大气。显然,要想测取压力读数,这两个手动阀必须关闭,要想充注制冷剂需用软管接通制冷剂罐和中间接口,然后打开一个阀,让制冷剂流经表座而进入系统,如图 5-3 所示。

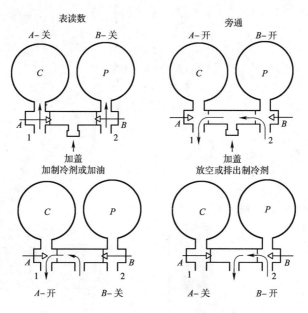

图 5-3 组合压力表与汽车空调系统的连接方法
1-接低压侧;2-接高压侧;C-低压表;P-高压表

5.1.2 检测方法与标准

汽车空调系统压力,受到外界诸种条件的影响,例如环境温度、发动机转速、冷凝器的冷却条件等,因此,检测汽车空调系统压力的标准也是在一定的环境温度下,压缩机转速在一定范围内,冷凝器冷却在一定条件下的标准,而不是一个不变的所谓标准。

将压力表组的高压表与汽车空调系统的高压侧排气阀相连接,低压表与系统低压排气阀相连接,压缩机转速在 1 250r/min。工作正常的系统测试压力的近似范围如表 5-1 所列。

工作正常的系统测试压力值　　　　　　表 5-1

环境温度(车外空气)(℃)	高压侧压力(MPa)	低压侧压力(MPa)
15.5	0.84～1.19	0.09～0.12
21.1	1.05～1.75	0.09～0.14
26.6	1.26～1.93	0.09～0.14
32.2	1.40～2.18	0.12～0.211
37.7	1.61～2.3	0.15～0.24
43.3	1.89～2.53	0.19～0.26

以下以桑塔纳轿车和奥迪轿车为例,对故障进行检测和诊断。

1. 桑塔纳轿车空调循环离合器膨胀阀系统(图 5-4)

(1)压缩机运行时,低压侧压力降至 78.5kPa 时压缩机停转,直到压力升高到 205.9kPa 时,压缩机又开始工作;

(2)高压侧压力为 1.08～1.47MPa;

(3) 系统内制冷剂的观察镜清晰、无气泡;
(4) 放在蒸发器散热片上的温度计在 2~7℃ 之间;
(5) 系统功能正常。

2. 奥迪轿车空调循环离合器孔管 CCOT 系统(图 5-5)

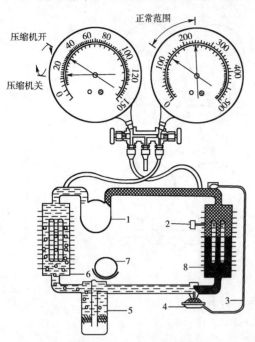

图 5-4 桑塔纳轿车空调循环离合器膨胀阀系统
1-压缩机;2-温控器;3-膨胀阀感温管;4-膨胀阀膜盒;
5-干燥过滤器;6-冷凝器;7-过滤网;8-蒸发器

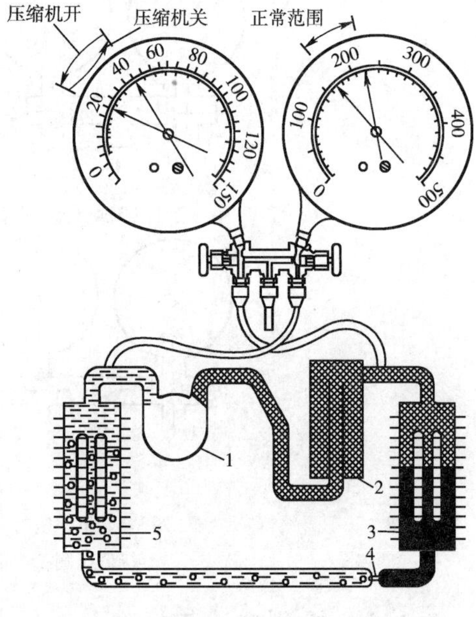

图 5-5 奥迪轿车空调孔管 CCOT 系统
1-压缩机;2-储液器;3-蒸发器;4-孔管;5-冷凝器

(1) 低压侧:压缩机运转时,低压侧压力降到 186.3kPa 时压缩机停转,压力升高到 313.8kPa 时,压缩机再次起动;
(2) 高压侧:压缩机运行时,压力升到 1.37MPa 左右;
(3) 蒸发器出风口温度为 7~16℃;
(4) 系统功能正常。

3. 电磁离合器及传动带故障(以奥迪空调系统的电磁离合器及传动带故障为例)

1) 故障现象 1(图 5-6)

(1) 低压侧压力大约 0.6MPa,压缩机不停地运转;
(2) 高压侧大约 0.9MPa;
(3) 制冷剂观察镜中有气泡。

可能故障原因:

(1) 压缩机电磁离合器有故障,打滑。
① 间隙太大,调整不当所致;
② 电磁线圈两端电压低,控制电路有故障。
(2) 传动带打滑,并有尖啸声,皮带和皮带轮温度很高。

2) 故障现象 2(图 5-7)

(1) 低压侧压力波动很快;

(2)高压侧压力波动也很快;
(3)高压侧压力在 0.68MPa 以下;
(4)制冷剂观察镜中有气泡。

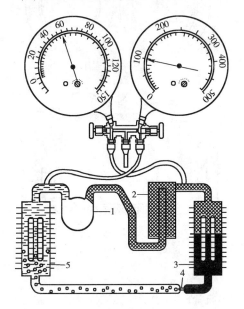

图 5-6　奥迪轿车空调系统
1-压缩机;2-储液器;3-蒸发器;4-孔管;5-冷凝器

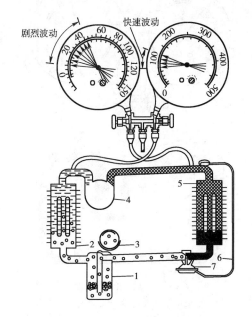

图 5-7　非孔管节流的轿车空调系统
1-干燥过滤器;2-冷凝器;3-过滤网;4-压缩机;
5-蒸发器;6-膨胀阀感温器;7-膨胀阀

可能故障原因:
(1)压缩机阀片损坏,并伴有"啪啪"的响声;
(2)蒸发器出口温度与外界温度无多大变化,由于温度过高,导致压缩机润滑油失效;
(3)压缩机进、排气阀损坏,必须修理或更换。

3)故障现象3(图5-8)
(1)低压侧压力高,但不波动;
(2)高压侧压力非常高,有缓慢上升趋势;
(3)系统冷凝器温度很高;
(4)制冷剂观察镜中有气泡;
(5)蒸发器出口温度仍比环境温度略低3℃左右。

可能故障原因:
(1)制冷剂加注过量,应排放到标准量;
(2)冷凝器散热片冷却条件恶化;
(3)冷凝器冷却电子扇失效;
(4)制冷剂混有空气。

4)故障现象4(图5-9)
(1)低压侧压力显示真空读数;
(2)高压表上开始显示压力读数非常高,随后逐渐降低;
(3)蒸发器出口温度等同于环境温度;
(4)制冷剂观察镜中有极少气泡。

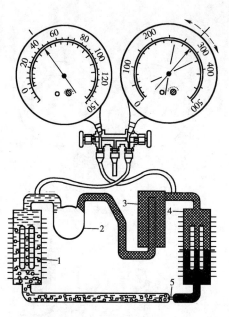

图 5-8　奥迪轿车空调系统
1-冷凝器；2-压缩机；3-储液器；4-蒸发器；5-孔管

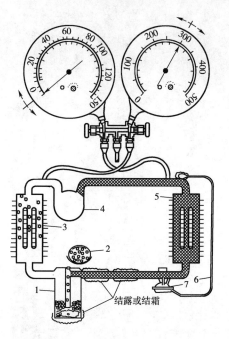

图 5-9　非孔管节流轿车空调系统
1-干燥过滤器；2-过滤网；3-冷凝器；4-压缩机；
5-蒸发器；6-膨胀阀感温管；7-膨胀阀

可能故障原因：

(1) 干燥过滤器堵塞；
(2) 膨胀阀堵塞。

如低压表读数尚未达到完全真空,则表明系统还没有完全堵死；如干燥过滤器上部热、下部凉,有的甚至结霜,则表明干燥过滤器堵塞但尚未堵死；膨胀阀出口处开始结霜,并逐渐向蒸发器蔓延,则表明膨胀阀堵塞,但也未完全堵死。

无论干燥过滤器堵塞,还是膨胀阀堵塞,都得更换。

5) 故障现象 5(图 5-10)

(1) 高压低压两侧压力都高；
(2) 蒸发器出风口温度与环境温度相差不大。

可能故障原因：

(1) 系统内充注了过多的制冷剂；
(2) 冷凝器冷却效果差,散热片堵塞,冷却电子扇故障等。

总之,通过对汽车空调系统压力的测试,能发现空调制冷系统是否处于正常状态,同时也能根据现象判断出系统故障的大致原因和故障部位。

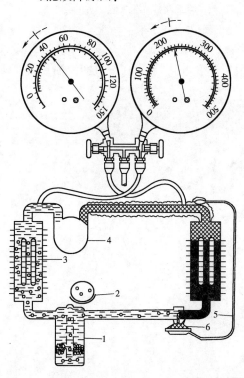

图 5-10　非孔管节流的轿车空调系统
1-干燥过滤器；2-过滤网；3-冷凝器；4-压缩机；5-膨胀阀感温管；6-膨胀阀

5.2 空调系统的密封性检验

5.2.1 检测仪器

1. 真空泵

真空泵是汽车空调系统真空密封性测试的重要仪器之一,同时真空泵用于抽去制冷系统中的空气和湿气,以便充灌制冷剂。

常用的真空泵,以油作密封的有滑片式和旋转刮片式两种;以水作密封的有水环式。以油作密封的真空泵真空度较高,滑片式真空泵真空度可达 1.33Pa,常用型号有 ZH-8(效率 8L/s)和 ZH-15(效率 15L/s)。刮片式真空泵效率高,真空度可达 0.067Pa,常用型号有 2X-0.2(效率 0.2L/s)、2X-0.5(效率 0.5L/s)和 2X-1(效率 1L/s)等。

目前常用的真空泵结构如图 5-11 所示。

它由定子、转子、排气阀和刮片组成。工作时,弹簧力及刮片的离心力将两个刮片紧贴在汽缸壁上,以保证其密封性,而定子上的进、排气口被转子和刮片分隔成两部分,当转子旋转时,一方面周期性地把进气口附近的容积逐渐扩大而吸入气体,另一方面又逐渐缩小排气口附近的容积,将吸入的气体压出排气阀,从而达到抽真空的目的。

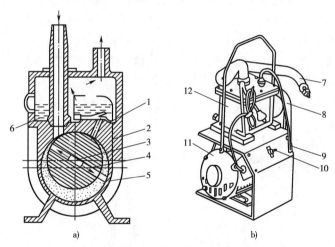

图 5-11 旋转式真空泵
a) 结构图; b) 外形图

1-排气阀;2-转子;3-弹簧;4-刮片;5-定子;6-压缩机油;7-吸气管;8-皮带护罩;9-排气嘴;10-开关;11-电动机;12-真空泵

2. 卤素检漏灯

它是一种丙烷液化气燃烧喷灯,如图 5-12 所示。其原理是当泄漏的氟利昂气体从卤素灯的吸入管吸入时,遇火焰,分解出氟氯元素与铜化合生成卤素铜的化合物,使火焰颜色发生由绿到蓝直至紫色的变化。不同的火焰颜色即表明氟利昂泄漏量的多少;火焰颜色无变化,说明无漏气;火焰颜色为浅绿色,表明有微量漏气;火焰颜色为浅蓝色,表明有大量漏气;火焰颜色为紫色,说明有严重漏气。

3. 电子检漏仪

其原理是根据空间有氟利昂制冷剂蒸气通过带电的白金丝电极时,立即会引起电阻值变化,从而导致电路电流相应发生变化,此时安装的警铃及指示红灯因电路电流的变化均作出报警反应,并可查到泄漏的范围。

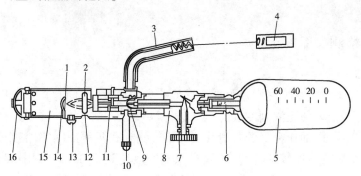

图 5-12　卤素检漏灯的结构

1-火焰的上限;2-火焰的下限;3-吸入管;4-滤清器;5-丙烷瓶(可拆卸更换);6-气门阀;7-调整手轮;8-检测器主体;9-喷嘴;10-燃烧筒支架;11-火焰分隔器;12-点火孔;13-反应板螺钉;14-反应板;15-焰筒;16-盖

5.2.2　检测工艺

1. 用真空泵对系统进行密封性测试(图 5-13)

将空调系统与真空泵连接好,对系统进行抽真空,当达到负压 101.3kPa 时关闭压力表阀,保持系统真空度,若过 10min 后真空度有所下降,则表明系统有微漏,若系统压力很快回升则表明系统中有大漏,要查出具体器件泄漏则采用分段检查的方法来查。将被怀疑泄漏的器件从系统中脱出去,然后,将系统继续封闭后抽真空,如此时能保持真空度,则脱出系统的器件肯定有泄漏之处。但用真空法检测泄漏有很大的局限性,如制冷系统中胶管微漏是很难用真空法测试出来的,还必须用高压测试法及其他办法来测试。

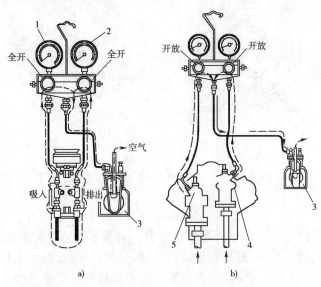

图 5-13　真空泵、压力组合表与空调制冷系统连接示意图

1-低压表;2-高压表;3-真空泵;4-排出工作阀(中座);5-吸入工作阀(中座)

2. 用卤素灯检测密封性

(1)点燃卤素灯,使火焰上部的铜环变成红热状态。

(2) 转动调整手轮,使火焰伸出约 5mm,火焰过长会降低检测的灵敏度。

(3) 将卤素灯的吸口管对准各检漏部位仔细检查一周,并根据火焰颜色的变化判断有无泄漏。使用时要把卤素灯保持垂直方向,尽量避免将制冷剂燃烧产生的有毒气体吸入人体内,如图 5-14 所示。

该类检漏仪灵敏度较高,但也有不足之处,如当空气中含有一定灰尘时,其火焰会呈黄色,这时就要小心观察及判断。其次,若在周围空间含有一定量制冷剂,在未对系统试漏时,火焰已发生变色,这时就要先将周围空气排除,然后再进行检漏,否则难以进行。

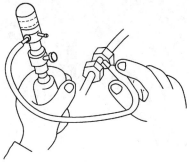

图 5-14 卤素检漏仪正确测试方法

3. 电子检漏仪检测密封性

该仪器最大的优点是灵敏度极高,它能探试出系统每年只泄漏 1g 重制冷剂的微量漏气率,并且用警铃及指示灯显示检出信号,操作比较方便直观,但必须注意检测用的探头,必须在被检测处停留 7s 以上,同时被检系统周围的空气中不能有其他系统放出的氟利昂残余,否则难以进行。

4. 肥皂水泡沫试漏法

此法实施时,系统中尚有相当部分的制冷剂,如制冷剂已泄漏完了,则必须将系统中充入氮气,达较高压力,一般为 0.78MPa,用肥皂溶于水,用刷子涂抹到系统管道上,若出现泄漏,必会出现肥皂泡。此法较为原始,但比较简单,其优越之处还在于当其他试漏仪器发现有泄漏时,要找具体漏点,非要用肥皂水法不可。但它的不足之处是,系统在有些场合用肥皂水法是试不出的,如在狭小隐蔽处的系统管道上等。

总之,检测试漏时上述各种仪器大多是配合使用,这样才能比较迅速有效地确定泄漏之处,便于着手处理。

5.3 空调系统的故障检测与诊断

5.3.1 汽车空调系统的故障诊断程序

以制冷系统降温慢、冷量不足为例,汽车空调装置故障检测与诊断程序如图 5-15 和图 5-16 所示。

5.3.2 空调系统的故障诊断方法

对汽车空调装置检测的方法很多,但对于常规故障一般可以通过"看""听""摸"即能检测出来。

"看":空调装置运行后

(1) 看制冷剂观察镜中制冷剂流动情况,均匀透明的流体流动为正常,其余则为不正常;

(2) 看低压回气管的结露情况,表面结露有露珠为正常;

(3) 看制冷系统中各个管路接头处的渗油情况,干燥无油渍为正常;

(4) 看压缩机磁力线圈工作是否正常,能将压缩机转轴吸合后转动,无异常声响为正常;

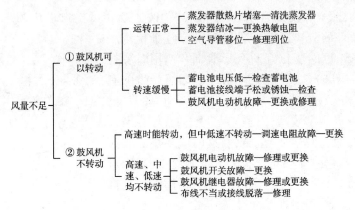

图 5-15 风量不足时的诊断

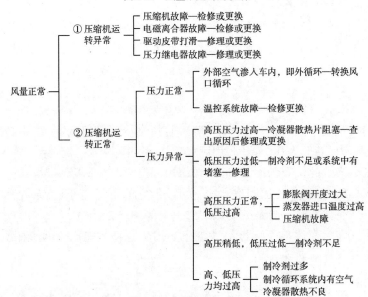

图 5-16 风量正常时的诊断

(5) 看蒸发器淌水情况，一般空调运行 8min 左右有水从蒸发器接水盘中淌出为正常；

(6) 看冷凝器电子扇运行是否正常。

"听"：空调装置运行后

(1) 听压缩机运转时有无杂音或撞击声，有则为不正常；

(2) 蒸发器鼓风机、冷凝器电子扇、电机等运转时是否有杂音，有则为不正常。

"摸"：空调装置运行后

(1) 摸制冷系统的高低压管，高压管烫手、低压管冷或冰手为正常；

(2) 冷凝器(或称散热片)热为正常；

(3) 干燥过滤器温热，且进出口无明显温差为正常；

(4) 车内送风出口吹出的风有冰凉的感觉为正常。

汽车空调修理人员对故障检查和排除程序，一定要根据汽车空调运行不正常的现象查出不正常工作的原因，然后采取修理措施，现以奥迪轿车为例介绍 4 类情况。

1. 不能产生冷气的原因及处理措施

当起动发动机后，打开空调开关无冷气吹出，而是自然风，这时可以从以下两方面检测。

1) 空调控制电路电源是否接通

(1) 空调电路总熔断器是否熔断。如果熔断器熔断说明电路某部位有短路或用电器超载,则要仔细检查各电路电线的绝缘层有无破损情况,各相关电器及蒸发器鼓风机电动机、电磁离合器线圈内部有无短路。查明这些情况后,方能更换上新的熔断器,千万不能在没有查明情况前,把熔断器短路强行接通试机,这样有可能会导致整条控制电路烧毁,将造成严重后果。

(2) 控制压缩机电磁离合器的电路是否断路。奥迪轿车电磁离合器由空调继电器,通过外部温度开关、高压保护开关、蒸发器温度控制器、低压保护开关,经空调开关控制。当此路电线系统内发生故障,不满足其中一个开关所限定的条件对空调压缩机继电器将切断电磁离合器电路,以保护压缩机,一旦条件满足了,空调压缩机继电器自动接通电磁离合器电磁线圈,系统继续正常工作。

① 外部温度开关。外部温度开关安装在蒸发器右侧壳体上。当外界温度≤5℃时,外部温度开关断路,切断压缩机电磁离合器电源。即在这种环境下,起动不了空调压缩机。

② 高压保护开关。高压保护开关安装在冷凝器的进口处。在制冷系统中,由于某种原因,如冷凝器冷却不良,高压系统管路堵塞,致使冷凝压力过高。若不及时停止压缩机的工作,有可能导致压缩机电磁离合器损坏。为此,高压保护开关切断压缩机的电磁离合器电源,起到保护压缩机的作用。高压保护开关的工作范围是:2.82~3.10MPa 切断;0.103~1.73MPa 接通。

③ 低压保护开关。低压保护开关安装在蒸发器的出口处。当制冷系统中的制冷剂发生泄漏,或者节流和低压管路堵塞时,此时,会造成压缩机抽真空状态,会使压缩机无油烧毁。在这种情况下,低压保护开关切断压缩机的工作电源保护压缩机。低压保护开关的工作范围是:0.08~0.11MPa 切断;0.23~0.29MPa 接通。

④ 蒸发箱温度控制器。蒸发箱温度控制器安装在蒸发器壳体的侧面,其感温管插入蒸发器的散热片中。

它是一个温度继电器,控制压缩机在给定的蒸发温度范围内工作,防止蒸发器结霜,其工作范围是:-0.5~1.5℃ 切断;1.5℃ 以上接通。

当蒸发器的温度下降至0℃左右时,该控制器以 3 次/min 的速率接通和切断压缩机电磁离合器。

⑤ 高压调整开关。高压调整开关安装在冷凝器的出口处。高压调整开关调节风扇电动机的速度,使冷凝压力限定在一定范围内。当冷凝压力为 1.31~1.75MPa 时,风扇电动机以高速运转,加强冷却,当冷凝压力下降至 1.06~1.5MPa,发动机冷却液温度≤105℃ 时,风扇电动机以低速挡运转,保证了制冷系统在正常的压力范围内工作。

⑥ 双温开关。这是发动机冷却液的双温开关。当冷却液温度高于 105℃,双温开关接通风扇电动机按高速挡运转;当冷却液温度降至 95℃,且冷凝压力≤1.5MPa 时接通风扇电动机按低速挡运转;冷却液温度降至 95℃ 以下,不启动空调压缩机,风扇电动机停止工作。

⑦ 卸荷继电器。在汽车起动的瞬间,卸荷继电器切断空调电动机、刮水器、车灯等用电,以确保汽车起动时有足够的电力用于起动电机。

⑧ 怠速提高电磁阀。当汽车怠速开空调时,由于发动机的转速低(在 500~600r/min),输出功率小,不足以带动空调压缩机,会造成发动机熄火,并且发动机怠速运转时,其发电量也小,不能满足空调电动机和压缩机电磁离合器的用电要求,会消耗蓄电池的电能,造成发

动机不能起动。为此,在化油器上装有怠速提高电磁阀,使在空调制冷运行时发动机转速提高到(900±50)r/min,以避免出现上述现象。

2) 制冷循环系统工作情况

当对电路部分检查完毕,确认无问题后,还不能恢复制冷,可以从以下几方面继续检查。

(1) 驱动传动带太松,压缩机不转动。可将传动带重新调整好后再试机。

(2) 制冷系统中没有制冷剂。当制冷系统中的制冷剂全部泄漏后,此时压缩机不工作,要找出泄漏部位。处理好以后再给制冷系统抽真空加制冷剂。

(3) 制冷系统堵死,制冷剂循环不起来。这时压力表会显示负压(真空)状态,堵死的情况一般出现在干燥过滤器内或膨胀阀内,可更换干燥过滤器或膨胀阀。

(4) 压缩机损坏,已打不出高、低,则必须修理或更换压缩机。

(5) 制冷剂加得太多,控制电路上保护开始起作用,压缩机不能工作,只要放掉部分制冷剂即可。

2. 制冷量不足的原因及采取的措施

(1) 冷凝效果不好。冷凝器上有污泥、杂物就会严重影响制冷系统向外散发热量,这种情况下测试压力,高、低压都偏高,应消除冷凝器上的污泥和杂物;若外界温度很高,通过冷凝器的空气流量不足,也会产生此现象,必要时要加装风扇,以加大流过冷凝器的空气量。

(2) 蒸发器的鼓风机空气流量减少,带出的冷量也会减少。清洗或更换空气滤网,清除风道中的阻碍物(主要是蒸发器散热片表面的污物)。

(3) 制冷系统中的制冷剂不足。高压、低压表值偏低,制冷系统观察镜有大量气泡,解决办法是补加制冷剂,直至观察镜看不到气泡为止。

(4) 压缩机长时间使用以后效率低下,应修理或更换。

(5) 制冷系统中混有空气,冷凝温度偏高,散热效果不好。必须放掉制冷剂,抽真空,重加制冷剂。

(6) 半堵。循环管道某个环节尚未堵死但不畅,使制冷剂循环量不够。一般半堵出现在干燥过滤器和膨胀阀,必须更换干燥过滤器和膨胀阀。

3. 制冷系统频繁间歇工作

(1) 最常见的是制冷系统中混入潮气,少量水气在膨胀阀处结冰堵塞,制冷系统不能工作。等冰化掉后又能制冷,制冷后又在膨胀阀处结冰堵塞,循环往复造成间歇制冷。解决办法是放掉制冷剂,更换干燥过滤器,在干燥的情况下抽真空,且时间稍长一些,然后补充制冷剂。

(2) 电路接触不良,也会产生此现象,必须检查电路,常见的有接地线松弛造成此现象。

(3) 怠速继电器有故障或者空调放大器怠速转速调得过高,发动机转速稍降,制冷系统就不工作,解决办法是调整怠速继电器或空调放大器转速设置即可。

4. 制冷系统噪声大

(1) 最常见的是压缩机传动带松,运转时发出尖啸声,只要调紧传动带即可。

(2) 由于压缩机吸盘与带轮之间相对打滑,也会发出刺耳的噪声。可能是电磁离合器中电磁线圈电流减小吸力下降或者是吸盘与带轮之间混有油垢而打滑,必须清洗。

(3) 压缩机内部缺油,造成噪声增大,加大磨损,解决办法是向压缩机加90mL左右同样牌号的冷冻润滑油试一试,如果加了润滑油噪声不减,则压缩机必须大修或更换。

5.3.3 大客车空调系统故障及诊断

1. 独立式大客车与普通轿车空调系统故障的区别

大客车空调系统基本原理与普通轿车空调相类似,对于独立式大客车空调,其故障与普通轿车空调不同的几个地方如图 5-17 所示。

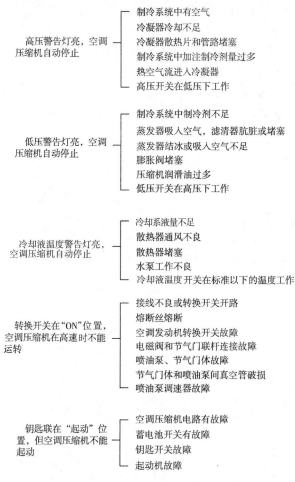

图 5-17 大客车空调系统故障与普通轿车的区别

2. 大客车空调的维护

1)每天应检查的项目

(1)控制发动机高、低速的磁力器是否动作灵活;

(2)压力、冷却液温度、油压报警灯是否完好;

(3)从制冷系统镜中观察是否缺制冷剂,从压缩机机体上油镜中观察压缩机是否缺油,如缺少必须及时补充;

(4)发动机冷却液的液量,水箱散热器外表灰尘。

2)每3个月检查的项目

(1)管道各接头有无松动情况,耐氟橡胶管有无裂纹或磨损现象;

(2)冷凝器蒸发器散热片有无灰尘;

(3)清扫空气过滤网;

(4)装上的紧固件是否松动;
(5)空调压缩机常规检修。
3)每年需检查的项目
(1)电路上各元件的固定是否松动;
(2)高、低压力开关,弯道回路阀能否正常工作;
(3)压缩机汽缸盖的螺栓是否松动;
(4)联轴器有无损坏;
(5)视发动机情况,更换空气过滤器芯及机油过滤器。
4)每3年需检查的项目
(1)更换压缩机中的冷冻润滑油;
(2)更换干燥过滤器;
(3)发动机大修;
(4)压缩机大修。

1. 如何使用组合压力表来判断空调系统的故障?
2. 如何检测空调系统的密封性?

第6章 电子控制系统的检测与诊断

传统的汽车维修观念和维修方法是建立在汽车零部件修复的基础上的,所以,一直以来,想方设法提高零部件修复的工艺水平就成为汽车修理人员孜孜不倦追求的目标。但是,事实表明,对于现代汽车来说,这种方法已经过时;人们更加看重的是汽车维修的快捷程度和可靠程度,亦即是需要对汽车故障快捷而准确的诊断。对于一台有几千个零件和复杂线路组成的轿车来说,关键在于找出故障的类型和发生的部位,只要诊断准确,故障就不难排除。

归纳起来,汽车故障诊断方法经历了以下几个发展阶段。

1. 经验诊断法

传统的汽车故障诊断方法可称为经验诊断法,它是根据汽车在工作时表现出来的外部异常情况,比如异响、油耗增高、温度变化、异味、动力下降、加减速性较差、排气以及跑偏、摆振、侧滑、早期磨损、润滑油料变质、仪表警告显示等,采用逻辑推断的方法来判断故障的类型和发生的部位。通常,为了便于诊断,把推断的全过程制成诊断表格或程序框图,所以经验诊断法也称为表格法或诊断树法。但是,这种传统的方法必须依赖于维修人员长期积累的经验和反复的观察,运作起来既烦琐又不准确,经常会出现误诊和延误。

2. 检测诊断法

由于各种检测设备相继出现,例如万用表、点火正时灯、缸压表、真空表、声级计、流量计、油耗仪、示波仪、汽缸漏气量检测仪、曲轴箱窜气量检测仪、气体分析仪、烟度计以及功能比较齐全的测功机、四轮定位仪、制动试验台、侧滑试验台、发动机综合检测仪、底盘测功机等,使汽车故障诊断从定性诊断发展到定量诊断,大大提高了汽车故障诊断的准确度。这种方法也称为检测诊断法。有人把汽车故障诊断方法的逐一发展过程,比喻为医疗诊断中的"中医→西医→中西医结合"的发展过程。

3. 自我诊断法

当汽车进入全面采用电控技术的现代汽车以后,以上方法就不那么灵了。因为电控系统设置有大量的形形色色的传感器、配线、电子控制元件和执行器。各种传感信号和执行信号相互交叉渗透,汽车故障的症状界限模糊,故障发生的部位可能很多,如果再采用传统方法去诊断,就非常困难了。于是就产生了一种全新的诊断方法,称为汽车电脑自我诊断法。维修人员利用电脑本身可以迅速监测系统工作情况和储存数据这一特点,采用了汽车电脑自我诊断方法。所谓自我诊断法,即是利用汽车上设置的专用诊断口和仪表板上的故障显示灯(屏),通过一定的操作程式,把汽车电脑储存的故障码提取出来,然后对症下药,进行故障排除。这一方法快捷准确,迅速为维修人员所接受,以至成为对付汽车电控系统的"撒手锏",一时风靡汽车维修行业。

4. 数据流法

电控系统实质上是通过各种数据来取得信息和发出指令的,这些数据往往是微电信号。数据流法就是利用专用万用表或示波器等仪器,截取有关的数据,对电控系统故障进行检验和诊断的方法。

5. 电脑诊断法

自我诊断有个致命的弱点,就是必须完全依赖原车设置的自我诊断系统,而不同的汽车制造厂商,设计的原车自我诊断系统是不相同的,不同的车型有不同的自我诊断方法。问题是这些自我诊断系统设置是否完善,故障码提取的操作程式是否便当,故障码显示的方式是否明了,记忆故障码的消除是否方便,以上种种,严重地限制了自我诊断的实施和使用范围。而数据流法虽然对解决电控系统的疑难故障很有效,但测取数据流的方法往往比较困难。因此,近年来,人们又在努力寻求一种更为先进的诊断方法,这就是以下介绍的电脑诊断法。

(1) 汽车电脑故障诊断仪及解码技术。汽车电脑故障诊断仪(俗称解码器),它本身就是一个专门的小型电脑,是一种通信式电脑测试设备。它能把汽车电脑(ECU)储存的各种信息提取出来,然后进行整理、比较和翻译,以清晰的方式(文字、曲线或图表)传送显示出来,维修人员可以根据这些传送出来的信息,准确快捷地判断故障的类型和发生的部位;它还可以向汽车电脑发出工作指令,对一些有疑问的信息加以切断或修正,进行静态或动态的诊断。这是一种全新观念的诊断方法,把被动的诊断方式,改变为主动的诊断方式。它的关键是研制出适合市场需要的、实用的电脑故障诊断仪。有人把它比喻为一个全能的翻译员,它能把汽车的内部信息完整地传送给维修人员,实现"车—人"之间的心灵沟通。

汽车电脑故障诊断仪早期由国外的大汽车制造厂商开发,只提供给本厂的售后维修服务部门使用。早期的诊断仪体积大、容量少、价格高,只能对单一的车型进行诊断,使用范围极为有限。以后,作了一些改进,但远远不能满足需要,以至在相当长的一段时间里,电脑诊断方法徘徊不前。近几年来,汽车后市场蓬勃发展,我国汽车行业和电脑行业抓紧机遇,联手开发国产的电脑故障诊断仪,已经取得丰硕的成果,各式各样的解码器纷纷推向市场,而且在技术上逐步走向成熟。目前,我国的解码器产品方兴未艾,甚至连国外大厂商也甚为眼热。可以说,我国在汽车解码技术的研究和解码器的开发方面,已走在世界汽车界的前沿。

(2) 各种电脑故障诊断仪的特点。现在已投入市场使用的各种电脑故障诊断仪已不再是奇货可居,而是形式多样,有国产的、进口的、台式的、手提式的、迷你型的、单一型的、综合型的,呈鲜花竞开的态势。根据作者的不完全统计,其型号和特点列于表6-1。

常用电脑故障诊断仪 表6-1

型 号	厂 商	适用车型	显示	价格(万元)
SCANNER(MT2500)	[美]Snap-on 公司	美(亚、欧)	英(中)	4
OTC	[美]IAE 公司	美、亚	英	3
KTS500	[美]BOSCH 公司	欧	英	9
DRB-II	[美]Chysler 公司	克莱斯勒	英	
STAR-II	[美]FORD 公司	福特	英	
MODIC-III	[德]BMW 公司	宝马	英	30
PGM 检测仪	[日]HONDA 公司	本田	英	

续上表

型号	厂商	适用车型	显示	价格(万元)
CONSULT-Ⅱ	[日]NISSAN公司	日产	英	
431ME、X-431型电眼睛	[中]深圳,广州	美、欧、亚、中	中	1.9
金奔腾-Ⅰ型	[中]北京,广州	美、欧、亚、中	中、英	1.68
金奔腾1552型	[中]北京,广州	大众、奥迪	中、英	0.98
威宁达仪表王	[中]深圳	美、欧、亚	中	2.7
三原修车王	[中]深圳,广西	美、欧、亚、中	中	2.8
创威联车博世	[中]深圳	美、欧、亚	中	2.5
电子鼠	[中]昆明,北京	丰田	LED灯	0.0398
中大检测王	[中]江苏	美、欧、亚	中	1.38
OB91	[中]笛威公司	欧	英	2.8
利友	[中]武汉	美、欧、亚	中	

目前,使用汽车电脑故障诊断仪作为现代汽车维修诊断的最先进技术,这一观念已逐渐为人们所认识。现在维修人员最为关注的焦点在于如何深入地了解解码技术和如何掌握解码器的使用方法。

纵观目前市面上流行的各种解码器产品,形式多样、良莠不齐、鱼龙混杂,制造成本下降,价格也在变化。怎样去选择一种价廉物美、功能齐全的解码器,这是众多使用者很关心的问题。下面作者根据自己的经验,提供一些选择时的标准,供使用者参考:

①操作方便;
②价格适宜;
③适用车型多,诊断功能齐全;
④显示屏清晰,画面简单明了;
⑤良好的支持平台和丰富的技术,资料更新换代快捷方便;
⑥售后服务好,技术培训质量高;
⑦能诊断现代汽车的各大电控系统;
⑧有中文界面显示;
⑨有国际标准化 OBD-Ⅱ 诊断功能;
⑩有完整动态数据流测试功能;
⑪有脉冲信号示波分析功能;
⑫有动态数据二次处理曲线显示功能;
⑬有传感器模拟测试功能,能改变传感器工作参数;
⑭有终端元件监控功能,能对执行器发出指令;
⑮有消除故障码和归零功能;
⑯有防盗解密配匙功能;
⑰有汽车词典;
⑱有断缸测试功能;
⑲有微机联网接口;
⑳有打印输出接口。

6.1 电子控制发动机系统的检测与诊断

6.1.1 检测与诊断的一般程序

电子控制发动机系统故障的检测与诊断,可按图6-1所示的一般程序进行。

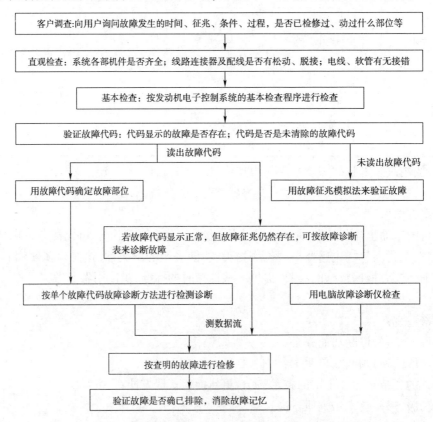

图 6-1 电子控制发动机系统故障检测与诊断的一般程序

6.1.2 检测与诊断的方法

电子控制发动机系统的故障检测与诊断,按其诊断的步骤和范围,可分为初步诊断和深入诊断。初步诊断是根据故障现象,判断出故障产生原因的大致范围;深入诊断是根据初步诊断的结果对故障原因进行分析、查找,直到找出产生故障的具体部位。

按诊断故障所采用的手段,可分为经验直观诊断、利用故障自诊断系统诊断、仪表诊断和专用诊断仪器诊断。

经验直观诊断就是通过人的感觉器官对汽车故障现象进行看、问、听、试、嗅等,了解和掌握故障现象的特点,根据经验,通过人的大脑进行分析、逻辑判断得出结论的检测诊断方法。

自诊断是利用汽车上电子控制系统所提供的故障自诊断功能进行诊断的方法。目前,发动机电子控制系统中都具有故障自诊断功能,这就为故障检测与诊断提供了极大的方便。自诊断系统通常只能提供与本系统有关的电气装置或线路故障,一般只作出初步诊断结论,具体故障原因,还需要通过经验直观诊断和简单仪表进行深入诊断。

利用简单仪表诊断,就是利用以万用表为主的通用仪表对故障进行诊断,提取数据流,并与标准值比较。这种诊断方法主要用于对电子控制系统和电气装置的诊断,一般可用于对故障进行深入诊断。

汽车的电子化,迫使故障检测与诊断的手段进行变革。随着汽车电子化的进程,各种汽车专用诊断仪器应运而生,这些专用诊断仪器大多数为带有微处理器的微机系统,对汽车电子控制系统故障的检测与诊断十分有效。采用专用诊断仪器对发动机电子控制系统进行故障诊断,可以大大提高诊断效率和诊断质量。

1. 客户调查与直观检查

1)客户调查

为迅速地查找到故障源,首先必须了解故障出现时的条件、过程及是否已检修过等与故障相关的情况和信息,因此客户调查是发动机电子控制系统检测与诊断的一个重要环节。进行客户调查时,应认真填写表6-2所示的"客户意见调查表",此表所含项目是发动机电子控制系统故障现象的写真记录,与检测诊断结果一起构成查找故障源的依据。

客户意见调查表　　　　　　　　表6-2

客户姓名		登记号	
		登记日期	/ /
		车身代号	
接车日期	/ /	里程表读数	km
故障发生日期			
故障发生频次	□经常　□有时　□仅一次　□其他		
故障发生的条件	天气	□晴天　□阴天　□雨天　□雪天　□其他	
	气温	□炎热天　□热天　□冷天　□寒冷天(大约　　℃)	
	地点	□高速公路　□一般公路　□市内　□上坡　□下坡　□粗糙路面　□其他	
	发动机冷却液温度	□冷机　□暖机时　□暖机后　□任何温度　□其他	
	发动机工况	□起动　□起动后　□急速　□无负载 □行驶 (□匀速　□加速　□减速)　□其他	
故障现象	□ 发动机不能起动	□不能运转　□无起动征兆　□有起动征兆	
	□起动困难	□起动时运转转速低　□其他	
	□急速不良	□急速不稳　□急速高　□急速低　□急速粗暴　□其他	
	□动力不足	□加速迟缓　□回火　□放炮　□喘振　□敲缸　□其他	
	□发动机熄火	□起动后立即熄火　□踩加速踏板后 □松加速踏板后　□空调工作时　□挂挡时　□其他	
	□其他		
故障指示灯状态		□常亮　□有时亮　□不亮	

2)直观检查

直观检查也叫目测检查,其目的是为了在进入更为细致的检测和诊断之前,能消除一些一般性的故障因素。直观检查的内容包括如下项目:

(1)拆除空气滤清器,检查滤芯及其周围是否有脏物,必要时更换。

(2)检查真空软管是否破裂、老化或挤坏;检查真空软管经过的途径和接头是否恰当。

(3)检查电子控制系统电线束的连接状况:

①传感器或执行器的电连接器是否良好;

②线束间的连接器是否松动或断开;

③电线是否有断裂或断开现象;

④线束连接器是否插接到位;

⑤电线是否有磨破或线间短路现象;

⑥线束连接器的插头和插座有无腐蚀现象等。

(4)检视每个传感器和执行器是否有明显的损伤。

(5)运转发动机(如可以)并检视进排气歧管及氧传感器处是否有泄漏。

(6)对检查发现的故障进行必要的排除,并重新装上空气滤清器。

2. 故障征兆的模拟检测与诊断

在发动机电子控制系统的故障检测与诊断中往往遇到所谓隐性故障,即存在故障但没有明显的故障征兆。遇此情况,必须进行全面的故障分析,然后,模拟车辆出现故障时相同或相似的条件和环境进行试验,以便找出故障之所在。

在故障征兆的模拟试验中,不仅要对故障征兆进行验证,而且还应找出故障的部位或零部件。因此,在试验前必须把可能发生故障的电路范围尽可能缩小,然后再进行故障征兆的模拟试验,判断被测试的电路是否正常,同时也验证了故障征兆。在缩小故障征兆可能性时,应参考"故障诊断表"。故障征兆的模拟试验主要方法如下。

1)振动法

当振动可能是引起故障的原因时,即可用振动法进行试验,基本方法如下。

(1)连接器。在垂直和水平方向轻轻摆动连接器(图6-2a)。

(2)配线。在垂直和水平方向轻轻摆动配线(图6-2b)。连接器的接头、支架和穿过开口的连接器体等部位的配线都应仔细检查。

(3)零部件和传感器。用手轻拍装有传感器的零部件(图6-2c),检查是否失灵(但不可用力拍打继电器,否则易使继电器断路)。

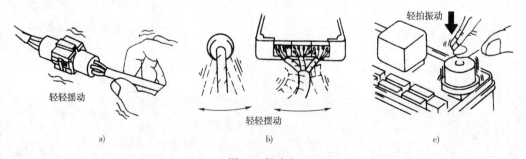

图6-2 振动法

2)加热法

如有些故障只是在热车时出现,可能是因有关零部件或传感器受热而引起的。可用电吹风器或类似加热工具加热可能引起故障的零部件或传感器,检查此时是否出现故障。但必须注意:加热温度不得高于60℃(温度限制在不致损坏电子元器件的范围内);不可直接加热电控单元中的元器件。

3)水淋法

当有些故障是在雨天或高湿度的环境下产生时,可以用水喷淋在车辆上,检查是否发生故障。但应注意:不可将水直接喷淋在发动机零部件上,只能喷淋在散热器前面,间接改变温度和湿度;更不可以将水直接喷淋到电子器件上面,尤其应该防止水渗漏到电控单元(ECU)的内部。

4)电器全接通法

当怀疑故障可能是因用电负荷过大而引起时,可接通车上全部电气设备(包括空调机、加热器、鼓风机、前照灯、后窗去雾器等),检查是否发生故障。

3. 利用简单仪表检测诊断

发动机电子控制系统的故障包括传感器、执行器、ECU 本身损坏和配线断路或短路两个方面。因此,可以用万用表来检测发动机电子控制系统的技术状态。

1)用万用表检测诊断的一般原则

(1)除在测试过程中特殊指明者外,不能用指针式万用表测试 ECU 和传感器,应使用高阻抗数字式万用表(内阻应不小于 10kΩ)或汽车万用表。

(2)首先检查熔断丝、易熔线和接线端子(连接器)的状况,在排除这些部位的故障后再用万用表检测。

(3)在测量电压时,点火开关应处于"ON"位置,蓄电池电压应不小于 11V。

(4)在用万用表检查防水型连接器时,应小心取下防水套。表笔插入连接器检查时,不可对端子用力过大。检测时,表笔可以从带有配线的后端插入(图 6-3a),也可以从没有配线的前端插入(图 6-3b)。

(5)测量电阻时要在垂直和水平方向轻轻摇动导线,以提高准确性。

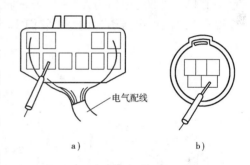

图 6-3 表笔插入连接器测量

(6)检查线路断路故障时,应先脱开 ECU 和相应传感器的连接器,然后测量连接器相应端子间的电阻,以确定是否有断路或接触不良故障。

(7)检查线路搭铁短路故障时,应拆开线路两端的连接器,然后测量连接器被测端子与车身(搭铁)之间的电阻。电阻 >1MΩ 为无故障。

(8)在拆卸发动机微机控制系统线路之前,应首先切断电源,即将点火开关断开(OFF),拆下蓄电池负极搭铁线。

(9)测量两个端子间或两条线路间的电压时,应将万用表的两个表笔与被测的两个端子或两根导线接触(图 6-4a);测量某个端子或某条线路的电压时,应将万用表的正表笔与被测的端子或线路接触,而将万用表的负表笔与地线接触(图 6-4b)。

(10)检查端子、触点或导线等的导通性,是指检查端子、触点或导线是否通路,可用万用表欧姆(Ω)挡测量电阻值的方法进行检查(图 6-5)。

2)用万用表检测和提取数据流

(1)电阻测量方法。将万用表置于欧姆(Ω)挡的适当位置并校零后,即可以测量电阻值。电子控制系统元器件(传感器、执行器、ECU 和继电器、线路等)的技术状况,都可以用检测其电阻值的方法来判断。

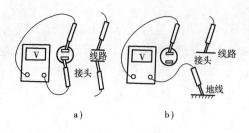

图 6-4 用万用表测量电压　　　　图 6-5 用万用表检测导通性

(2) 直流电压测量方法。将万用表选择在直流电压(V)挡(选择合适的量程),将表笔接至被测件两端。用测量电压的方法可以检查 ECU 所发出的各种控制信号电压、电路上各点的电压(信号电压或电源电压)以及元器件上的电压降。

(3) 断路(开路)检测方法。如果图 6-6 所示的配线有断路故障,可用"检查导通"或检查电压的方法来确定断路的部位。

① "检查导通"方法。

a. 脱开连接器Ⓐ和Ⓒ,测量它们之间的电阻值(图 6-7)。若连接器Ⓐ端子 1 与连接器Ⓒ端子 1 之间的电阻值为无穷大,则它们之间不导通(断路);若连接器Ⓐ端子 2 与连接器Ⓒ端子 2 之间的电阻值为 0Ω,则它们之间导通(无断路)。

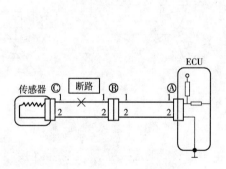
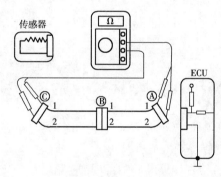

图 6-6 检查线路是否断路　　　　图 6-7 检查配线是否导通

b. 脱开连接器Ⓑ,测量连接器Ⓐ与Ⓑ、Ⓑ与Ⓒ之间的电阻值。若连接器Ⓐ端子 1 与连接器Ⓑ端子 1 之间的电阻值为 0Ω,而连接器Ⓑ端子 1 与连接器Ⓒ端子 1 之间的电阻为无穷大,则连接器Ⓐ端子 1 与连接器Ⓑ端子 1 之间导通,而连接器Ⓑ端子 1 与连接器Ⓒ端子 1 之间有断路故障存在。

② "检查电压"方法。在 ECU 连接器端子加有电压的电路中,可以用"检查电压"的方法来检查断路故障(图 6-8)。在各连接器接通的情况下,ECU 输出端子电压为 5V 的电路中,如果依次测量连接器Ⓐ端子 1、连接器Ⓑ端子 1 和连接器Ⓒ端子 1 与车身(搭铁)之间的电压时,测得的电压值分别为 5V、5V 和 0V,则可判定:在连接器Ⓑ端子 1 与连接器Ⓒ端子 1 之间的配线有断路故障存在。

(4) 短路检查方法。如果配线短路搭铁,可通过检查配线与车身(搭铁)是否导通来判断短路的部位(图 6-9)。

① 脱开连接器Ⓐ和Ⓒ,测量连接器Ⓐ端子 1 和端子 2 与车身之间的电阻值。如果测得

的电阻值分别为0Ω和无穷大,则连接器Ⓐ端子1与连接器Ⓒ端子1的配线与车身之间有短路搭铁故障。

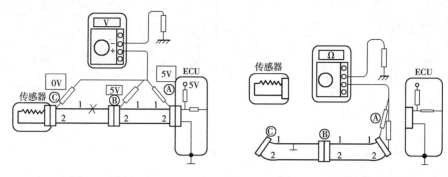

图6-8 测量电压　　　　　图6-9 测量有无短路

②脱开连接器Ⓑ,分别测量连接器Ⓐ端子1和连接器Ⓒ端子1与车身(地线)之间的电阻值。如果测得的电阻值分别为无穷大和0Ω,则可以判定:连接器Ⓐ端子1与连接器Ⓒ端子1之间的配线与车身之间有短路搭铁故障。

4. 利用故障自诊断系统检测诊断

发动机电子控制系统的ECU内部一般都有故障自诊断功能。它能在发动机运行过程中不断监测电子控制系统各部分的工作情况,并能检测出电子控制系统中大部分故障,将故障以代码的形式存储在ECU的存储器内。只要不拆下蓄电池,这些故障代码将一直保存在ECU内。维修人员可按照特定的方法将故障代码读出,为检测与诊断发动机电子控制系统提供依据。读取ECU内存储的故障代码的方法有两种:一种是利用故障诊断仪(亦称解码器),另一种是用人工的方法(随车故障自诊断)。下面分别介绍这两种方法。

1) 利用电脑故障诊断仪读取故障代码

现代汽车发动机电子控制系统的控制电路上都设置有一个专用的故障检测插座,通过线路与ECU连接。将专用型的电脑故障检测仪或通用型故障检测仪的检测插头与汽车上的故障检测插座连接,然后打开点火开关(ON),就可以很方便地从微机故障检测仪的显示屏上读出所有储存在ECU中的故障代码。查阅该车型的维修手册,就可以知道这些故障代码所表示的故障内容和可能的故障原因。常见车型发动机微机控制系统检测用微机故障检测仪一览表如表6-3所列。

常见车型检测用微机故障检测仪一览表　　　　表6-3

公　司	车　型	微机故障检测仪名称
中国一汽集团公司	奥迪100V6发动机	V.A.G 1551/1552型 金奔腾Ⅱ型
	捷达王1.5L五气门发动机	
	小红旗CA 488发动机	
上海大众汽车有限公司	上海桑塔纳2000 GLi	
	上海桑塔纳2000 CSi AJR发动机	
北京吉普车有限公司	北京切诺基2.5L和4.0L发动机	DRBⅡ型和DRBⅢ型微机故障检测仪
美国克莱斯勒汽车公司	各种车型	
美国福特汽车公司	各种车型	STAR Ⅱ型微机故障检测仪

续上表

公司	车型	微机故障检测仪名称
韩国现代汽车公司	各种车型	Hi-Scan 型和 MVT 型微机故障检测仪
1996 年后装用第二代随车诊断系统的汽车(OBD-II 型)		OBD-II 型微机故障检测仪
通用型(适合于多种车型)		OTC 型微机故障检测仪、Scanner 汽车电脑解码器、电眼睛 431ME、修车王、检测王、金奔腾 I、II 型等

通过读取故障代码能查找出电子控制系统中大部分传感器线路短路、断路及传感器损坏所导致的无输出信号等故障。但是，微机故障自诊断电路并不能检测出电子控制系统中所有类型的故障，特别是无法检测大部分执行器以及传感器精度误差等故障。目前很多车型发动机的电子控制系统除了能利用微机故障检测仪读取微机故障自诊断电路检测到的故障代码之外，还能通过微机故障诊断仪对 ECU 及其控制电路、传感器、执行器等做更进一步的提取数据流等检测和诊断。

各种微机故障检测仪的具体操作方法随车型不同而有所差异。下面以 V.A.G1551 型微机故障检测仪在奥迪 100 型轿车 V6 发动机故障自诊断系统中的应用为例，说明微机故障检测仪的使用方法。

用 V.A.G1551 型微机故障检测仪对奥迪 100 型轿车 V6 发动机电子控制系统进行检测的具体操作方法如下。

(1) 检测条件。

①在前驾驶室一侧脚坑处的电器盒中用于发动机的 17 号熔断丝和热熔断器(棕色、红色和黄色保持架)正常。

②电动燃油泵继电器正常。

③控制 MPFI(多点燃油喷射)的 ECU 电压正常。

④发动机搭铁良好。

(2) V.A.G 1551 型微机故障检测仪的连接。

①取下通风室中继电器盒 I 的盖子。

②将 V.A.G 1551 型微机故障检测仪的黑色插头插入黑色故障检测插座上(图 6-10)，此时检测仪显示屏显示如下：

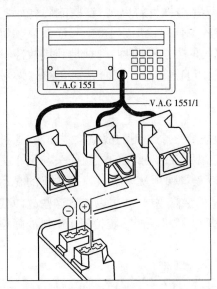

图 6-10 V.A.G 1551 型微机故障检测仪的连接

```
V.A.G 1551——自诊断      HELP
1——快速数据传递
2——闪光码输出
```

显示屏中 1 和 2 交替出现。

③将白色插头插入白色插座(蓝色插头不用)。

(3)故障代码的调出。

①起动发动机,并使其怠速运转。如果发动机不能起动,则用起动机带动发动机转动至少5s,不要关闭点火开关。

②在如下的屏幕显示下键入"0"和"2"(输入02):

> 快速数据传递　HELP
> 功能选择××

③在如下的屏幕显示下按"Q"键确认:

> 快速数据传递　Q
> 02——故障存储查询

④屏幕显示故障代码X如下:

> X 故障识别!

如果打印机接通,所有储存的故障代码将会陆续显示并打印出来;如果未接通打印机,则必须按"➡"键显示下一个故障代码;如果无故障代码储存或故障代码已显示(打印)完毕,则屏幕显示如下:

> 无故障识别!

(4)故障代码的清除。

①调出故障代码结束后,屏幕显示如下时键入"0"和"5"(输入05):

> 快速数据传递　HELP
> 功能选择××

②在屏幕显示如下时按"Q"键确认:

> 快速数据传递　Q
> 05——解除故障存储××

③屏幕显示如下时,表示故障代码已被清除:

> 注意!
> 故障存储没有被查询

2)利用故障自诊断系统读取故障代码(人工读码)

在不具备微机故障检测仪时,可用人工方法读取故障代码。不同车型发动机用人工读取故障代码的方式各不相同。

(1)进入故障自诊断测试状态的方法。在对发动机电子控制系统进行故障自诊断测试时,首先要进入故障自诊断测试状态,进入故障自诊断测试状态的方法大致有以下几种:

①用诊断跨接线短接故障检测插座(CHECK CONNECTOR)中的相应插孔("诊断输入插孔"和"搭铁插孔"),如丰田车系(短接 TE_1 和 E_1)、三菱车系、本田车系、大宇车系(短接

A 和 B)、五十铃/欧宝车系(短接三孔插座的 1 和 3、12 孔插座的 A 和 B)、大发车系(短接 T 和 E)、通用车系(短接 A 和 B)、福特车系(短接单孔插座与 6 孔插座中的插孔 2)等,均采用了这种方法。

②按压"诊断按钮开关",如瑞典沃尔沃车系和我国天津三峰 TJ6481 AQ4 客车采用这种方法。

③拧动电子控制装置上的"诊断模式选择开关",如日本日产车系采用这种方法。

④打开空调控制面板上的"兼用开关",如通用公司凯迪拉克轿车为将巡航控制电源开关和点火开关置于"ON",同时按下空调控制面板上的"OFF"和"WARMER"键;通用 FLEETWOOD 车为将点火开关置于"ON"或起动发动机,同时按下空调控制面板上的"TEMP▲"和"OFF"键等。

⑤在故障检测插座相应插孔间跨接自制的带 330Ω 电阻的发光二极管,如马自达车系、奔驰车系、福特车系、三菱/现代车系等。

⑥点火开关在 5s 内连续开关 3 次(ON→OFF→ON→OFF→ON),如美国克莱斯勒车系和北京切诺基汽车等采用此法。

⑦点火开关置于"ON",在规定时间内将加速踏板踩下 5 次,如德国宝马 300、500、700、800 和 M5 系列车型采用此法。

(2)故障代码的显示方法。

①利用仪表板上发动机故障指示灯的闪亮规律显示故障代码。大部分发动机电子控制系统的故障代码采用这种显示方法。当故障自诊断系统进入故障代码显示状态时,仪表板上的发动机故障指示灯以闪烁次数和亮、灭时间的长短显示故障代码。但是,在不同型号发动机上,其显示方法又略有不同,一般有三种表示方法。

a. 发动机故障指示灯用亮、灭时间较长的闪烁次数代表故障代码的十位数码,而用亮、灭时间较短的闪烁次数代表故障代码的个位数码(如本田雅阁轿车等)。发动机故障指示灯在显示完十位数码后熄灭一小段时间,然后显示个位数码,在显示完一个故障代码后熄灭较长一段时间,再显示下一个故障代码。如此循环,直到人为地结束故障自诊断系统的故障代码显示状态。

b. 发动机故障指示灯点亮的时间不变,由其熄灭时间的长短来区分一个故障代码的个位数码、十位数码以及不同的故障代码(如丰田皇冠、凌志等轿车)。个位数码与十位数码之间有较短的熄灭时间,而两个故障代码之间有一较长的熄灭时间。

c. 发动机故障指示灯显示故障代码时,点亮的时间不变,但显示个位数码与十位数码之间熄灭一小段时间,而在两个故障代码之间较长时间地点亮一次,以示区分,如绅宝轿车等。

②利用指针式万用表显示故障代码。这种显示方法与用发动机故障指示灯显示故障代码的原理基本相似,不同的是用指针式万用表指针的摆动代替发动机故障指示灯的闪烁,即在故障自诊断系统进入故障代码显示状态后,用万用表的直流电压挡(内阻应大于 50kΩ)检测故障检测插座输出端的电压波动状况。在采用指针式万用表显示故障代码时,由于万用表指针的摆动,不仅可以显示每次摆动时间长短,而且还可以显示电压值大小。因此这种显示方式可以显示一位至三位数的故障代码。图 6-11 为一位数故障代码和二位数故障代码的显示方式。

a. 一位数故障代码的显示方法。万用表指针在 0~5V 间连续摆动的次数即为故障代码。若有两个以上故障代码,则显示完第1个故障代码后间隔3s,再显示第2个故障代码(图6-11a)。

b. 二位数故障代码的显示方法

(a)万用表指针在0~5V间摆动。万用表指针第1次连续摆动的次数为故障代码的十位数码,相隔2s后的第2次连续摆动的次数为个位数码(图6-11b)。若有两个以上故障代码,则在显示完一个代码后,万用表指针要间隔较长的时间(4s左右)再显示下一个故障代码(如丰田皇冠3.0轿车便可采用这种方法)。

(b)万用表指针在0~2.5V和2.5~5V两个区域内摆动。

万用表指针在2.5~5V间摆动的次数为十位数码,而指针在0~2.5V间摆动的次数为个位数码。如有两个以上故障代码,则万用表指针在显示完一个故障代码后停歇较长时间,再显示下一故障代码(图6-11c)。

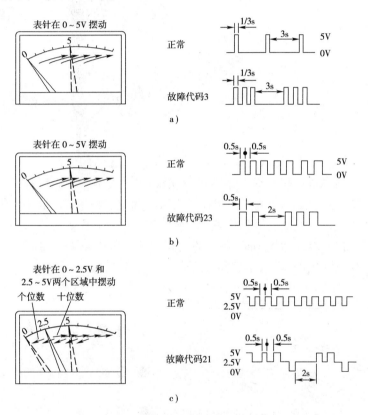

图6-11 指针式万用表(直流电压挡)显示故障代码

以万用表指针指示5V电压的次数表示十位数码,指示2.5V电压的次数表示个位数码。如有两个以上故障代码,则在两个故障代码之间以万用表指针较长时间指示2.5V电压的方法来加以区分。

c. 三位数故障代码的显示方法

万用表指针在0~5V间摆动的次数为个位数的数码,在1个故障代码中个位数之间间隔2s,两个故障代码之间则间隔4s。例如,故障代码"116"的显示方式为:万用表指针由0V向5V摆动1次,停歇2s,再摆动1次,又停歇2s,随后再摆动6次,如福特轿车采用此法。

③利用发光二极管显示故障代码。有些汽车上用一个或多个发光二极管来显示故障代码,这些发光二极管一般装在 ECU 上,有的装在故障检测插座上,也有的是用自制带 330Ω 电阻的发光二极管跨接在故障检测插座上。

a. 采用 1 个发光二极管显示故障代码。采用 1 个发光二极管显示故障代码时,其显示方式与利用发动机故障指示灯显示故障代码的方式相同(如本田 HONDA 和 ACURA 轿车等)。

b. 采用 2 个发光二极管显示故障代码。采用 2 个发光二极管显示故障代码时,一般使用两种不同颜色的发光二极管。红色发光二极管闪烁的次数代表故障代码的十位数码,绿色发光二极管闪烁的次数代表故障代码的个位数,如图 6-12 所示。日产千里马、公爵王等轿车即采用这种方式。

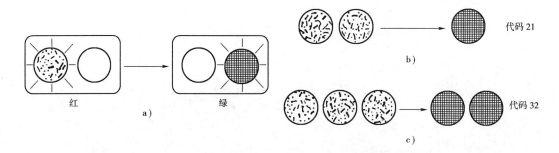

图 6-12 采用两个发光二极管显示故障代码
a)发光二极管;b)故障代码"21"的显示方法;c)故障代码"32"的显示方法

c. 采用 4 个发光二极管显示故障代码。采用 4 个发光二极管显示故障代码时(图 6-13),4 个发光二极管点亮时从左到右分别代表"8""4""2""1"4 个数字,4 个发光二极管不亮时均代表数字"0"。在读取故障代码时,将亮的发光二极管所代表的数字相加,即得所显示的故障代码,本田 HONDA 轿车等采用这种方式。

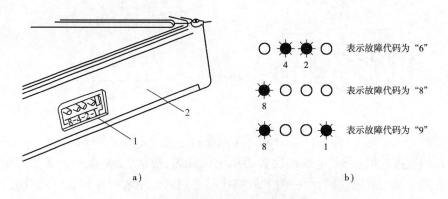

图 6-13 采用 4 个发光二极管显示故障代码
1-发光二极管;2-ECU

④利用车上的仪表板显示屏以数字形式显示故障代码。在许多高级轿车(如凯迪拉克等)上,利用仪表板显示屏直接以数字形式显示故障代码。

(3)故障代码的清除。一般可以断开蓄电池的负极或该系统 ECU 的工作电源(如丰田电喷系统的 EFI 熔断丝)10s 以上。

(4)故障代码读取举例。下面是丰田汽车发动机电子控制系统故障代码的读取方法和步骤。

①检查发动机故障指示灯。

a. 将点火开关转到"ON"位置(不起动发动机),仪表板上的发动机故障指示灯"CHECK"应点亮。如果"CHECK"指示灯不亮,应检查指示灯灯泡及电路是否良好。

b. 起动发动机后,"CHECK"指示灯应熄灭。如该灯继续点亮,则说明发动机电子控制系统有故障。

②读取故障代码。

a. 找到故障检测插座(丰田汽车在发动机舱内和驾驶室内仪表板下方各有一个故障检测插座,如图6-14所示)。

b. 检查蓄电池电压,应大于11V。

c. 使节气门处于完全关闭位置(节气门位置传感器内的怠速触点开关闭合)。

d. 使自动变速器换挡操纵手柄位于P位(停车挡)或N位(空挡)。

e. 关闭所有附加电器设备(如空调器、音响、灯光等等)。

f. 打开故障检测插座罩盖,依照罩盖内所注明的各插孔名称,用一根诊断跨接线将 TE_1(发动机故障检测)插孔和 E_1(接地)插孔短接。

g. 将点火开关转至"ON"位置(但不要起动发动机)。

h. 根据仪表板上的发动机故障指示灯"CHECK"的闪亮规律读出故障代码。

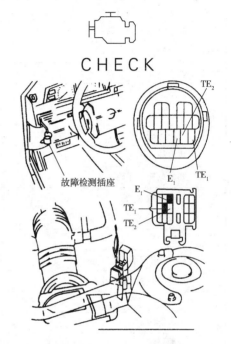

图6-14 丰田汽车故障检测座

若电子控制系统工作正常,ECU内没有存储故障代码,则CHECK指示灯以5次/s的频率连续闪亮;若ECU内存有故障代码,则CHECK指示灯以0.5s一次的频率闪亮,将两位数故障代码的十位数和个位数先后用CHECK指示灯的闪亮次数表示出来。如果有多个故障代码存在,ECU则按故障代码的大小,依次将储存的故障代码显示出来,相邻两个故障代码之间停顿时间为2.5s。当所有的故障代码全部显示完后,停顿4.5s,再重新开始显示,直到从故障检测插座上拔下诊断跨接线为止。

③清除故障代码。

点火开关转到"OFF"位置,拔下"EFI"熔断丝10s以上,再插回,故障记忆即清除。

5. 利用故障诊断表诊断

当发动机电子控制系统的故障既不能在基本检查中得到证实,又不能在故障代码检查中得到证实,则可利用经验方法按故障诊断表中的编号顺序进行故障检查。

表6-4为L型发动机电子控制系统的故障诊断表,表6-5为D型发动机电子控制系统故障诊断表(说明:表中数字为检测顺序号)。发动机电子控制系统主要组成部件故障对发动机工作的影响如表6-6所列。

L型发动机电子控制系统故障诊断表

表 6-4

怀疑部位 征兆	开关状态信号电路	点火信号电路(火花试验)	空燃比过高/过低	主氧传感器	冷却液温度传感器电路	进气温度传感器电路①	副氧传感器	空气流量计电路	节气门位置传感器电路	起动机信号电路	爆燃传感器电路	空挡起动开关电路	EFI主继电器电源	备用电源电路	喷油器电路
不能起动 发动机不能转动														3	
起动机带不动发动机															
无初始燃烧		2											1		5
燃烧不完全			5		9		6								6
起动困难 发动机转动缓慢															
常温起动困难		13			11	14			1						8
冷态起动困难					9	10			1						4
热态起动困难					10	11			1						5
怠速运转不好 开始怠速不正确	1														
怠速转速太高	1										5	4	6		
怠速转速太低	3				9			7			4			8	6
怠速运转不柔和	1	7	18		17			3						13	4
缺火(怠速不稳)	1				7			3				4			
驾驶性能不良 加速时发抖/加速性差	1	6						2							3
回火					4	5		7	6						9
消声器放炮	1				7	8		10	9						5
发动机喘振	1				8	9									6
爆燃											2				4
发动机失速 起动后不久失速					6			2							
在踩下加速踏板后失速	1							2							
在松开加速踏板后失速															1
在A/C工作时失速															
从N挡位换到D挡位时失速												1			
旋转转向机构时失速															
起动或停机时失速															
其他故障 燃油消耗过多			18		6	7	19	8					17		13
发动机过热															
发动机过冷															
润滑油消耗过高															
机油压力太高															
机油压力太低															
起动机运转不停															
蓄电池经常放电															

续上表

怀疑部位 征兆		冷起动喷油电路	ISC阀电路	燃油泵电路	燃油压力控制VSV电路	EGR系统电路①	可变电阻器电路②(空调)	A/C信号电路	燃油质量	漏燃油	漏冷却液	漏润滑油	漏真空	起动机和继电器
不能起动	发动机不能转动													
	起动机带不动发动机													
	无初始燃烧			3										
	燃烧不完全	11	7	10										1
起动困难	发动机转动缓慢							2						
	常温起动困难	12	2	3		10		9						
	冷态起动困难	8	2	3										
	热态起动困难	7	2	4	3	12			13			14		
急速运转不好	开始怠速不正确		2											
	怠速转速太高		2					3						
	怠速转速太低		1	5		10		2						
	怠速运转不柔和	16	2	9	2	5	6		15			14		
	缺火(怠速不稳)		2	5				6				8		
驾驶性能不良	加速时发抖/加速性差				4	5						11		
	回火			8	2	3						1		
	消声器放炮			11		6								
	发动机喘振				2	3						7		
	爆燃					5		1						
发动机失速	起动后不久失速		3	1				5				4		
	在踩下加速踏板后失速													
	在松开加速踏板后失速				2			3						
	在A/C工作时失速			1				2						
	从N挡位换到D挡位时失速		2											
	旋转转向机构时失速													
	起动或停机时失速													
其他故障	燃油消耗过多	15	16	12	14			2	1					
	发动机过热										1			
	发动机过冷													
	润滑油消耗过高											1		
	机油压力太高											1		
	机油压力太低													
	起动机运转不停													1
	蓄电池经常放电													

续上表

怀疑部位＼征兆	空挡起动开关	点火线圈	火花塞	分电器	加速踏板拉杆	冷却风扇系统	动力转向怠速提升装置	汽缸压缩不良	松开制动踏板后制动器仍抱死	变速器故障	防盗和门锁控制ECU③	发动机机械部分和其他故障	发动机和变速器ECU
不能起动 — 发动机不能转动	1											2	
起动机带不动发动机	1											2	
无初始燃烧		4										6	
燃烧不完全	2	4	3					8				12	13
起动困难 — 发动机转动缓慢	1											3	
常温起动困难		4	6	5				7				15	16
冷态起动困难		5	7	6									11
热态起动困难		6	9	8									15
怠速运转不好 — 开始怠速不正确												3	
怠速转速太高												7	
怠速转速太低												11	
怠速运转不柔和		10	12	11				8				19	20
缺火(怠速不稳)												9	10
驾驶性能不良 — 加速时发抖/加速性差		7	9	8	12				13	10		14	15
回火												10	11
消声器放炮	2	4	3									12	13
发动机喘振			5	4								10	11
爆燃			3									6	7
发动机失速 — 起动后不久失速													
在踩下加速踏板后失速													
在松开加速踏板后失速													4
在A/C工作时失速													3
从N挡位换到D挡位时失速													
旋转转向机构时失速							1						
起动或停机时失速										1			
其他故障 — 燃油消耗过多			9	10	4	5		11		3	20	21	22
发动机过热						2						3	
发动机过冷						1						2	
润滑油消耗过高												2	
机油压力太高												2	
机油压力太低												1	
起动机运转不停													
蓄电池经常放电												1	

注：①仅欧洲、澳大利亚和香港规格汽车；
②一般国家规格汽车；
③仅指带防盗系统汽车。

D型发动机电子控制系统故障诊断表　　表6-5

怀疑部位＼征兆	开关状态信号电路	点火信号电路(火花试验)	冷却液温度传感器电路	进气温度传感器电路	进气压力传感器电路	节气门位置传感器电路	起动机信号电路	爆燃传感器电路	空挡起动开关电路	A/C信号电路(空调)	燃油泵电路
不能起动 — 发动机不能转动											
起动机带不动发动机											
无初始燃烧	12	2			5						6
燃烧不完全			4		1						
起动困难 — 发动机转动缓慢										2	
常温起动困难	11	12	4	13							6
冷态起动困难			1	5		2					7
热态起动困难			1	4							6
怠速运转不好 — 开始怠速不正确			2								
怠速转速太高			2	5		6			8	7	
怠速转速太低			1		3						
怠速运转不柔和		16	2		11						6
缺火(怠速不稳)		3	5		7						
驾驶性能不良 — 加速时发抖/加速性差			9	10	8	7					12
回火			2	5	4	3					7
消声器放炮			3	7	5	6					
发动机喘振											
爆燃								1			
发动机失速 — 起动后不久失速			7		6						3
在踩下加速踏板后失速					1	2					
在松开加速踏板后失速					2						
在A/C工作时失速										1	
从N挡位换到D挡位时失速									1		
其他故障 — 燃油消耗过多			13	18	15	14			16	17	
发动机过热									9		
发动机过冷											
润滑油消耗过高											
机油压力太高											
机油压力太低											
起动机运转不停											

续上表

征兆 \ 怀疑部位	油压调节器	油管	喷油器	ISC阀电路	电源EFI主继电器	节气门减速缓冲器	燃油切断系统	发动机和变速器ECU	燃油质量	漏燃油	漏冷却液
不能起动 — 发动机不能转动											
不能起动 — 起动机带不动发动机											
不能起动 — 无初始燃烧				8	3			13	7		
不能起动 — 燃烧不完全	3		9	2				10			
起动困难 — 发动机转动缓慢											
起动困难 — 常温起动困难	5	7	15	3				16	1		
起动困难 — 冷态起动困难	6	8	9					10	3		
起动困难 — 热态起动困难	5	7	8	3				9	2		
怠速运转不好 — 开始怠速不正确				3		4					
怠速运转不好 — 怠速转速太高			9	3		4		10			
怠速运转不好 — 怠速转速太低				4	2			5			
怠速运转不好 — 怠速运转不柔和	5	7	15	8				17	1		
怠速运转不好 — 缺火（怠速不稳）			8					9	1		
驾驶性能不良 — 加速时发抖/加速性差	11	13	16					17	3		
驾驶性能不良 — 回火	6	8	9					10			
驾驶性能不良 — 消声器放炮	4		8				1	9			
驾驶性能不良 — 发动机喘振	1		4					5			
驾驶性能不良 — 爆燃								9	2		
发动机失速 — 起动后不久失速	2	4	8	5				9	1		
发动机失速 — 在踩下加速踏板后失速	4	5	6					7			
发动机失速 — 在松开加速踏板后失速				1				3			
发动机失速 — 在A/C工作时失速				2				3			
发动机失速 — 从N挡位换到D挡位时失速				2				3			
其他故障 — 燃油消耗过多			12				6		2	1	
其他故障 — 发动机过热											1
其他故障 — 发动机过冷											
其他故障 — 润滑油消耗过高											
其他故障 — 机油压力太高											
其他故障 — 机油压力太低											
其他故障 — 起动机运转不停											

续上表

征兆\怀疑部位		漏润滑油	起动机继电器	空挡起动开关	起动机	火花塞	分电器	加速踏板拉杆	松开后制动器仍抱死	冷却风扇系统	离合器	汽缸压缩不良
不能起动	发动机不能转动		1	3	2							
	起动机带不动发动机				1							
	无初始燃烧						1					9
	燃烧不完全											5
起动困难	发动机转动缓慢				1							
	常温起动困难					2	14					8
	冷态起动困难											
	热态起动困难											
怠速运转不好	开始怠速不正确							1				
	怠速转速太高							1				
	怠速转速太低											
	怠速运转不柔和					3	4					9
	缺火(怠速不稳)					2	4					6
驾驶性能不良	加速时发抖/加速性差					4	5		2		1	6
	回火											
	消声器放炮											
	发动机喘振					2	3					
	爆燃						3			6		
发动机失速	起动后不久失速											
	在踩下加速踏板后失速						3					
	在松开加速踏板后失速											
	在A/C工作时失速											
	从N挡位换到D挡位时失速											
其他故障	燃油消耗过多					7	8	3	5		4	9
	发动机过热					8				2		
	发动机过冷									1		
	润滑油消耗过高	1										3
	机油压力太高											
	机油压力太低	1										
	起动机运转不停		1		2							

主要组成部件及配线故障对发动机工作的影响　　　　　表 6-6

序号	元器件名称	故 障 现 象
1	电控单元(ECU)	1.发动机不能起动;2.发动机性能失常
2	点火线圈	1.发动机不能起动;2.无高压火花;3.二次电压过低
3	点火控制器(电子开关)	1.发动机不能起动;2.无高压火花;3.二次电压过低;4.急速时闭合角乱变
4	空气流量计(L型)	1.发动机起动困难;2.发动机性能失常;3.急速不稳;4.加速时回火、放炮;5.油耗增大;6.易爆燃
5	进气压力传感器(D)型	1.发动机起动困难;2.发动机性能失常;3.急速不稳;4.油耗增大
6	大气压力传感器	1.发动机性能不佳;2.急速不稳
7	节气门	1.发动机不能起动或起动困难;2.发动机性能不佳
8	节气门位置传感器	1.发动机起动困难;2.急速不稳;3.发动机性能不佳;4.容易熄火
9	进气温度传感器	1.发动机性能不佳;2.急速不稳;3.容易熄火;4.油耗增大;5.混合气过浓
10	冷却液温度传感器	1.发动机起动困难;2.发动机性能不佳;3.急速不稳;4.容易熄火
11	急速控制步进电动机	1.发动机起动困难;2.急速不稳;3.容易熄火;4.发动机失速
12	急速步进电动机位置传感器	1.发动机急速不稳;2.容易熄火;3.加速困难
13	P/N、P/S、A/C 开关	1.发动机不能起动;2.急速不稳;3.发动机急速时无法补偿;4.急速时易熄火
14	氧传感器	1.发动机性能不佳;2.急速不稳;3.发动机油耗增大;4.排气污染增大;5.空燃比不正确
15	曲轴箱通风阀(PCV)	1.发动机不能起动或起动困难;2.急速不稳或无急速;3.加速困难;4.油耗增大
16	EGR 阀	1.发动机温度过高;2.发动机不能起动或起动困难;3.发动机无力;4.减速熄火;5.爆燃;6.油耗增大
17	EGR 阀位置传感器	1.发动机性能不佳;2.急速不稳;3.容易熄火;4.排气污染增大
18	炭罐电磁阀	1.发动机性能不佳;2.急速不稳;3.空燃比不正确
19	爆震传感器	1.发动机工作不稳;2.加速时产生爆燃;3.点火正时不准
20	磁感应式点火信号发生器 霍耳式点火信号发生器	1.发动机无法起动;2.发动机工作不稳;3.急速不稳;4.间歇性熄火
21	光电式点火信号发生器	1.发动机无法起动;2.发动机工作不稳;3.急速不稳;4.容易熄火
22	曲轴位置传感器	1.发动机无法起动;2.加速不良;3.急速不稳;4.间歇性熄火
23	车速传感器	1.ABS 防抱死系统不工作;2.巡航控制系统不工作
24	变速器电磁阀	1.汽车无法行驶;2.变速器换挡困难;3.行驶时变速器将锁定在某一挡位(如 BMW 车种锁定在三挡)
25	防抱死系统油压电磁阀 (ABS 电磁阀)	ABS 系统不工作
26	可变凸轮轴电磁阀	1.发动机抖动;2.产生爆燃;3.急速不稳;4.三元催化转化器损坏;5.发动机动力下降、性能变坏
27	燃油泵	1.发动机不能起动;2.运转中熄火
28	燃油滤清器	1.发动机不能起动;2.发动机运转不稳;3.喷油器堵塞

续上表

序号	元器件名称	故障现象
29	燃油压力调节器	1.发动机起动困难;2.发动机性能变坏;3.急速不稳定;4.容易熄火
30	喷油器	1.发动机起动困难;2.发动机工作不稳;3.容易熄火;4.急速不稳
31	温度时间开关	1.发动机冷起动困难;2.混合气过浓;3.急速不稳
32	冷起动喷油器	1.急速不良;2.间歇熄火;3.油耗增大;4.排气污染增大;5.起动困难;6.混合气过浓

6.1.3 检测诊断的操作步骤

1. 基本检查程序

在对发动机电子控制系统进行故障检测和诊断时,为了确定故障的性质和部位,少走弯路,在对汽车进行直观检查之后,可按图 6-15 所示的基本检查程序进行检查。

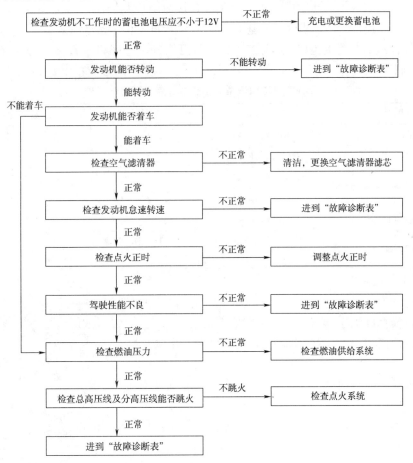

图 6-15 发动机电子控制系统的基本检查

发动机电子控制系统的基本检查,最主要的是基本怠速和基本点火正时的检查与调整。在进行基本检查时,必须使发动机冷却液温度达到正常工作温度(约80℃以上),同时,关闭车上所有附加电器装置,如空调、除霜装置等,并且应在水箱冷却风扇未动作时进行检查与调整,以免风扇动作消耗电能,影响怠速的正确性。电子控制的直接点火系统(DIS),其基本点火角度大多为固定式,无法也无须再作调整,故只作点火正时的检查。注意:在通用公司、福特公司和丰田公司的某些车辆中,还需跨接故障检测插座使系统进入场地维修模式(Field Service Mode)状态,再实施基本检查。不同的车种,其进行基本检查的具体操作步骤不尽相同,具体的操作详见相应的维修手册。

下面仅以丰田公司凌志(LEXUS)LS400轿车为例加以说明。

1)基本怠速的检查

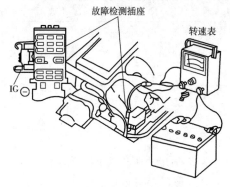

图6-16 转速表的连接方法

(1)起动发动机使冷却液温度达到正常工作温度;

(2)关掉所有附加电器装置;

(3)关掉空调电源开关;

(4)将换挡操纵手柄置于"N"(空挡)位置;

(5)如图6-16所示,连接转速表(转速表信号接线柱接故障检测插座的"IG"端子);

(6)检查怠速(几种常见车型的基本怠速正常值如表6-7所列);

(7)若怠速不在规定范围内,则应调节节气门位置调整螺钉。若仍不符合要求,则按疑难故障进行检测诊断。

几种常见进口车型基本怠速及点火正时一览表   表6-7

发动机型号	车 型	怠速转速(r/min)	点火正时(上止点前)
2 JZ-CE	CROWN(皇冠)	700±50	10°
3 VZ-FE	CAMRY(佳美)		
1 UZ-FE	LEXUS LS 400(凌志400)	650±50	8°~12°
5 S-FE	CAMRY(佳美)		—
3 S-FE	CAMRY(佳美)		13°~22°
2 TZ-FE	PREVIA(子弹头)	700(手动变速) 750(自动变速)	5°

2)基本点火正时的检查

(1)起动发动机使冷却液温度达到正常工作温度;

(2)将换挡操纵手柄置于"N"(空挡)位置;

(3)用诊断跨接线将故障检测插座的"TE_1"和"E_1"端子短接;

(4)连接正时灯(图6-17),将正时灯信号感应夹夹住6号高压线;

(5)检查基本点火正时,正常范围值如表6-7所列;

(6)若基本点火提前角不在规定范围内,则应检查节气门是否完全关闭;节气门位置传感器的"IDL"和"E_2"端子是否相通以及进气门正时是否正确等。若上述三项均正常,则以疑难故障进行检测诊断。

2.电动燃油泵控制系统的检测与诊断

(1)打开油箱盖。

(2)打开点火开关(不起动发动机),在油箱口处倾听

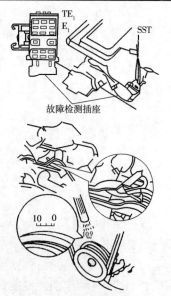

图6-17 正时灯及诊断跨接线的连接

有无电动燃油泵运转的声音。如在打开点火开关后,能听到电动燃油泵运转 3~5 s 后又停止,说明控制系统各部分工作正常。

(3)若打开点火开关后听不到电动燃油泵运转的声音,可用一根短导线将故障检测插座内两个检测电动燃油泵的插孔(如丰田汽车故障检测插座内的 FP 和 +B 两插孔)短接。此时,打开点火开关,若能听到电动燃油泵运转的声音,说明 ECU 外部的电动燃油泵控制电路工作正常,故障在 ECU 内部,应更换 ECU;若仍听不到电动燃油泵运转的声音,则为 ECU 外部的控制电路故障,应检查熔断器、继电器有无损坏,各电路有无断路或接触不良。L 型发动机还要检查叶片式空气流量计内的油泵开关触点是否完好。

3. 燃油喷射控制系统的检测与诊断

燃油喷射控制系统的故障主要有:与喷油控制有关的传感器失效;控制线路短路或断路;ECU 工作不正常。这些故障都会导致喷油量异常,使混合气过浓或过稀,并伴随出现怠速运转不稳、排气管冒黑烟或放炮、进气管回火、发动机起动困难,甚至无法起动等现象。

对于一般车型来说,传感器损坏以及传感器与 ECU 之间的线路短路或断路的故障,通常都能被 ECU 内的故障自诊断电路检出并储存起来,同时使仪表板上的发动机故障指示灯点亮,提醒驾修人员。维修人员可以通过读取故障代码找出故障所在,这里不再赘述。

4. 怠速控制系统的检测与诊断

(1)在冷车状态下起动发动机,暖机过程中发动机怠速应能达到规定的快速怠速(通常应为 1 500r/min 左右)。在发动机达到正常工作温度后,怠速转速应能恢复正常(通常为 750r/min 左右)。如果冷车起动后怠速不能按上述规律变化,则说明怠速控制系统有故障。

(2)当发动机达到正常工作温度后,打开空调开关,发动机怠速应能上升至 900r/min 左右。若打开空调开关后发动机转速下降,则说明怠速控制系统有故障。

(3)在发动机怠速运转过程中,对怠速调整螺钉作少量调整,发动机怠速转速应不会发生变化(调后应使怠速调整螺钉恢复原来位置)。若在调整中怠速转速变化,说明怠速控制系统不工作。

(4)拔下怠速控制(ISC)阀线束连接器,用电压表测量。如果在发动机运转中,怠速控制阀线束侧连接器有脉冲电压输出,说明怠速控制系统工作正常。若无脉冲电压输出,可打开空调开关后再测试,若仍无脉冲电压输出,说明怠速控制系统不工作。对此应检查 ECU 与怠速控制阀之间的线路是否接触不良,有无断路。如线路正常,则说明 ECU 有故障,应更换 ECU。

5. 冷起动喷油控制系统的检测与诊断

该系统能按照冷却液温度传感器测得的温度,改变冷起动喷油器的喷油持续时间。根据这一原理,可采用如下方法检查 ECU 内的冷起动控制电路工作是否正常。

(1)拔下冷却液温度传感器线束插头,用一个 50~100kΩ 的可变电阻代替冷却液温度传感器。

(2)拔下冷起动喷油器线束插头,将指针式电压表的两支测笔接在线束插头上。

(3)将可变电阻设定为不同的阻值。起动发动机,通过观察电压表指针的摆动判断冷起动喷油器喷油持续时间。若冷起动喷油控制系统工作正常,则在不同的设定电阻下(即不同的冷却液温度下),冷起动喷油器的喷油持续时间不同。电阻越大(即冷却液温度越低),冷起动喷油器喷油持续时间越长;反之,电阻越小(即冷却液温度越高),冷起动喷油器喷油持续时间越短。若电压表显示的冷起动喷油器喷油不呈现上述变化规律,则说明该系统有故障,应检查 ECU 及线路。

6. 反馈控制系统的检测与诊断

电子控制发动机反馈控制系统可通过检测氧传感器反馈电压的方法来进行检测,检测时最好使用指针式电压表,以便直观地反映出反馈电压的变化情况;另外,还要求电压表具有低量程(通常为2V)和高阻抗。其具体检测和诊断方法如下。

(1)将点火开关置于 OFF 位置,拔下氧传感器线束连接器,对照被测车型的电路图,从氧传感器反馈电压输出端引出一条细导线,然后插好线束连接器。

(2)将发动机热车至正常工作温度(或起动后以 2 500r/min 的转速连续运转 2min)。

(3)把电压表的负极接蓄电池负极,正极接氧传感器线束连接器上的引出线。

(4)让发动机以 2 500r/min 左右的转速保持运转,同时检查电压表指针能否在 0~1V之间来回摆动,记下 10s 内电压表指针摆动的次数。在正常情况下,随着反馈控制的进行,氧传感器的反馈电压将在 0.45V 上下不断变化,10s 内反馈电压的变化次数应不少于 8 次。

(5)若电压表指针在 10s 内的摆动次数不少于 8 次,则说明氧传感器以及反馈控制系统的工作正常。

(6)若电压表指针在 10s 内的摆动次数少于 8 次,说明氧传感器或反馈控制系统工作不正常,其原因可能是氧传感器表面有积炭而使其灵敏度降低。对此,应让发动机以 2 500r/min的转速运转约 2min,以清除氧传感器表面的积炭,然后再检查反馈电压。若电压表指针变化依旧缓慢,则说明氧传感器损坏或 ECU 的反馈控制电路有故障。

(7)检查氧传感器有无损坏。拔下氧传感器的线束连接器,使氧传感器不再与 ECU 连接,反馈控制系统进入开环控制状态。将电压表的正极测笔直接与氧传感器反馈电压输出端连接,在发动机运转中测量反馈电压。先脱开接在进气歧管上的曲轴箱强制通风管或其他真空软管,人为地形成稀混合气,同时观看电压表,其指针读数应下降。接上脱开的曲轴箱强制通风管或真空软管,然后拔下水温传感器接头,用一个 4~8kΩ 的电阻代替冷却液温度传感器,人为地形成浓混合气,同时观看电压表,其指针读数应上升。如果氧传感器的反馈电压无上述变化,则表明氧传感器已损坏。

如氧传感器反馈电压能按上述规律变化,说明氧传感器良好,反馈控制系统工作不正常是其他原因造成的,如因 ECU 内的反馈控制电路故障或发动机进气系统、燃油系统的故障而造成混合气过浓或过稀,影响反馈控制系统正常工作。对此应先检查空气供给系统和燃油供给系统有无导致混合气过稀或过浓的故障。如混合气浓度正常,则故障在 ECU 内部,应更换 ECU。

7. 电子控制点火系统故障检测与诊断

典型丰田汽车电子控制点火系统电路如图 6-18 所示,其检测诊断步骤如图 6-19 所示。

目前,BMW525i 等车型已采用最先进的电子控制无触点独立点火系统。由于该系统取消高压分火头,其高压部分检测诊断方法略有不同。

8. 排放控制系统检测与诊断

1)燃油蒸发控制系统的检测与诊断

燃油蒸发控制系统由 ECU 根据水温、转速、节气门开度等运转参数,通过燃油蒸发控制电磁阀来控制该系统的工作,该系统的检测与诊断步骤如下:

(1)将发动机热车至正常工作温度,并使之怠速运转。

(2)拔下燃油蒸气回收罐(活性炭罐)上的真空软管,检查软管内有无真空吸力。若系统工作正常,在发动机怠速运转中电磁阀应不通,软管内应无真空吸力。如果此时软管内有吸力,应检查电磁阀线束插头内电源电压正常与否。若有电压,说明 ECU 有故障;若无电压,说明电磁阀有故障。

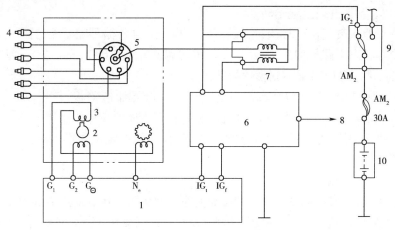

图 6-18 电子控制点火系统电路图

1-发动机ECU;2-信号转子;3-传感线圈;4-火花塞;5-分电器盖和转子;6-点火器;7-点火线圈;8-转速表;9-点火开关;10-蓄电池

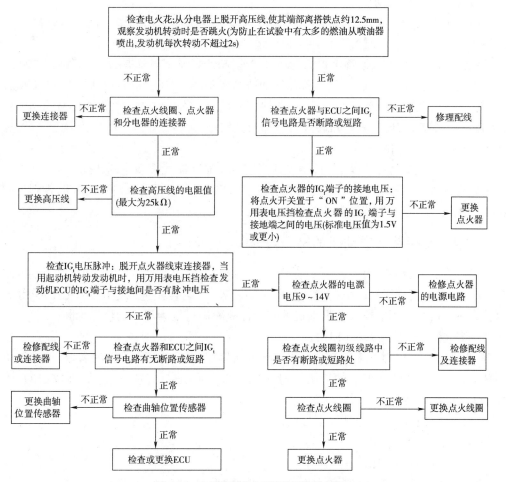

图 6-19 电子控制点火系统检测诊断步骤

（3）踩下加速踏板,使发动机转速 >2 000r/min,同时检查上述软管内有无真空吸力。若有吸力,说明正常;若无吸力,应检查电磁阀线束插头内电源电压。若电压正常,说明电磁阀有故障;若电压异常或无电压,说明 ECU 或控制线路有故障。

2)废气再循环控制系统的检测与诊断

(1)起动发动机,并以急速运转。

(2)将手指伸入废气再循环阀,按在膜片上,检查废气再循环阀有无动作。

(3)在冷车状态下踩下加速踏板,使发动机转速上升至2 000r/min左右,此时废气再循环阀应不开启,手指上应感觉不到膜片的动作。

(4)在发动机热车后(冷却液温度高于50℃),踩下加速踏板,使发动机转速上升至2 000r/min左右,此时废气再循环阀应开启,手指上应感觉到膜片的动作。

若废气再循环阀不能按照上述的规律动作,则说明该系统工作不正常,应检查该系统各零部件。

9. 断油控制系统的检测与诊断

断油控制有急减速断油、超速断油和溢油消除三种功能。其中,超速断油功能的检测要让发动机超速运转,容易造成发动机损坏。因此,通常只检测急减速断油和溢油消除两种功能。

1)急减速断油功能的检测

(1)起动并预热发动机。

(2)拔下节气门位置传感器线束插头,用一根导线将插头内与节气门位置传感器内急速开关相接的两个端子短接。

(3)慢慢踩下加速踏板,逐渐提高发动机转速,检查发动机转速是否在升高到1 700r/min后突然自行下降至1 200r/min,此后若踩住加速踏板不动,发动机转速在1 700~1 200r/min来回变化,即出现游车现象,说明急减速断油控制系统工作正常;否则,说明急减速断油功能不正常,应检查急速开关、发动机转速传感器及其线路。

2)溢油消除功能的检测

(1)拔下喷油器线束插头,将万用表两测笔接在喷油器线束插头两插孔内。

(2)将加速踏板踩到底,同时起动发动机,观察电压表指针,指针应无摆动,否则说明溢油消除功能失效,应检查节气门位置传感器及控制线路。

6.1.4 电控柴油发动机的检测与诊断

目前,柴油机燃油喷射系统和发动机管理系统的发展迅速,对使用者和维修者的要求也越来越高。以下在分析目前电控柴油机技术的基础上,结合先进的德国BOSCH EPS815柴油共轨试验台,对车用电控柴油发动机的综合性故障进行较为深入的检测诊断。

1. 柴油机电子控制系统(EDC)

柴油机的电子控制系统(EDC)可以使柴油机因工况不同而调整喷油参数,这就是电控柴油机能广泛应用在汽车上的原因。EDC的主要目标是节省燃料、降低排放(NO_x、CO、HC、颗粒物)和提高功率及增加转矩。

发动机管理系统主要包括以下方面:

(1)高的喷油压力。

(2)预喷射和二次喷射。

(3)喷油量、进气压力和喷油正时随工况而调节。

(4)起动时根据温度额外喷油。

(5)急速控制与发动机负荷分离。

(6)整个使用寿命内对喷油脉宽和喷油量的精确控制。

装有 EDC 的车辆驾驶员不再利用机械连接来控制发动机，ECU 根据不同工况计算喷油正时和喷油量。喷油量决定于一系列的参数，主要包括以下方面：

(1) 驾驶员意图。
(2) 发动机工况。
(3) 发动机温度。
(4) 排放要求等。

EDC 系统可以分成 3 个组成模块：

(1) 传感器及驾驶员操作信息负责检测发动机工况和设定值（操作开关）。其作用是把物理量转化成为电信号。

(2) ECU 根据开环或闭环控制算法处理传感器和驾驶员操作发送的信号。它向执行机构输出电子控制信号。

(3) 执行机构负责把电信号转化成机械动作。

2. EDC 系统的工作过程

1) 数据处理

EDC 的主要功能是控制喷油量和喷油时间。共轨燃油喷射系统还可以控制喷油压力。ECU 接收从传感器发来的信号，利用这些输入数据和存储的 MAP 图，微处理器计算出喷油时间和喷油脉宽。这些信息被转换成电信号，控制相应的执行器。

2) 燃油喷射控制

图 6-20 所示为各控制模块参与燃油喷射计算的顺序框图。

为了使发动机可以在所有的工况下都能获得最好的燃烧效果，ECU 必须计算所有工况下的喷油量。

(1) 起动喷油量。在起动时，喷油量是根据冷却液温度和曲轴转速的参数进行计算的。起动喷油量信号的产生是在转动点火开关的那一刻起直到曲轴转速达到预设的最小转速时止。

(2) 驾驶模式。当车辆处在正常行驶状态时，喷油量是根据加速踏板位置传感器和发动机转速（选择"驾驶"模式）的参数进行计算。计算过程中还要参考一些其他参数作出修正（例如燃料温度和进气温度等），这样才能使发动机的输出尽可能反映出驾驶员的意图。

(3) 怠速控制。怠速控制的作用是当加速踏板无动作时，使发动机在怠速工况下保持一定的稳定转速。这种控制随着发动机状态变化而变化。当发动机温度较低时，怠速转速就会比温度高时设定得高一些。还有一些特殊情况会使怠速转速更高一些，如车辆电源系统电压过低时、空调运转或是车辆正在空挡滑行时。

当要调整怠速转速时，怠速控制必须能满足发动机转速大幅波动的要求。因为发动机附件所需的输入功率将会大幅度变化。

当车辆电子系统电压过低时，发电机需要的功率比电压正常时要高得多。另外，转向助力泵以及喷油系统内的高压泵等负荷都是要考虑的。除了这些外部负载，怠速控制系统还需要补偿与发动机温度密切相关的内部摩擦阻力。

为了得到预期的怠速转速，ECU 连续不断地调节喷油量，直到发动机转速与设定转速一致为止。

(4) 喷油正时控制。喷油正时对动力输出、燃料燃烧、噪声以及排放都有很大影响。喷油正时取决于发动机转速、喷油量以及 ECU 中存储的 MAP 图，并根据环境温度或冷却液温度进行适当的调节。

制造和使用过程形成的误差、电磁阀的磨损都可能导致喷油正时发生变化。随着持续的使用,喷嘴和基座的配合也会产生变化。燃料的密度和温度也会对喷油正时产生影响。这些影响必须要考虑,要有效地控制进行补偿,这样才能满足排放法规。

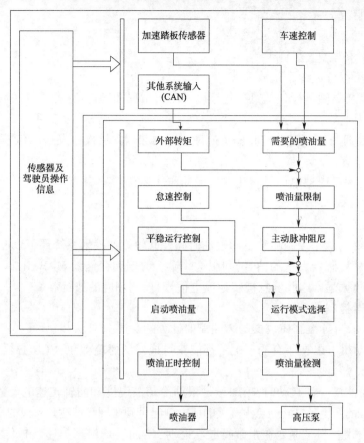

图6-20 燃油喷射控制系统框图

(5)压力波修正。喷油动作必然会在喷嘴和共轨系统的油轨间引起压力波脉冲。这种压力波脉冲会在一个燃烧循环内对后续的喷油动作(预喷射、主喷射、二次喷射)产生影响。后续喷油误差受到很多因素的影响,如前次喷油量、喷油间隔、轨道压力和燃油温度。而ECU可以根据一定的算法综合这些因素计算出合理的修正值。

(6)最高转速控制。最高转速控制保证发动机不会以过高的速度运转。为了防止发动机损坏,发动机仅能在超过最高转速时运行很短的时间。

在超过额定功率时,最高转速控制系统会持续减少喷油量,直至达到最大转速时完全停止喷油。为了使发动机运行更平顺,ECU控制的停止喷油过程不会突然开始。

(7)限速装置。车辆限速装置(也被称为限速器)可以在驾驶员持续踏下加速踏板时限制最高车速。

(8)海拔高度补偿。随着海拔高度的增加,大气压力会逐渐降低,因此,发动机的进气量也会随之减少。这就意味着喷油量也要相应地减少,否则将会由于不完全燃烧而冒黑烟。为了实现这种海拔高度补偿功能,ECU通过大气压力传感器来测量空气压力。这就使喷油量可以在高海拔地区相应减少。大气压力的测量对增压压力控制和转矩控制也有一定的作用。

(9)停缸技术。如果发动机高速运转时所需转矩不大,则这时需要的喷油量很小。在这种情况下,停缸技术可以起到减小转矩的作用。这种技术可以使一半的喷油器关闭。剩余的喷油器则喷出较多燃料,以利于精确计量。

喷油器开启或关闭时,ECU会根据特殊的算法保证转矩输出的稳定。

(10)停机。由于柴油机是压燃式的,所以想让其停机只需要切断燃料供应。

装备EDC的柴油机停机时,只需要ECU不再发出喷油的信号就可以了。

3. EDC系统的综合故障诊断

1) 故障逻辑分析

逻辑分析法是利用事物的各种已知条件,根据事物之间内在的相互关系,对未知事物的结果进行推理判断的一种科学分析方法。在汽车的故障诊断中同样可以采用逻辑分析法。汽车的某些故障现象一定与产生这种故障的原因有着某种必然的联系。虽然这种联系从表面上看未必能够一眼看出来,但是通过深入有序的分析,结合德国BOSCH EPS815柴油共轨试验台,最终一定能够根据故障现象推理出所需结果,找到引发故障的原因(图6-21)。

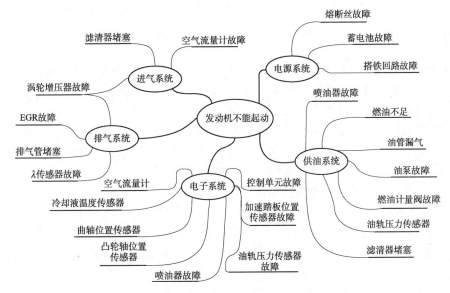

图6-21 柴油发动机故障诊断逻辑图

2) 发动机不能起动的诊断与修复

一台发动机型号为GW2.8TC的柴油车无法起动,故障指示灯点亮。经初步检查,蓄电池、起动机工作正常。使用解码器读出的故障代码为P0251,代码含义:进油计量比例阀线圈开路。通过使用示波器等仪器,对线圈、线路进行检查后确定进油计量比例阀线圈开路,需更换;再按操作规程完成执行器总成的更换、检测,维修质量应符合技术要求。

3) 发动机怠速不稳的诊断与修复

一台发动机型号为GW2.8TC的柴油车怠速不稳、抖动,故障指示灯点亮。使用解码器读出的故障代码为P0201,代码含义:一缸喷油器控制线路开路。通过使用示波器等仪器,对线圈、线路的检查后确定ECU A47脚至喷油器1号脚线路开路,需按规程完成线路的检测和维修,操作应符合技术规范。

4) 发动机加速无力的诊断与修复

一台发动机型号为GW2.8TC的柴油车发动机加速无力,故障指示灯点亮。使用解码器读出的故障代码为P0100,代码含义:空气流量计测得的未经修正的空气质量流量信号过大或过小(连线断路或短路)。通过使用示波器等仪器,对线圈、线路检查后,确定空气流量计3号脚与ECU A37号脚线路开路,需按操作规程完成线路的检测和维修。

5)发动机冒黑烟的诊断与修复

一台发动机型号为GW2.8TC的柴油车发动机冒黑烟,动力不足。经解码器检查无故障代码;然后,根据故障现象,通过故障逻辑分析法,使用示波器、解码器等检测仪器,对系统的传感器、执行器的运行数据及波形进行分析,最终确定故障为真空调节器柱塞卡滞,EGR阀无法完全关闭,形成上述故障现象,需按操作规程完成执行器维修、检测,维修。

6.2 电子控制自动变速器的检测与诊断

电子控制自动变速器维修工作中的检测与诊断,一般可分为修前检测和修后检测。修前检测是从诊断故障和确定修理部位出发,在车上作必要的检查测量;修后检测是为了检查修后质量是否达到技术性能指标而进行的检测,一般应在专用的台架上或道路上进行。

6.2.1 电子控制自动变速器检测与诊断的原则

(1)分清故障部位。分清故障是由发动机电子控制系统还是由自动变速器液压控制系统、电子控制系统引起的,或是机械系统(液力变矩器或行星齿轮机构)引起的。只有分清了故障部位,才能有针对性地去查找故障根源,少走弯路。

(2)坚持先易后难、逐步深入的原则。按故障的难易程度,先从最简单、最容易检查的部位入手,如开关、拉杆、自动变速器油状况等;从那些最易于接近的部位、易被忽视的部位和影响较大的因素开始;最后再深入到实质性故障。

(3)区分故障的性质。自动变速器故障是机械部分的,还是液压系统的,或是电子控制系统的;是只需维护就可排除,还是需要拆卸自动变速器彻底修理才能排除。

(4)充分利用自动变速器各检验项目(基础检验、手动换挡试验、液压试验、失速试验、时滞试验、电液控制系统工作过程检验),为查找故障提供思路和线索。通过这些检验项目的检测,一般可以发现自动变速器的故障所在。

(5)充分利用电子控制自动变速器的故障自诊断功能。电子控制自动变速器的电控单元(ECU)内部有一个故障自诊断电路,它能在汽车行驶过程中不断地监测自动变速器控制系统各部分的工作情况,并能检测出控制系统中的大部分故障,将故障以代码的形式记录在ECU中。维修人员可以按照特定的方法将故障代码从ECU中读出,为自动变速器控制系统的检修和故障诊断提供依据。

(6)必须在拆检之后才能确诊的故障,应是故障诊断的最后步骤。因为电子控制自动变速器一般是不允许轻易分解的。

(7)在进行检测与诊断前,应先阅读有关故障检测指南、使用说明书和该车型的自动变速器维修手册,掌握必要的结构原理图、油路图、电子控制系统电路图等有关技术资料。

6.2.2 电子控制自动变速器故障检测与诊断程序

电子控制自动变速器故障检测与诊断的基本程序如图6-22所示。

6.2.3 电子控制自动变速器故障检测与诊断的准备工作

电子控制自动变速器故障检测与诊断的准备工作主要包括故障征兆的确认、读取故障

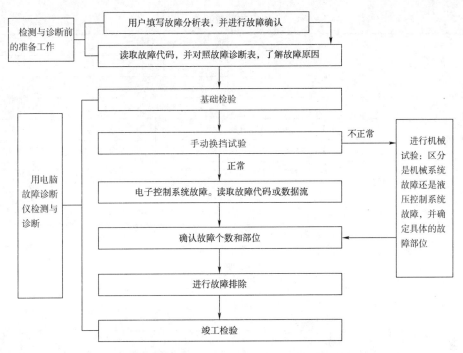

图 6-22 电子控制自动变速器故障检测与诊断程序

代码和查看故障诊断表等三项内容。

1. 电子控制自动变速器故障征兆的确认

在诊断有故障的自动变速器之前要请用户详细填写用户故障分析表(表 6-8),并详细询问故障情况。在此基础上模拟重现故障征兆,通过模拟加以确认,这是非常重要的。因为有时用户分辨不清是故障征兆还是正常现象,有的故障征兆并不能时时出现,要通过多次模拟试验才会重现并确认。另外,用户对故障的了解和描述可能并不完整,只有通过维修人员模拟试验才能最后确认是否有故障,有哪些故障征兆。

2. 读取故障代码

现代汽车电子控制自动变速器都具有故障自诊断功能,一旦系统出现故障,在 ECU 中将存储一个相应的故障代码,以便于对故障的检测和诊断,通过故障代码的读出,维修人员可以初步判断出故障所在的系统。若无故障代码,则可初步判断出故障部位不在电子控制系统而在液压控制系统、机械系统或其他部位。不同公司电子控制自动变速器的故障代码读取方法及含义不同,可用检测仪调取,也可用人工方法读取。用检测仪读取故障代码的方法与微机控制发动机类似,下面介绍丰田汽车电子控制自动变速器故障代码的人工读取方法。

在读取故障代码之前,应先检查汽车蓄电池电压是否正常,以防止蓄电池电压过低而导致电子故障自诊断电路工作不正常。然后按下述方法读出故障代码。

(1)将点火开关置于"ON"位置,但不要起动发动机。

(2)按下换挡操纵手柄上的超速(O/D)挡开关,使之置于"ON"位置。丰田轿车是以仪表板上的超速挡指示灯(O/D OFF 指示灯)作为电子控制自动变速器控制系统的故障指示灯的。若超速挡开关置于"ON"位置时,打开点火开关或在汽车行驶中仪表板上的"O/D OFF"指示灯不停地闪烁,则说明自动变速器的电子控制系统有故障。在读取故障代码时,不要将超速挡开关置于"OFF"位置,否则"O/D OFF"指示灯将一直亮着,无法读取故障代码。

用户故障分析表　　　　　　　　　　　　　表 6-8

用户姓名		登记号	
		登记年月日	
		车架号	
送修日期		里程表读数	km
故障发生的情况	发生故障日期		
	多长时间发生一次故障	□连续　□间断(　　次/天)	
故障次数	□车辆不行驶(□任何挡位　□特定挡位)		
	□无上行换挡(□1挡-2挡　□2挡-3挡　□3挡-超速挡)		
	□无下行换挡(□超速挡-3挡　□3挡-2挡　□2挡-1挡)		
	□驻车锁定故障		
	□换挡点过高或过低		
	□接合不柔和(□空挡-超速挡　□锁定　□任何挡位)		
	□滑移或打颤		
	□无自动跳合		
	□无模式选择		
	□其他		
其他项目	检查故障指示灯	□正常　□保持点亮	
代码检查	第1次	□正常代码　□故障代码(代码)	
	第2次	□正常代码　□故障代码(代码)	

(3) 打开位于发动机附近的电子故障检测插座罩盖,依照罩盖内所注明的各插孔名称,用一根诊断跨接线将 TE_1(故障自诊断触发端)和 E_1(接地)两插孔相连接。

(4) 根据仪表板上的自动变速器故障指示灯(O/D OFF 指示灯)的闪亮规律读取故障代码。

若自动变速器控制系统工作正常,ECU 内没有故障代码,则 O/D OFF 指示灯以 2 次/s 的频率连续闪亮;若自动变速器 ECU 内存有故障代码,则 O/D OFF 指示灯以 1 次/s 的频率闪亮,并将两位数故障代码的十位数和个位数先后用 O/D OFF 指示灯的闪亮次数表示出来。

(5) 读取所有的故障代码后,从故障检测插座上拔下诊断跨接导线,并将点火开关转置 OFF 位置。

(6) 对照故障代码表确定故障原因。

3. 查看故障诊断表

尽管各大汽车公司的电子控制自动变速器在结构上不尽相同,即使同一公司的不同产品也有区别,但自动变速器的故障种类是有限的,造成每种故障的原因也有一定范围,特别是对于一些常见故障。通过查看常见故障诊断表可以大大缩小故障范围,减少故障检测与诊断的时间,提高故障检测与诊断的效率。表 6-9 ~ 表 6-11 给出了丰田汽车电子控制自动变速器(A340E 型)的故障诊断表,供参考(表中数字为检测顺序)。

就车检修故障诊断表　　　　　　　　　　　　　　　　　　表6-9

故障现象 \ 故障部位	1 停车机构	2 低挡滑行调节阀	3 1-2换挡阀	4 2-3换挡阀	5 2挡滑行调节阀	6 蓄压缓冲器控制阀	7 节气门阀	8 锁定延时阀	9 初级调节阀	10 1号电磁阀	11 2号电磁阀	12 3号电磁阀	13 C_1蓄压缓冲器	14 C_2蓄压缓冲器	15 B_2蓄压缓冲器	16 B_3蓄压缓冲器	17 手动阀	18 3-4换挡阀	19 电控单元ECU	20 卸下变速器检修
汽车不能前进																				1
汽车不能倒车																				1
汽车既不能前进也不能倒车	4						3		1								2			5
不能升挡 1→2			1							2	3									4
不能升挡 2→3			1							2	3									4
不能升挡 3→4										2	3							1		4
不能降挡 4→3									2									1		3
不能降挡 3→2					1															3
不能降挡 2→1			1								2									3
换挡点太高或太低																			1	
超速开关OFF时从3挡升入4挡																			1	
换挡冲击大 N→R														2						1
换挡冲击大 N→D																				1
换挡冲击大 N→L			1																	2
换挡冲击大 1→2(D位置)						2									3					1
换挡冲击大 1→2(2位置)						2									3					1
换挡冲击大 1→2→3→4								1	2											1
换挡冲击大 2→3						2									3					1
换挡冲击大 3→4						2									3					1
换挡冲击大 4→3														2						1
换挡冲击大 3→2																				1
打滑 前进和倒退																				2
打滑 R位置																				1
打滑 1挡																				1
打滑 2挡																				1
打滑 3挡																				1
打滑 4挡																				1
无发动机制动 1挡(L位置)			1																	2
无发动机制动 2挡(2位置)					1															2
不会强迫降挡			1	1						2	2									
加速性能差								2	1											
锁止离合器不能锁定							2				1									3

卸下变速器检修故障诊断表　　　表 6-10

故障现象 \ 故障部位	1 液力变矩器	2 油泵	3 超速挡制动器 B_0	4 2挡滑行制动器 B_1	5 2挡制动器 B_2	6 低倒挡制动器 B_3	7 超速离合器 C_0	8 前进离合器 C_1	9 直接离合器 C_2	10 超速单向离合器 F_0	11 1号单向离合器 F_1	12 2号单向离合器 F_2	13 前行星齿轮	14 后行星齿轮
汽车不能前进								1						
汽车不能倒车						2		1						
汽车既不能前进也不能倒车	1	2								5			3	4
不能升挡　1→2					1						2			
2→3								1						
3→4				1										
不能降挡　4→3								1						
3→2					1						2			
2→1												1		
N→R						2		1						
N→D								1						
N→L						1								
换挡冲击大　1→2(D位置)					1						1			
1→2(2位置)					1	2					3			
2→3								1						
3→4				1										
4→3							1							
3→2												1		
打滑　前进和倒退	1	2								3				
R位置						2			1	3				
1挡										1		2		
2挡					1						2			
3挡								1						
4挡				1										
无发动机制动　1挡(L位置)						1								
2挡(2位置)				1										
加速性能差	1	2												
锁止离合器不能锁定	1													

丰田 A340E 型电子控制自动变速器电子线路故障诊断表　　表 6-11

故障现象		节气门位置传感器电路	1、2号电磁阀电路	3号电磁阀电路	4号电磁阀电路	1号车速传感器电路	2号车速传感器电路	O/D挡转速传感器电路	自动跳合开关电路	停车灯开关电路	O/D开关指示灯电路	O/D解除信号电路	冷却液温度传感器电路	电控单元ECU	就车修理一览表	拆下变速器修理一览表
车辆不能在任何前进挡或倒挡行驶															1	2
车辆不能在特定的一个或几个挡位行驶															1	2
无上行换挡	1→2	2	1			3	3							6	4	5
	2→3	2	1			3	3						6	7	5	4
	3→O/D	3	2			4	5			1	6	7	10	8	9
无下行换挡	O/D→3	2	3			4	4	5		1				7	6
	3→2	1	2			3	3							6	5
	2→1	1	2			3	3							7	5	4
无锁定		2		1		4	4			3			6	9	7	8
无锁定解除		1		2		4	4			3				7	5	8
换挡点太高或太低		1				2	3							4		
在 L 挡位上行至 2 挡或 3 挡														2		
O/D 在 OFF 位置但由 3 挡上行至 O/D 挡											1					
接合不柔和	N→D	1			2									5	3	4
	锁定	1		2			3							7	5	6
	任何挡位	1			2	3	4							7	5	6
滑移或打颤	前进挡和倒挡														1	2
	特定挡位														1	2
无发动机制动															1	2
加速不良		1													3	2
无自动跳合		2	3												5	4
起动或停车时振动大或发动机失速			2							1					4	3

4. 清除故障记忆代码

在点火开关 OFF 情况下,拆 EFI 熔断丝 10s 以上。

6.2.4　电子控制自动变速器的性能检测

电子控制自动变速器的性能检测是判断电子控制自动变速器故障的基础。电子控制自动变速器的故障往往可以通过相应的性能检测判断出故障类型和故障所在部位。电子控制自动变速器的性能检测内容可分为基础检验、手动换挡试验和机械试验(机械试验又包括液压试验、失速试验、时滞试验、道路试验和液力变矩器试验)等三个项目。电子控制自动变速器性能检测的目的是发现故障部位,以确定维修方法。

1. 电子控制自动变速器的基础检验

自动变速器的油位不当、油质不佳、联动机构调节不当及发动机怠速不正常,是引起自动变速器故障的最常见原因。通常把对这些部件的检查与重新调整,叫作自动变速器的基础检验。无论具体故障是什么,这种基础检验总是要进行,而且也是首先要进行的。电子控制自动变速器基础检验的目的是检验自动变速器是否具备正常工作的能力。基础检验中的检查和调整项目包括:油面检查、油质检查、液压控制系统漏油检查、节气门拉索检查和调整、换挡操纵手柄位置检查和调整、空挡起动开关检查、超速挡(O/D)开关的检查和发动机怠速检查等。基础检验的前提条件是:发动机工作正常、底盘性能良好,特别是汽车制动系统正常。

1)自动变速器油面高度检查

在做任何自动变速器检测或故障诊断前,要首先进行油面高度检查,其方法如下。

(1)将汽车停放在水平地面上,并拉紧手制动,让发动机怠速运转(至少1min)。

(2)踩住制动踏板,将换挡操纵手柄拨至倒挡(R位)、前进挡(D位)、前进低挡(S、L或2、1位)等位置,并在每个挡位上停留数秒,使液力变矩器和所有换挡执行元件中都充满自动变速器油。最后将操纵手柄拨至停车挡(P位)位置。

(3)从加油管内拔出油尺,擦净后插入加油管内再拔出,检查油尺上的油面高度。

如果自动变速器处于冷态(即冷车刚刚起动,自动变速器油的温度较低,为室温或低于25℃),油面高度应在油尺刻线的下限附近;如果自动变速器处于热态(如低速行驶5min以上,自动变速器油温度已达70~80℃),油面高度应在油尺刻线的上限附近。

若油面过低,应向加油管中补充自动变速器油,直至油面高度符合标准为止。继续运转发动机,检查自动变速器油底壳、油管接头等处有无漏油。如有漏油,应立即予以修复。

2)自动变速器油品质检查

自动变速器油的状态是自动变速器工作状态的集中反映,故应经常观察自动变速器油的颜色和气味的变化,并据此判断自动变速器油品质好坏和能否继续使用。在检查自动变速器油时,从油尺上闻一闻油液的气味,用手指蘸少许油液并在手指间互相摩擦看是否有渣粒。自动变速器油的状态与常见故障原因见表6-12。

自动变速器油状态与常见故障原因 表6-12

油液状态	原因及处理方法
透明、呈粉红色	正常
颜色发白、浑浊	水分已进入油中,应检查密封件,特别是处于散热器下水室内的油冷却器是否锈蚀腐烂
黑色、发稠,油尺上粘有胶质油膏	变速器油温过高
变成深褐色、棕色	1.油液使用时间过长,应及时更换;2.长期高负荷运转,或某些部件打滑、损坏,引起变速器过热
有金属屑或黑色颗粒	离合器片、制动带、单向离合器磨损严重
油液有烧焦味	1.油温过高,油面过低;2.油冷却器、滤清器或管路堵塞
油液从加油管溢出	1.油面过高;2.通气塞脏污、堵塞,需清洁、通气

油温是影响自动变速器油和自动变速器使用寿命的重要因素。而影响油温的主要原因有液力变矩器故障,离合器、制动器打滑或分离不彻底,单向离合器打滑及油冷却器堵塞等。油温过高将使油液黏度下降,性能变坏,产生油膏沉淀物和积炭,堵塞细小量孔,阻滞控

制滑阀,降低润滑冷却效果,破坏密封件等,最终导致故障(顺便指出,自动变速器壳体上的通气管一定要保持畅通,防止泥污堵塞,以利自动变速器内气压平衡)。

3) 液压控制系统漏油检查

液压控制系统的各连接处都有油封和密封垫,这些部位是经常发生漏油的地方。液压控制系统漏油会引起油路压力下降及油位下降(是换挡打滑和延迟的常见原因)。

4) 节气门拉索的检查与调整

节气门开度影响着自动变速器的换挡时间,发动机熄火后,节气门应全闭,当加速踏板踩到底时,节气门应全开。节气门拉索的索芯不应松弛,索套端和索芯上限位杆之间的距离应在0~1mm之间,其检查与调整方法如下。

(1) 推动加速踏板连杆,检查节气门是否全开,如果节气门不能全开,则应该调整加速踏板连杆。

(2) 将加速踏板踩到底,将调整螺母拧松。

(3) 调整节气门拉索,拧动调整螺母,使索套端和索芯上限位杆之间的距离为0~1mm。

(4) 拧紧调整螺母,重新检查调整情况。

5) 空挡起动开关的检查

发动机应只能在空挡(N)和停车挡(P)时起动,其他挡位时不能起动。若有异常,应调节空挡起动开关螺栓和开关电路,其方法如下。

(1) 松开空挡起动开关螺栓,将换挡操纵手柄放到N位置。

(2) 将槽口对准空挡基准线,定住位置并拧紧空挡起动开关螺栓。

6) 发动机怠速检查

发动机怠速不正常,特别是怠速过高,会使自动变速器工作不正常,出现换挡冲击等现象。检查发动机怠速时应将自动变速器换挡操纵手柄置于停车挡(P)或空挡(N)位置。通常装有电子控制自动变速器的汽车发动机怠速为750r/min,怠速过高或过低均应调整。

7) 超速挡(O/D)控制开关的检查

电子控制自动变速器的电子控制系统具有故障自诊断功能,它可以通过超速挡指示灯"O/D OFF"予以警告。此项检查,必须在蓄电池电压正常时方可进行,否则将会引起故障自诊断系统误诊断。

检查时,首先将点火开关置于"ON"位置,同时接通超速挡(O/D)主开关,仪表板上的超速挡指示灯"O/D OFF"应熄灭。若超速挡指示灯"O/D OFF"闪烁,则表明控制系统有故障。此时,可根据维修手册中给出的方法读取故障代码,并根据该车型的故障代码表查出故障原因。

2. 电子控制自动变速器的手动换挡试验

为确定故障存在部位,区分故障是机械系统、液压控制系统还是电子控制系统引起的,应当进行手动换挡试验,这是在读取故障代码和完成基础检验之后首先要进行的试验项目。

所谓手动换挡试验就是将电子控制自动变速器的所有换挡电磁阀的线束插头全部脱开,由测试人员手动进行各挡位的试验,此时ECU不能通过换挡电磁阀来控制换挡,自动变速器的挡位取决于换挡操纵手柄的位置。不同车型的电子控制自动变速器,在脱开换挡电磁阀线束插头后,挡位和换挡操纵手柄的关系都不完全相同。丰田轿车各种电子控制自动变速器在脱开换挡电磁阀线束插头后的挡位和换挡操纵手柄的关系如表6-13所列。

手动换挡时挡位和操纵手柄的关系表　　　　表 6-13

操纵手柄位置	挡位	操纵手柄位置	挡位
P	停车挡	D	超速挡
R	倒挡	2	3 挡
N	空挡	L	1 挡

手动换挡试验的步骤如下：

(1) 脱开电子控制自动变速器的所有换挡电磁阀线束插头。

(2) 起动发动机，将换挡操纵手柄拨至不同位置，然后做道路试验(也可以将驱动轮悬空，进行台架试验)。

(3) 观察发动机转速和车速的对应关系，以判断自动变速器所处的挡位。不同挡位时发动机转速和车速的关系可以参考表 6-14。由于液力变矩器的减速作用与传递的转矩有关，因此表 6-14 中的车速只能作为参考，实际车速将随着行驶中节气门开度的不同而产生一定的变化。

自动变速器不同挡位时发动机转速和车速的关系　　　　表 6-14

挡位	发动机转速 (r/min)	车速 (km/h)	挡位	发动机转速 (r/min)	车速 (km/h)
1 挡	2 000	18～22	3 挡	2 000	50～55
2 挡	2 000	34～38	超速挡	2 000	70～75

(4) 若换挡操纵手柄位于不同位置时自动变速器所处的挡位与表 6-13 相同，则说明电子控制自动变速器的阀板及换挡执行元件基本上工作正常；否则，说明阀板或换挡执行元件有故障。

(5) 试验结束后，接上所有换挡电磁阀的线束插头。

(6) 清除 ECU 中的故障代码，防止因脱开换挡电磁阀线束插头而产生的故障代码储存在 ECU 中影响故障自诊断系统的工作。

若每一挡动作都正常，则说明故障出在电子控制系统；若有某一挡动作异常，则说明故障是机械或液压部分引起的，应进行机械试验。

3. 机械试验

电子控制自动变速器的机械试验内容包括液压试验、失速试验、时间滞后(时滞)试验、液力变矩器试验和道路试验等。机械试验是在进行基础检验、手动换挡试验后确认是机械系统和液压控制系统故障后进行的试验，目的是区分故障是机械系统引起的，还是液压系统引起的，并同时诊断出故障的具体部位。下面分别叙述机械试验中 5 个试验项目的作用、试验方法和试验结果分析。

1) 液压试验

液压试验是在自动变速器工作时，通过测量液压控制系统各回路的压力来判断各元件的功能是否正常，目的是检查液压控制系统各管路及元件是否漏油及各元件(如液力变矩器、蓄压器等)是否工作正常，是判别故障在液压控制系统还是在机械系统的主要依据。

(1) 液压试验前的准备。

① 汽车行驶至发动机及自动变速器达到正常工作温度。

② 将车辆停放在水平地面上，检查自动变速器的油面高度。如不正常，应予以调整。

③准备一个量程为2MPa的压力表。

④找出自动变速器各个油路的测压孔位置。通常在自动变速器外壳上有几个用方头螺塞堵住的测压孔。可用举升器将汽车升起,在发动机运转时分别将各个测压孔螺塞松开少许,观察各测压孔在换挡操纵手柄位于不同挡位时是否有压力油流出,以此判断该测压孔与哪一油路相通,从而找出各个油路测压孔的位置,具体方法如下。

a. 不论换挡操纵手柄位于前进挡或倒挡时都有压力油流出的,则为主油路测压孔;

b. 只有换挡操纵手柄位于前进挡时才有压力油流出的,则为前进挡油路测压孔;

c. 只有换挡操纵手柄位于倒挡时才有压力油流出的,则为倒挡油路测压孔。

(2)主油路油压测试方法。

测试主油路油压时,应分别测出前进挡和倒挡的主油路油压。

①前进挡主油路油压测试方法。

a. 拆下自动变速器壳体上的主油路测压孔或前进挡油路测压孔螺塞,接上油压表;

b. 起动发动机,将换挡操纵手柄拨至前进挡(D)位置;

c. 读出发动机怠速运转时的油压,该油压即为怠速工况下的前进挡主油路油压;

d. 用左脚踩紧制动踏板,同时用右脚将加速踏板完全踩下,在失速工况下读取油压,该油压即为失速工况下的前进挡主油路油压;

e. 将换挡操纵手柄拨至空挡(N)或停车挡(P)位置,让发动机怠速运转1min以上;

f. 将换挡操纵手柄拨至各个前进低挡(S、L或2、1)位置,重复上述a~e步骤,读出各个前进低挡在怠速工况和失速工况下的主油路油压。

②倒挡主油路油压测试方法。

a. 拆下自动变速器壳体上的主油路测压孔或倒挡油路测压孔螺塞,接上油压表;

b. 起动发动机,将换挡操纵手柄拨至倒挡(R)位置;

c. 在发动机怠速运转工况下读取油压,该油压即为怠速工况下的倒挡主油路油压;

d. 用左脚踩住制动踏板,同时用右脚将加速踏板完全踩下,在发动机失速工况下读取油压,该油压即为失速工况下的倒挡主油路油压;

e. 将换挡操纵手柄拨至空挡(N)位置,让发动机怠速运转1min。

将测得的主油路油压与标准值进行比较。不同车型自动变速器的主油路油压不完全相同。表6-15所列为几种常见车型自动变速器主油路油压标准值。若主油路油压不正常,说明油泵或控制系统有故障。表6-16列出了主油路油压不正常的可能原因。

几种常见进口车型自动变速器主油路油压标准　　　　表6-15

车型	自动变速器型号	发动机型号	操纵手柄位置	主油路油压(kPa)	
				怠速工况	失速工况
丰田 HLACE	A45DL	1RZ、2RZ	D	353~402	1 030~1 196
			R	500~569	1 422~1 785
		2L、3L	D	343~431	1 098~1 294
			R	451~657	1 471~1 863
		2RZ-E	D	441~500	990~1 167
			R	667~745	1 471~1 863
丰田 PREVLA	A46DE	2TZ-FE	D	363~402	1 040~1 304
			R	500~559	1 402~1 863

续上表

车 型	自动变速器型号	发动机型号	操纵手柄位置	主油路油压(kPa) 怠速工况	主油路油压(kPa) 失速工况
丰田 CROWN	A340E	2JZ-GE	D	363~422	902~1 147
丰田 CROWN	A340E	2JZ-GE	R	500~598	1 236~1 589
丰田 CROWN	A42DL	1G-FE	D	353~402	1 030~1 196
丰田 CROWN	A42DL	1G-FE	R	500~569	1 422~1 785
丰田 CORONA	A240E	4A-FE	D	373~422	903~1 050
丰田 CORONA	A240E	4A-FE	R	550~707	1 412~1 648
丰田 CORONA	A241E	3S-FE	D	373~422	903~1 050
丰田 CORONA	A241E	3S-FE	R	638~795	1 560~1 893
丰田 CORONA	A241L	2C	D	373~422	824~971
丰田 CORONA	A241L	2C	R	647~794	1 422~1 755
丰田 CAMRY	A540E	3VZ-FE	D	353~412	992~1 040
丰田 CAMRY	A540E	3VZ-FE	R	637~745	1 608~1 873
凌志 LS400	A341E、A342E	1UZ-FE	D	382~441	1 206~1 363
凌志 LS400	A341E、A342E	1UZ-FE	R	579~657	1 638~1 863
尼桑	L4N71B	VG30E、VG30S	D	314~373	1 157~1 275
尼桑	L4N71B	VG30E、VG30S	R	549~686	2 187~2 373
尼桑	L4N71B	LD28	D	382~481	1 020~1 196
尼桑	L4N71B	LD28	R	726~824	1 922~2 079
宝马 BM	ZF4HP22/EH	325e、524td 528e 系列	D	588~735	—
宝马 BM	ZF4HP22/EH	325e、524td 528e 系列	R	1 078~1 274	—
宝马 BM	ZF4HP22/EH	535i、635esi 735i 系列	D	588~735	
宝马 BM	ZF4HP22/EH	535i、635esi 735i 系列	R	1 470~1 666	
克莱斯勒	AW-4	—	D	421~481	1 196~1 442
克莱斯勒	AW-4	—	R	519~618	1 471~1 814

主油路油压不正常的原因 表 6-16

工 况	测试结果	故 障 原 因
怠速	所有挡位的主油路油压均太低	油泵故障 主油路调压阀卡死 主油路调压阀弹簧太软 节气门拉索或节气门位置传感器调整不当 节气门阀卡滞 主油路泄漏
怠速	前进挡和前进低挡的主油路油压均太低	前进离合器活塞漏油 前进挡油路泄漏
怠速	前进挡的主油路油压正常 前进低挡的主油路油压太低	1挡强制离合器或2挡强制离合器活塞漏油 前进低挡油路泄漏

续上表

工况	测试结果	故障原因
怠速	前进挡的主油路油压正常 倒挡主油路油压太低	倒挡及高挡离合器活塞漏油 倒挡油路泄漏
怠速	所有挡位的主油路油压均太高	节气门拉索或节气门位置传感器调整不当 主油路调压阀卡死 节气门阀卡滞 主油路调压阀弹簧太硬 油压电磁阀损坏或线路故障
失速	稍低于标准油压	节气门拉索或节气门位置传感器调整不当 油压电磁阀损坏或线路故障 主油路调压阀卡死或弹簧太软
失速	明显低于标准油压	油泵故障 主油路泄漏

(3) 油压电磁阀工作的测试。

电子控制自动变速器常采用油压电磁阀来控制主油路油压或减振器背压。这种自动变速器可以在液压试验中人为地向油压电磁阀施加电信号,同时测量油路油压的变化,以检查油压电磁阀的工作是否正常。不同车型的电子控制自动变速器的油压电磁阀的工作原理不完全相同,其检测方法也不一样。下面以丰田凌志 LS400 轿车用 A341E 和 A342E 型电子控制自动变速器为例,说明测试油压电磁阀工作的方法,其他车型也可以参考。

① 将油压表接至自动变速器减振器背压的测压孔;
② 对照电路图,找出自动变速器 ECU 线束插头上油压电磁阀控制端的端子,将一个 8W 灯泡的一端与油压电磁阀控制端的端子连接;
③ 将汽车停放在地面上,拉紧手制动,并用三角木块将 4 个车轮塞住;
④ 起动发动机,检查并调整好发动机怠速;
⑤ 踩住制动踏板,将换挡操纵手柄挂入前进挡(D)位置;
⑥ 读出此时的减振器背压,其值应大于零;
⑦ 将连接油压电磁阀的 8W 灯泡接地时,油压电磁阀将通电开启,此时减振器背压应下降为零。如有异常,说明油压电磁阀工作不良。

(4) 速控油压的测试。

(5) 节气门控油压的测试。

2) 失速试验

在前进挡或倒挡中踩住制动踏板并完全踩下加速踏板时,发动机处于最大转矩工况,而此时自动变速器的输出轴及输入轴都静止不动,液力变矩器的涡轮也因此静止不动,只有液力变矩器壳体及泵轮随发动机一同转动,这种工况称为失速工况,此时的发动机转速称为失速转速。失速试验是检查发动机功率大小、液力变矩器性能好坏及自动变速器中有关换挡执行元件的工作是否正常的一种常用方法。用来诊断可能的机械故障部位,如离合器、制动器的磨损情况等。

(1) 失速试验前的准备工作。

① 让汽车行驶至发动机和自动变速器均达到正常工作温度;

②检查汽车的脚制动和手制动,确认其性能良好;
③检查自动变速器油面高度,应正常。
(2)失速试验方法和步骤。
①将汽车停放在宽阔的水平地面上,前后车轮用三角木块塞住;
②拉紧驻车制动器或脚制动器;
③检查自动变速器的油温,应该在 50~80℃,油面高度应该正常(冷车应在试验前使其升温);
④起动发动机,将换挡操纵手柄拨入前进挡(D)位置;
⑤在左脚踩紧制动踏板的同时,用右脚将加速踏板踩到底,在发动机转速不再升高时,迅速读取此时的发动机转速,立即松开加速踏板;
⑥将换挡操纵手柄拨入停车挡(P)或空挡(N)位置,让发动机怠速运转 1min,以防止油温过高而变质;
⑦将换挡操纵手柄拨入其他挡位(R、S、L 或 2、1),做同样的试验。

由于在失速工况下,发动机的动力全部消耗在液力变矩器内自动变速器油的内部摩擦损耗上,油温会急剧上升,因此在失速试验中,从加速踏板踩下到松开整个过程的时间不得超过 5s,试验次数不得多于 3 次,否则会使自动变速器油因温度过高而变质,甚至损坏密封圈等零件。在一个挡位的试验完成之后,不要立即进行下一个挡位的试验,要等油温下降之后再进行。试验结束后不要立即熄灭发动机,应将换挡操纵手柄拨入空挡(N)或停车挡(P)位置,让发动机怠速运转数分钟,以便让自动变速器油温度降至正常。如果在试验中发现驱动轮因制动力不足而转动,应立即松开加速踏板,停止试验。

不同车型的自动变速器都有其失速转速标准值(表 6-17)。大部分自动变速器的失速转速标准值为 2 300r/min 左右。若失速转速与标准值相符,说明自动变速器的油泵、主油路油压及各个换挡执行元件的工作基本正常;若失速转速高于标准值,说明主油路油压过低或换挡执行元件打滑;若失速转速低于标准值,则可能是发动机动力不足或液力变矩器有故障。例如当液力变矩器中的导轮单向超越离合器打滑时,液力变矩器在液力耦合的工况下工作,其变矩比下降,从而使发动机的负荷增大,转速下降。不同挡位失速转速不正常的原因如表 6-18 所列。

几种常见进口车型自动变速器的失速转速　　　　　　表 6-17

车　型	自动变速器型号	发动机型号或排量	失速转速(r/min)
丰田 HIACE	A45DL	2L	1 950~2 250
		3L、1RZ、2RZ	2 100~2 400
		2RZ-E	2 150~2 450
丰田 PREVIA	A46DE、A46DF	2TZ-FE	2 450~2 750
丰田 CROWN	A340E	2JZ-GE	2 300~2 600
	A42DL	1G-FE	2 200~2 500
丰田 CORONA	A240E、A241E	4A-FE、3S-FE	2 200~2 500
丰田 CAMRY	A540E	3VZ-FE	2 250~2 550
凌志 LS400	A341E、A342E	1UZ-FE	2 050~2 350
马自达 929	R4A-EL	JE	1 950~2 250

续上表

车　型	自动变速器型号	发动机型号或排量	失速转速(r/min)
马自达626	F3A		2 200～2 450
尼桑	L4N71B	VG30E、VG30S	2 300～2 600
		LD28	1 700～2 000
克莱斯勒	A-415	1.6L	2 250～2 450
	A-413	2.2L	2 200～2 400
		2.2EFI	2 280～2 480
		2.2EFI增压	3 020～3 220
	A-470	2.6L	2 400～2 600
	AW-4		1 700～2 000
宝马	ZF 4HP 22/EH	325e、528	1 900～2 050
		524td	2 280～2 120
		EH系列	1 980～2 140

失速转速不正常的原因　　　　　　　　　　　　表6-18

换挡操纵手柄位置	失速转速	故障原因
所有位置	过高	主油路油压过低 前进挡和倒挡的换挡执行元件打滑 低挡及倒挡制动器打滑
	过低	发动机动力不足 液力变矩器导轮的单向超越离合器打滑
仅在D位	过高	前进挡油路油压过低 前进离合器打滑
仅在R位	过高	倒挡油路油压过低 倒挡及高挡离合器打滑

3) 时滞试验

在发动机怠速运转时将换挡操纵手柄从空挡(N)位置拨至前进挡(D)或倒挡(R)位置后,需要有一段短暂时间的迟滞或延时才能使自动变速器完成挡位的接合(此时汽车会产生一个轻微的振动),这一短暂的时间称为自动变速器换挡的迟滞时间。时滞试验就是测出自动变速器的迟滞时间,根据迟滞时间的长短来判断主油路油压及换挡执行元件的工作是否正常。迟滞时间的大小取决于自动变速器油路油压、油路密封情况以及离合器和制动器的磨损情况。时滞试验的步骤和试验方法如下:

(1) 让汽车行驶,使发动机和自动变速器达到正常工作温度。

(2) 将汽车停放在水平地面上,拉紧手制动。

(3) 检查发动机怠速。如不正常,应按标准予以调整。

(4) 将自动变速器换挡操纵手柄从空挡(N)位置拨至前进挡(D)位置,用秒表测量从拨动换挡操纵手柄开始到感觉到汽车振动为止所需的时间,称为N→D迟滞时间。

(5) 将换挡操纵手柄拨至空挡(N)位置,让发动机怠速运转1min之后,再重复做一次同样的试验。

(6) 做3次试验,取其平均值。

(7) 按照上述方法,将换挡操纵手柄由空挡(N)位置拨至倒挡(R)位置,以测量 N→R 迟滞时间。

大部分自动变速器 N→D 迟滞时间小于 1.0~1.2s,N→R 迟滞时间小于 1.2~1.5s。若N→D迟滞时间过长,则说明主油路油压过低、前进挡离合器摩擦片磨损过甚或前进挡单向超越离合器工作不良;若 N→R 迟滞时间过长,则说明倒挡主油路油压过低,倒挡离合器或倒挡制动器磨损过甚或工作不良。

4) 道路试验

道路试验用以检验各制动器、离合器是否打滑,并观察换挡情况。道路试验是诊断、分析电子控制自动变速器故障最有效的手段之一。此外,电子控制自动变速器在修复之后,也应进行道路试验,以检查其工作性能,检验自动变速器的维修质量。道路试验的内容主要有:检查换挡车速、换挡质量以及换挡执行元件有无打滑。在道路试验之前,应先让汽车以中低速行驶 5~10min,让发动机和自动变速器都达到正常工作温度。在道路试验中,如无特殊要求,通常应将超速挡开关置于"ON"位置(即超速挡指示灯"O/D OFF"熄灭),并将模式选择开关置于普通模式或经济模式位置。道路试验的方法如下。

(1) 升挡检查。将换挡操纵手柄拨至前进挡(D)位置,踩下加速踏板,使节气门保持在 1/2 开度位置,让汽车起步加速,检查自动变速器的升挡情况。自动变速器在升挡时发动机会有瞬时的转速下降,同时车身有轻微的冲动。在正常情况下,汽车起步后随着车速的升高,试车者应该能感觉到自动变速器能顺利地由"1"挡升入"2"挡,随后再由"2"挡升入"3"挡,最后升入超速挡。若自动变速器不能升入高挡("3"挡或超速挡),说明自动变速器电液控制系统或换挡执行元件有故障。

(2) 升挡车速的检查。将换挡操纵手柄拨至前进挡(D)位置,踩下加速踏板,并使节气门保持在某一固定开度,让汽车起步加速。当察觉到自动变速器升挡时,记下升挡车速。一般3挡自动变速器在节气门开度保持在1/2开度时,由"1"挡升至"2"挡的升挡车速为 25~35km/h,由"2"挡升至"3"挡的升挡车速为 55~70km/h,由"3"挡升至"4"挡(超速挡)的升挡车速为 90~120km/h。由于升挡车速和节气门开度有很大的关系,即节气门开度不同时,升挡车速也不同,而且不同车型自动变速器各挡位的传动比大小都不尽相同,其升挡车速也不完全一样,因此,只要升挡车速基本保持在上述范围内,而且汽车行驶中加速良好,无明显的换挡冲击,都可认为其升挡车速基本正常。若汽车行驶中加速无力,升挡车速明显低于上述范围,说明升挡车速过低(即过早升挡);若汽车行驶中有明显的换挡冲击,升挡车速明显高于上述范围,则说明升挡车速过高(即太迟升挡)。

大部分自动变速器维修手册通常只列出节气门全开或全关时的升挡(或降挡)车速。然而,在道路试验中,让汽车以节气门全开行驶往往因道路条件的限制而无法实施,而且以节气门全开行驶也容易加剧自动变速器内摩擦元件的磨损,一般不宜采用。因此表中的数据只能作为参考。应根据自动变速器的换挡图,从这种换挡图中可以得出不同节气门开度下自动变速器的升挡车速,以此作为判断换挡车速是否正确的标准。图 6-23 所示为丰田 A43D 和 A43DE 两种自动变速器的换挡图。图中实线为升挡曲线,虚线为降挡曲线。通常液力控制自动变速器的升挡车速和节气门开度的变化关系图呈曲线状(图6-23a),而电子控制自动变速器的升挡车速和节气门开度的变化曲线呈阶梯状折线(图6-23b)。

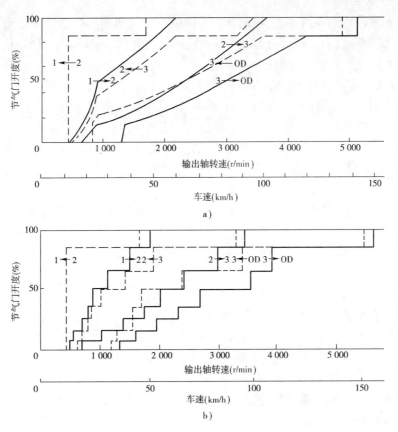

图 6-23 自动变速器的换挡图
a) 丰田 A43D 型液力自动变速器换挡图；b) A43DE 型电子控制自动变速器(经济模式)换挡图

由于降挡时刻在汽车行驶中不易察觉，因此在道路试验中一般无法检查自动变速器的降挡车速，只能通过检查升挡车速来判断自动变速器有无故障。如有必要，还可以检查在其他模式下或换挡操纵手柄位于前进低挡位置时的换挡车速，并与标准值进行比较，作为判断故障的参考依据。

升挡车速太低一般是控制系统的故障所致，升挡车速太高则除了可能是控制系统的故障外，也可能是换挡执行元件的故障所造成。

(3) 升挡时发动机转速的检查。有发动机转速表的汽车在做道路试验时，应注意观察汽车行驶中发动机转速的变化情况，它也是判断自动变速器工作是否正常的重要依据之一。在正常情况下，若自动变速器处于经济模式或普通模式，节气门保持在低于 1/2 开度范围内，则在汽车由起步加速直至升入高速挡的整个行驶过程中，发动机转速都将低于 3 000r/min。通常在加速至即将升挡时发动机转速可达到 2 500～3 000r/min，在刚刚升挡后的短时间内发动机转速将下降至 2 000r/min 左右。如果在整个行驶过程中发动机转速始终过低，加速至升挡时仍低于 2 000r/min，则说明升挡时间过早或发动机动力不足；如果在行驶过程中发动机转速始终偏高，升挡前后的转速在 2 500～3 000r/min 之间，而且换挡冲击明显，说明升挡时间过迟；如果在行驶过程中发动机转速过高，经常高于 3 000r/min，在加速时达到 4 000～5 000r/min，甚至更高，则说明自动变速器的换挡执行元件(离合器或制动器)打滑，应拆修自动变速器。

(4) 换挡质量的检查。换挡质量的检查内容主要是检查有无换挡冲击。正常的自动变速器只能有不太明显的换挡冲击,特别是电子控制自动变速器的换挡冲击应十分微弱。若换挡冲击太大,说明自动变速器的控制系统或换挡执行元件有故障,其原因可能是油路油压过高或换挡执行元件打滑,应作进一步检查。

(5) 锁止离合器工作状况的检查。自动变速器的液力变矩器中的锁止离合器工作是否正常也可以采用道路试验的方法检查。试验中,让汽车加速至超速挡,以高于80km/h的车速行驶,并让节气门保持低于1/2开度的位置,使液力变矩器进入锁止状态。此时,快速将加速踏板踩下至2/3开度,同时检查发动机转速的变化情况。若发动机转速没有太大的变化,说明锁止离合器处于接合状态;反之,若发动机转速升高很多,则表明锁止离合器没有接合,其原因通常是锁止控制系统有故障存在。

(6) 发动机制动作用的检查。检查自动变速器有无发动机制动作用时,应将换挡操纵手柄拨至前进低挡(S、L或2、1)位置,在汽车以2挡或1挡行驶时,突然松开加速踏板,检查是否有发动机制动作用。若松开加速踏板后车速即随之下降,则说明有发动机制动作用;否则,说明控制系统或前进挡离合器有故障。

(7) 强制降挡功能的检查。检查自动变速器的强制降挡功能时,应将换挡操纵手柄拨至前进挡(D)位置,保持节气门开度为1/3左右,在以2挡、3挡或超速挡行驶时突然将加速踏板完全踩到底,检查自动变速器是否被强制降低一个挡位。在强制降挡时,发动机转速会突然上升至4 000r/min左右,并随着加速升挡,转速逐渐下降。若踩下加速踏板后没有出现强制降挡,则说明强制降挡功能失效;若在强制降挡时发动机转速升高反常,达5 000～6 000r/min,并在升挡时出现换挡冲击,则说明换挡执行元件打滑,应拆修自动变速器。

5) 液力变矩器起动试验

液力变矩器起动试验,用来测试液力变矩器及其单向离合器的工作状况。在液力变矩器起动试验中,要同时使用驻车制动器(指手制动器,而不是自动变速器的停车挡P位)和脚制动器,还要用三角木块把前轮掩住(不允许任何人站在汽车的前方)。还应检查自动变速器油面高度,运转发动机使之达到规定的工作温度。起动工况试验在于确定自动变速器在"D"位,节气门全开时发动机的工作转速。这一试验检验了液力变矩器导轮的单向离合器工作情况,自动变速器离合器的工作性能以及液力变矩器与发动机的共同工作性能。

在进行液力变矩器试验时,发动机节气门全开的时间应不大于5s,发动机最大转速读出之后应立即放松加速踏板;如果要求再一次作液力变矩器起动工况试验,应在空挡将发动机在1 000r/min左右的转速下运转2s,使自动变速器冷却下来。如果发动机转速已超过最大限值,应立即将加速踏板松开,因为这表明自动变速器内的离合器已经打滑失效。

如果起动转速比规定的最大转速值高200r/min,则说明自动变速器中的离合器打滑。

发动机调整正常,而起动转速低,则说明液力变矩器导轮的单向离合器有问题。若起动转速比规定的最小值低250～350r/min,汽车在高速公路上工作正常,但是各挡加速性均不良,说明液力变矩器的单向离合器在打滑;若起动转速和加速性都是正常的,但必须反常地加大节气门开度才能维持在高速公路上行驶的速度,说明液力变矩器导轮单向离合器已卡死不能自由脱开。导轮的这些故障要求必须更换液力变矩器。

某些液力变矩器在起动工况中,发出一种嘶叫声或警笛般的尖叫声,这是其中液体急剧流动的缘故,是正常的。但是,若从液力变矩器总成内发出因部件松动或相互干涉而产生的强烈金属性噪声,可用千斤顶把驱动轮顶起来,把换挡操纵手柄放在前进挡(D)和空挡(N)位置,在节气门开度较小时运转,在自动变速器前端即液力变矩器下方仔细倾听以找出噪声源。

6.2.5 电子控制系统数据流的检测

电子控制自动变速器控制系统中的 ECU 是通过向各个电磁阀发出控制信号来完成换挡控制、锁止控制、油压控制等各种控制功能的。电子控制系统数据流的检测就是要检查 ECU 向各个电磁阀发出的控制信号是否正常。只要这些控制信号是正常的,说明电子控制系统中的 ECU、传感器及其控制电路的数据流是正常的。如果在对电子控制自动变速器进行性能检查,特别是在道路试验的过程中能同时对电子控制系统的数据流进行检测,就可以对电子控制自动变速器的工作性能以及故障发生的部位作出更加准确的判断。电子控制系统的数据流可以用汽车电子故障检测仪来检测,只要将汽车电子故障诊断仪和汽车上的故障检测插座连接,就可以通过观察检测仪显示屏上的数据,检测电子控制自动变速器的 ECU 发出的换挡控制、锁止控制、油压控制等各种控制信号是否正常。

在汽车行驶过程中检查 ECU 发出换挡控制信号的时刻,可以准确地判断 ECU 的换挡控制是否正常。若换挡控制不正常,发出升挡信号的时刻太早、太迟或没有发出升挡信号,则说明控制系统的 ECU、传感器或控制电路有故障;若换挡控制正常,但 ECU 发出换挡信号后自动变速器没有响应,则说明换挡电磁阀或控制电路有故障;若 ECU 发出升挡信号后自动变速器有响应,但出现打滑现象,则可以准确地判断出打滑的是哪一个挡位或哪一个换挡执行元件,从而有针对性地进行拆修。

在被检测车型电脑故障检测仪的情况下,则可以采用以下几种方法来检测电子控制系统的工作过程。

1. 用万用表(电压挡)通过故障检测插座进行数据检测

下面以丰田汽车电子控制自动变速器为例说明这种检测方法。在丰田汽车的故障检测插座内有一个 T_T 插孔,是专门用于检测电子控制自动变速器控制系统的。将万用表(直流电压挡)的正极测笔接故障检测插座的 T_T 插孔,负极测笔接 E_1 插孔(图6-24),就可以按以下方法对节气门位置传感器、制动灯开关和换挡控制信号进行检测。

1)节气门位置传感器信号的检测

(1)将点火开关置于 ON 位置,但不要起动发动机。

(2)缓慢踩下加速踏板,同时观察万用表指针的指示情况。

(3)若万用表指示的电压能随着加速踏板的逐渐踩下而呈阶跃性增大(图6-25),则说明节气门位置传感器工作正常。

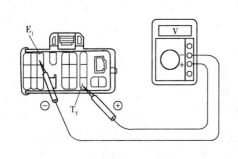

图6-24 通过故障检测插座对电子控制系统进行检测

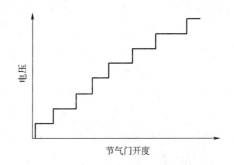

图6-25 电压与节气门开度的关系曲线图

2)制动灯开关的检测

(1)将点火开关置于 ON 位置,但不要起动发动机。

(2) 将加速踏板踩到底。

(3) 踩下或松开制动踏板,同时观察万用表指针的指示情况。

(4) 若踩下制动踏板时,万用表读数为0V;松开制动踏板时,电压表读数为8V,则说明制动灯开关工作正常。

3) 换挡控制信号的检测

(1) 起动发动机并运转至正常工作温度。

(2) 按下超速挡开关(置于"ON"位置)。

(3) 按下模式选择开关,使之位于普通模式或经济模式位置。

(4) 将换挡操纵手柄拨至前进挡(D)位置,踩下加速踏板,让汽车行驶并加速。

(5) 观察万用表指针指示情况。此时万用表指示的电压与ECU发出的换挡信号的关系见表6-19。由表6-19可知,随着挡位的升高,万用表指示的电压将作阶跃性增大。每次电压增大的时刻即为ECU发出升挡控制信号的时刻。

电压与换挡信号的关系　　　　　　表6-19

挡位信号	电压(V)	挡位信号	电压(V)
1挡	0	3挡、锁止离合器接合	5
2挡	2	4挡	6
2挡、锁止离合器接合	3	4挡、锁止离合器接合	7
3挡	4		

2. 电磁阀换挡信号的检测

ECU是通过几个电磁阀来控制自动变速器工作的,因此,只要检测ECU输送给各个电磁阀的控制信号,就可以检测到电子控制系统的工作状态。由于电磁阀的控制信号通常是12V的直流电压或脉冲电压,因此,检测电磁阀控制信号最简单的方法是采用自制的12V电压信号指示灯。

12V电压信号指示灯可以用普通的发光二极管自制,只要在发光二极管上串联一个1kΩ左右的电阻即可(图6-26)。由于不同型号的发光二极管的参数不同,在选择串联电阻时,可用12V电源直接配试。方法是:将接有串联电阻的发光二极管与12V电源连接,观察发光二极管的亮度。若亮度太大,应加大串联电阻的阻值;反之,亮度太小,可减小串联电阻的阻值。总之,要使发光二极管既有适当的亮度(以便于观察),又不至于因亮度太大而烧坏发光二极管。

图6-26　用发光二极管自制12V信号指示灯

采用这种方法检测电子控制系统的工作情况时,应先找出自动变速器各个电磁阀的控制线路。可以通过查阅被修车型的自动变速器维修手册来查找各个电磁阀的控制线路;也可以通过实际拆检、测量来找出各个电磁阀的控制线路。将自制的12V信号指示灯正极一端与电磁阀控制线路连接,负极一端接地,就可以通过观察发光二极管发亮情况来检测电磁阀的工作状态。若在自动变速器工作过程中,与某个电磁阀连接的12V信号指示灯发亮,说明该电磁阀正在工作。

为了便于观察,可以用不同颜色、不同形状的发光二极管制成几个信号指示灯,分别与自动变速器的几个12V电磁阀的控制线路连接。这样,通过观察几个信号指示灯的闪亮规律,即可全面、直观地检测出控制系统的工作状态(图 6-27)。

这种方法可以不受任何条件的限制,适于检测任何车型电子控制自动变速器的控制系统,特别适于检测控制系统的换挡信号。只要将测得的各个换挡电磁阀的工作状态与不同挡位下换挡电磁阀的工作规律进行比较,就可以知道控制系统向换挡电磁阀发出的控制信号是哪个挡位。

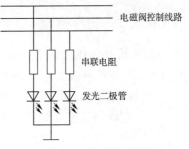

图 6-27 电磁阀控制信号的检测

6.3 电子控制防抱死制动和牵引力控制系统的检测与诊断

现代汽车电子控制制动防抱死系统(ABS)和电子控制牵引力控制(ASR,丰田汽车简称 TRC)系统,其检测与诊断方法相似。

6.3.1 ABS 和 ASR 系统检测与诊断的一般程序

ABS 和 ASR 系统检测与诊断的一般程序如图 6-28 所示。

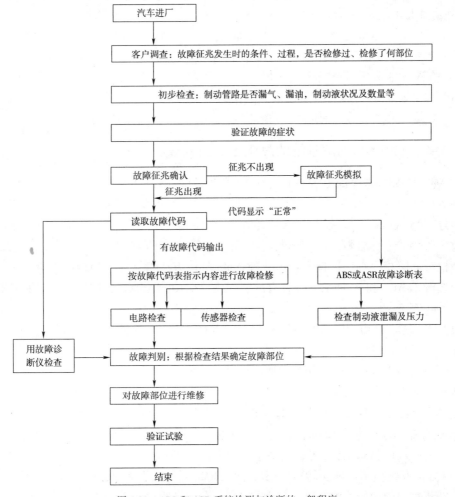

图 6-28 ABS 和 ASR 系统检测与诊断的一般程序

6.3.2 初步检查

初步检查是在 ABS 和 ASR 系统出现明显故障而不能正常工作时首先采取的检测与诊断方法,例如仪表板上的 ABS 故障指示灯亮着不熄,系统不能工作。初步检查方法如下。

(1) 检查手制动是否完全释放。

(2) 检查制动液液面是否在规定的范围之内。

(3) 检查 ABS ECU 导线插头、插座的连接是否良好,连接器及导线是否损坏。

(4) 检查下列导线连接器(插头和插座)以及导线的连接或接触是否良好:

①制动压力调节器上的电磁阀连接器;

②制动压力调节器上的主控制阀连接器;

③连接压力警告开关和压力控制开关的连接器;

④制动液液面指示开关连接器;

⑤轮速传感器的连接器;

⑥电动泵的连接器。

(5) 检查所有继电器、熔断器是否完好,插座是否牢固。

(6) 检查蓄电池容量和电压是否在规定的范围内,检查蓄电池正、负极导线的连接是否牢靠,连接处是否清洁。

(7) 检查 ABS ECU、制动压力调节器(即 ABS 执行器)等搭铁端的接触是否良好。

(8) 检查接触车轮胎面纹槽的深度是否符合规定,检查轮胎气压是否符合要求。

(9) 检查 ABS 各零部件有无明显损伤。

(10) 检查制动警告灯及故障指示灯工作是否正常。

如果用初步检查方法不能确定故障部位,就可以转入以后的检查步骤。

6.3.3 ABS 和 ASR 系统的故障自诊断检查

在 ABS 和 ASR 系统的电子控制电路中同样设有故障自诊断功能。当 ABS 或 ASR 系统中出现故障时,自诊断系统能对故障进行记忆,同时适时地切断 ABS,以保证制动的安全性,并且通过 ABS 或 ASR 故障指示灯通知驾驶员。故障自诊断系统在对故障进行记忆后,可以输出故障代码。进行故障检测与诊断时可以通过专用电子故障检测仪或将 ABS 或 ASR 系统故障检测插座相应端一短接来读取故障代码,具体方法参见各车型维修手册。

现代汽车 ABS 和 ASR 系统除具有故障代码读取检测功能外,还具有以下检测功能。

1. 初始检测功能

(1) ABS 初始检测功能(以丰田汽车 ABS 为例)。初始检测功能主要是检查执行器的工作噪声,其步骤如下:

①起动发动机,以超过 6km/h 的速度行驶。

②检查能否听到执行器的工作噪声。

应当注意的是一旦发动机开始起动且初始车速超过 6km/h,就开始进行初始检测。检测 ABS 执行器的 3 位电磁阀和泵电动机的功能。但是,如果踩下制动踏板,初始检测就无法进行。只有放松制动踏板,初始检测才开始进行。

(2) ASR 系统初始检测功能(以丰田汽车 TRC 系统为例)。

①副节气门的初始检测功能。正常状态下,发动机每次起动后处于怠速运转,不踩加速

踏板,车辆未行驶时,TRC ECU 会自动检测副节气门,即把副节气门进行一次全关至全开的运行操作,可感到副节气门步进电动机有轻微运转振动,并可多次重复检查,以证实此项功能。

②制动执行器电磁阀的初始检测功能。制动执行器安装于 ABS 执行器的后方,正常情况是每次起动发动机并怠速运转,自动变速器换挡操纵手柄拨入 P 位或 N 位,TRC ECU 会发出信号给制动执行器的 3 个切断电磁阀和 ABS 执行器的 4 个电磁阀(均通电一次),亦可用手感证实该功能。

2．传感器检测功能(以丰田汽车 ABS 为例)

(1)检测前的注意事项。在检查传感器检测功能时,ABS 不能运行,制动系统应处在常规制动状态。

(2)速度传感器的检测。速度传感器的检测步骤如下:

①检查蓄电池电压是否为 12V 左右。

②检查 ABS 故障指示灯是否闪亮

a.将点火开关转至"ON"位置。

b.检查仪表板上的 ABS 故障指示灯应持续亮 3s 后熄灭。如果不亮,则检查、维修或更换仪表板熔断器、ABS 故障指示灯灯泡或导线。

c.将点火开关转回"OFF"位置。

d.用诊断跨接线短接故障检测插座中的 T_c、E_1 和 T_s 插孔(图6-29)。

e.固定手制动拉杆,起动发动机(注意:不要踩下制动踏板)。检查 ABS 故障指示灯是否每秒闪烁 4 次。

③检查速度传感器的电信号。让汽车以 4~6km/h 的速度直线行驶,检查 ABS 故障指示灯是否熄灭 1s 后又变亮。如果车速不在以上指定的速度范围内,故障

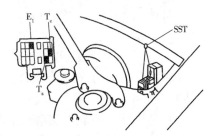

图6-29 故障检测插座的连接

指示灯变亮但不闪烁,则应停下汽车读取故障代码并维修出现故障的部件(具体方法见步骤⑥)。若车速在 4~6km/h 的范围内 ABS 故障指示灯变亮,则检测结束。当车速超过 6km/h 时,ABS 故障指示灯又开始闪烁,这说明速度传感器没有问题。当 ABS 故障指示灯熄灭时,不要让汽车受到任何冲击,诸如加速、减速、制动、换挡、转向或在坎坷不平的路面上行驶。

④检查低速时速度传感器信号的变化。同步骤③的方法检查在 45~55km/h 时速度传感器信号的变化情况。

⑤检查高速时速度传感器信号的变化。对于两轮驱动(2WD)的汽车,用步骤③的方法检查车速在 110~130km/h 时速度传感器信号的变化情况。对于四轮驱动(4WD)的汽车,用步骤③的方法检查车速在 80~90km/h 时速度传感器信号的变化情况。

⑥读取速度传感器故障代码。停下汽车,ABS 故障指示灯将开始闪烁,根据其闪烁的次数即可得到故障代码(其含义参见维修手册)。应当注意,故障自诊断系统开始工作后,踩下制动踏板的次数不要超过 16 次,否则储存在 ECU 中的故障代码就会被清除。

⑦使系统恢复正常状态。

a.将点火开关转至"OFF"位置。

b.从故障检测插座上的 T_c、E_1、T_s 插孔上取下诊断跨接线。

⑧消除故障记忆码。

6.3.4 ABS 故障征兆模拟测试方法

在 ABS 故障检测与诊断中,若是单纯的元件不良,可运用电路检测方式诊断。如果属于间歇性故障,或是相关的机械性问题,则需进行模拟测试以及动态测试。

1. 模拟测试方法

(1)将车辆顶起,使 4 个车轮均悬空。

(2)起动发动机。

(3)将换挡操纵手柄拨至前进挡(D)位置,观察仪表板上的 ABS 故障指示灯是否点亮。若 ABS 故障指示灯亮,表示后轮差速器的车速传感器不良。

(4)如果 ABS 故障指示灯不亮,则转动左前轮。此时 ABS 故障指示灯亮,表示左前轮车速传感器正常;反之,ABS 故障指示灯不亮,即是左前轮车速传感器不良。

(5)右前轮测试方法与左前轮相同。

该模拟测试,系根据 ABS ECU 逻辑电路的车速信号差以及警示电路特性,便于检测车速传感器的故障而设置的。

2. 动态测试方法

(1)汽车在道路上行驶至少 12km 以上。

(2)测试车辆转弯(左转或右转)时,ABS 故障指示灯是否会亮,若某一方向 ABS 故障指示灯亮,表示该方向的轮胎气压不足,也可能是轴承不良、转向拉杆球头磨损、减振器不良或车速传感器脉冲齿轮不良。

(3)将车辆驶回,在 ABS ECU 侧的"ABS 电源"和"电磁阀继电器"端子间接上测试线和电压表。

(4)再进行道路行驶,制动时注意观察"ABS 电源"端和搭铁间的电压,应在 11.7~13.5V 之间;而"电磁阀继电器"端子与搭铁间的电压,亦应在 10.8V 以上。前者是观察蓄电池电源供应情况,后者是观察电磁阀继电器的接点好坏。

6.3.5 ABS 和 ASR 系统故障诊断表

在进行 ABS 和 ASR 系统故障检测与诊断时,应根据 ABS 和 ASR 系统的工作特性分析故障现象和特征,在故障征兆确认后,根据维修资料的说明有目的地进行检测与诊断。

为便于检测与诊断时查找 ABS 和 ASR 系统的故障,必须首先了解 ABS 和 ASR 系统各主要部件在车上的安装位置。

1. ABS 的故障现象

由 ABS 的工作原理可知,在 ABS 工作过程中,会出现一些与传统经验相背离的情况,有些是 ABS 的正常反应,而不是故障现象,应加以区别,例如:

(1)发动机起动后,踩下制动踏板,制动踏板有可能弹起,这表示 ABS 已发挥作用;反之,发动机熄火,踩下制动踏板,踏板会轻微下沉现象,这表示 ABS 停止工作,这些都是正常现象。

(2)当踩下制动踏板后,同时转动转向盘,即可感到轻微的振动,这并非故障。因为在车辆转向行驶时,ABS 工作循环开始,会给车轮带来轻微的振动,继而传递到转向盘上形成振感。

(3)车辆行驶制动时,制动踏板不时地有轻微的下沉现象,这是因为道路表面附着系数变化而引起的正常现象,并非故障。

(4)高速行驶时,如果急转弯,或是在冰雪路面上行驶时,有时会出现 ABS 故障指示灯点亮的情况,这说明在上述工况中出现了车轮打滑现象,而 ABS 产生保护动作,这同样也不是故障现象。

(5)制动印痕断续不清晰。

ABS 可能出现的故障有:紧急制动时,车辆被抱死;在驾驶过程中,或者放开手制动器时,ABS 故障指示灯点亮;制动效果不佳,或 ABS 操作不正常等。

2. 利用 ABS 故障诊断表进行诊断

ABS 各类故障的检查内容、检查部位和检查方法如表 6-20 所列。另外,通过观察仪表板上 ABS 故障指示灯的闪烁规律,也可对 ABS 发生的故障进行粗略的诊断。表 6-21 所列是丰田车系的 ABS 故障指示灯诊断表。

ABS 常见故障诊断表　　　　　　表 6-20

故障类型	检查内容及顺序	故障位置及检查调整
紧急制动时,车轮被抱死	ABS 故障指示灯点亮	按故障代码处理
	拉起手制动杆,ABS 故障指示灯不亮	检查:(1)手制动开关;(2)制动开关;ABS 故障指示灯灯泡
	查看故障代码显示器,有代码显示	ECU 的 PL 端子和 ABS 故障指示灯之间断路
	打开点火开关,3s 后,检查电磁控制阀是否有响声(检查时不可踩下制动踏板)	检查 ECU 的 +B 端子和车身之间是否有电压,没有电压则为电路故障,否则查看 ECU 的 E_1 端子是否搭铁
	在正、负极之间电压低于 12V	蓄电池故障,更换或充电
	踩下制动踏板后,在 ECU 的 STR 和 E 端子之间没有 8~14V 电压	检查:(1)ABS 故障指示灯开关;(2)ABS 故障指示灯开关线路
	检查速度传感器和电磁控制阀	如有不正常搭铁,查清修理
	检查电磁控制阀是否正常	不正常,拆下修理
行驶过程或放开手制动时,ABS 故障指示灯亮	停车时 ABS 故障指示灯不亮	电磁阀故障,检修电磁阀
	检查制动液量	制动液不足时,重新加足
	检查停车灯	工作不正常时,检查线路,更换灯泡
	放开手制动器,踩下制动踏板,ABS 故障指示灯不灭	查看故障代码,如果没有则是 ECU 故障
	将 ECU 同系统断开,ABS 故障指示灯仍不熄灭	检查:(1)手制动器开关;(2)制动液量开关;(3)ABS 故障指示灯线路;(4)传感器是否失效
	在 ECU 的 B 和 E 端子之间的电压不足 10V	检查电路和蓄电池
	点火开关置于"ON"时,ABS 故障指示灯在 0.3s 内点亮	检查:(1)ABS 故障指示灯开关;(2)ABS 故障指示灯线路;(3)电磁控制阀
制动效果不佳,防抱死操作不正常	检查轮胎尺寸、胎压及磨损状况	不正常,则应修理或更换
	检查蓄电池的电压	电压如果不足 12V,则应充电
	检查制动管路	不正常时,修理或更换
	未踩下制动踏板时,检查 ECU 的 STR 端子和车身之间是否有电压	如果有电压,则查看 ABS 故障指示灯开关及其线路是否正常
	检查车速传感器和传动齿轮	不正常时,修理或更换
	检查车速传感器和制动轮毂的齿面	不正常时,修理或更换

丰田车系 ABS 故障指示灯故障诊断表　　　　表 6-21

故障现象	可能原因		故障代码
	故障部位	故障类型	
ABS 故障指示灯无故闪烁	ABS 故障指示灯和电路	短路	
	电磁阀继电器	断路或短路	11、12
	泵继电器	断路或短路	13、14
	三位电磁阀继电器	断路或短路	21、22、23、24
	速度传感器和传感器转子	工作不良	31、32、33、34、35、36、37
	蓄电池和电源电路	蓄电池故障,或电源电路断路或短路	41
	减速度传感器	工作不良	43、44
	泵电动机	工作不良	51
	ECU	工作不良	
ABS 故障指示灯在点火开关打开 3s 后还不亮	ABS 故障指示灯和电路	断路或短路	
	电磁阀继电器和 ECU	工作不良	
制动操作: ·制动器拉向一边 ·制动失效 ·在常规制动过程中 ABS 工作 ·在 ABS 工作时制动踏板抖振	速度传感器和传感器转子	安装错误	71、72、73、74
		脏	71、72、73、74
		传感器转子缺齿	75、76、77、78
	减速度传感器(4WD 型)	工作不良	
	ABS 执行器	工作不良	
	ECU	工作不良	
难以使 ABS 系统工作	制动灯开关	断路或短路	
	手制动开关	断路或短路	

3. 利用 ASR 系统故障诊断表诊断

当 ASR 系统出现故障时,发动机的输出转矩就会下降或汽车制动发生阻滞,但是由于 ASR 系统有失效保护功能,如果发现 ASR 系统不正常,ASR 系统 ECU 就会发出指令使 ASR 系统停止工作,而汽车仍像没有装备 ASR 系统时一样可以正常行驶,并通过 ASR 故障指示灯告知驾驶员该系统出现了故障。在实际检测与诊断中,可以通过观察 ASR 故障指示灯的闪烁规律,来对 ASR 系统的故障进行简易判断。表 6-22 所列为日本丰田车系的 ASR(丰田汽车简称为 TRC)故障诊断表。

丰田车系的 TRC 故障指示灯故障诊断表　　　　表 6-22

故障现象	可能原因	
	故障部位	故障类型
点火开关接通后 TRC 故障指示灯点亮不到 3s	TRC 故障指示灯或电路	断路或短路
TRC 关闭指示灯不停地亮	TRC 关闭开关及电路	断路或短路
点火开关接通后 TRC 关闭指示灯点亮不到 3s	TRC 关闭指示灯或电路	断路或短路
发动机空转,变速杆在"P"或"N"位置时,TRC 仍在工作	空挡起动开关或电路	断路或短路

6.4　电子控制安全气囊系统的检测与诊断

在检测电子控制安全气囊系统(SRS)时,如果不按正确顺序进行操作,可能会使 SRS 系统在检测过程中意外地张开而造成严重事故。另外,如果操作有误,就有可能在需要安全气囊保护时它却不起作用。因此,对 SRS 进行检测与诊断时,应遵照合理的程序。

6.4.1 电子控制安全气囊系统检测与诊断注意事项

（1）SRS 的故障征兆难以确诊，所以故障代码就成为检测与诊断最重要的信息来源。因此，在检测与诊断 SRS 故障时，脱开蓄电池之前，务必要先检查 SRS 系统的故障代码。

（2）SRS 检测与诊断工作务必在将点火开关转到"OFF"位置并从蓄电池负极（-）端子拆下搭铁线 20s 或更长一些时间之后才能开始。SRS 系统配有备用电源，以备在碰撞过程中由于冲击而使 SRS 失电，仍然能使安全气囊点爆（至少 150ms 内有效）。

（3）即使只发生轻微碰撞而安全气囊并未张开，在故障检测与诊断中，也应对前碰撞传感器和转向盘衬垫进行检查。

（4）在故障检测与诊断中，如有可能对碰撞传感器产生冲击，那么在检测与诊断之前应将碰撞传感器拆下。

（5）应使用高阻抗（≥10kΩ/V）的数字式万用表来诊断 SRS 电子控制系统的故障。

（6）SRS 检测与诊断工作完成之后，应进行安全气囊故障指示灯（SRS 故障指示灯）的检查。

6.4.2 电子控制安全气囊系统故障检测与诊断

电子控制安全气囊系统故障检测与诊断可按图 6-30 所示流程图进行（以丰田汽车 SRS 为例），可以采用自我诊断或电脑故障诊断方法进行。

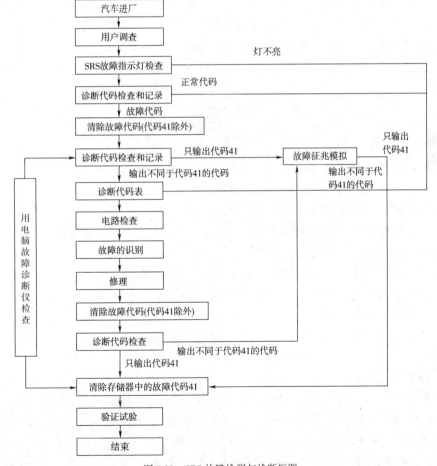

图 6-30　SRS 故障检测与诊断框图

(1) 安全气囊警告灯的检查。位于组合仪表上的警告灯,当中央安全气囊 ECU 检测到某一故障时,就会发出故障警告。在正常情况下,当点火开关转到 ACC 或 ON 位置时,警告灯会亮 6s,然后熄灭。

(2) 诊断代码的检查。将点火开关转到 ACC 或 ON 位置,等待 20s,然后将跨接线跨接在 TDCL 检测插头 T_c 和 E_1 两端之间,可由 SRS 警告灯闪烁次数来读取二位数显示故障码。

(3) 消除故障代码。用跨接线连接检测插头 TDCL 和 T_c 及 AB 端子,点火开关转到 ACC 或 ON 位置,等待 6s,由 T_c 开始,使 T_c 和 AB 分别交替搭铁两次,每次搭铁(1.0 ± 0.5)s,最后保持 T_c 搭铁,几秒钟后,SRS 警告灯以每秒 2 次的频率闪烁,所有故障码已清除。

6.5 汽车电子控制系统的检测诊断设备

6.5.1 汽车电控系统检测诊断设备的分类

汽车电控系统检测诊断设备按其测试方式可分为两大类,即通信式电脑测试(又称串行测试)和在线式电路测试(又称并行测试)。两类设备测试方式完全不同,不可相互替代,而且使用中可以相互交叉,互相弥补。以下就两类设备的原理特点以及部分典型产品做一简要介绍。

1. 通信式电脑测试设备

通信式电脑检测设备是通过车上控制电脑与测试设备电脑之间通信的方式进行汽车电控系统故障诊断的,通常这种方式使用电脑诊断仪通过车上的专用诊断接口与汽车控制电脑实现通信,用数字通信的方式进行故障诊断。此类设备又称为汽车电脑诊断仪(图6-31)。

图 6-31 电脑诊断仪

通信式电脑测试设备主要有以下几种功能:

① 汽车控制电脑诊断系统故障码的读取与清除;

② 汽车电脑控制输入输出信号参数及显示;

③ 汽车电脑控制传感器输入信号实验;

④ 汽车电脑控制执行器输出信号实验;

⑤ 汽车电脑控制系统参数的调整。

以上功能都是通过电脑的串行通信口以数字通信的方式来完成的,而且所有测试都需要在汽车控制电脑的专用程序支持下才能完成,它还可能通过传感器输入信号和执行器元件的指令进行故障诊断,这是通信方式测试设备的主要特征。

通信式电脑测试设备主要有四代产品。

1) 读码器(Code Reader)

这是早期的汽车控制电脑的检测设备,它只有读取和清除故障码的功能,它具有体积小巧、携带方便、操作简单、价格便宜等优点。这类设备当读出故障码后还需要从设备使用手册或维修手册中查出故障码含义进一步检修。此类设备通常制作成专用于某一厂车牌的产品,例如福特专用读码器、宝马专用读码器;也有组合几种系统的读码器,如 OB-15 读码器可用于奔驰、宝马、大众/奥迪、富豪等车型。随着第二代汽车诊断系统 OBD-Ⅱ 的出现,使诊断系统出现统一化的趋势,随之也就出现了 OBD-Ⅱ 的专用读码器。

读码器仅适用于汽车电控系统做初步检查时使用,可作为驾驶员的随车检测设备,它是汽车维修工或驾驶员对汽车电控系统故障检查的初级工具。

2)解码器

解码器通常是中国大陆汽车维修界对通信式测试设备的统称,这个名称没有对应的英文原词,只是中文的俗称。严格地说,解码器只是在读码器的功能上增加了显示故障码内容的测试设备,这样就无须再从使用手册或维修手册中去查找故障码内容了,比读码器使用更方便。这类产品的典型例子有深圳元征公司生产的电眼睛 LE-150,还有奔驰公司生产的 DTC readout。

3)扫描器(Scanner)

扫描器通常是在解码器的功能上增加了汽车电控系统数据扫描显示功能以及其他辅助功能。它最重要的特点在于不仅可以对汽车电控系统自诊断故障码进行读清操作,同时还可以通过数据扫描显示功能对整个汽车电控系统做更进一步的动态分析,它可以方便地反映出故障码所指示出的电路或元件的实际运行参数以便快速地分析诊断。

此类设备的典型产品有:美国 SNAP-ON 公司生产的 MT-2500 产品,俗称"红盒子",该产品已有中文支持且可以中英文并用;美国 OTC 公司生产的 OTC-4000E 产品,该产品目前只有英文产品,但国内有专门的翻译软件可以在微机的支持下同屏翻译成中文,以上两种产品比较适合美国及日本汽车和欧洲生产的美规车。北京金奔腾汽车科技有限公司生产的金奔腾-Ⅰ,深圳元征公司生产的 431ME、X-431,俗称"电眼睛",深圳三原公司生产的 HY-222,俗称"修车王",以上三种产品均为中文显示,其性能在欧洲车系及国内生产车型的测试上优于国外产品。尤其是金奔腾-Ⅰ,是在总结电喷车维修经验基础上,集国内解码器之精华而设计,是适合我国维修业实情的普及型产品,其测试范围广,诊断功能强,配备 5 块超大容量软件测试卡。德国 BOSCH 公司生产的 KTS-300,主要用于欧洲汽车电控系统的诊断。另外,台湾生产的 OB-91 扫描器适用于大众/奥迪、奔驰、宝马等车型。深圳威宁达公司生产的 PC98 是一套模块化扫描器,它可以装在个人微机中,利用专用接口、插槽及软件构成电脑式扫描器。

通常扫描器有部分传感器和执行器的测试功能,有些还有维修诊断功能,有些还兼备一本电子维修资料手册。扫描器比较适合承修厂牌及车种比较复杂的汽车修理厂家使用,它有组合功能强,适用车种宽的优点,但其软件卡需要视情况逐年更新。

4)专用电脑故障诊断仪

专用诊断仪是各汽车厂家生产的专用测试诊断设备,它除具有读码、解码、数据扫描等功能外,还具有传感器输入信号和执行器输出信号修正以及系统匹配和标定,防盗密码设定等专业功能。专业诊断仪是汽车生产厂家专门配备给其特约维修站的测试设备,它具有专业性强、测试功能完善等优点,是汽车专修厂的必备设备。其典型产品有:美国通用公司的 TECH-2,美国福特汽车公司的 NGS,美国克莱斯勒公司的 DRB-Ⅲ,日本丰田公司生产的 Intelligent,日本日产汽车公司的 Consult-Ⅱ,日本本田汽车公司的 PGM,日本三菱公司的 MUT-Ⅱ,韩国大宇公司的 Scanner,德国大众汽车公司的 VAG1551、1552,德国奔驰公司的 HHT,德国宝马汽车公司的 MODIC-Ⅲ 等。

此外,金奔腾公司生产的掌上型金奔腾-Ⅲ、金奔腾-Ⅱ 汽车电脑解码器系列产品,以不同厂牌为标志生产专用机型,从而逐步向各汽车生产厂家专用电脑故障诊断仪靠拢。

2. 在线式电路测试设备

在线式电路测试设备是通过汽车控制电脑电路的在线测量功能进行汽车电控系统故障分析的,通常这种方式使用综合分析仪通过对汽车控制电脑电路的在线数据采集进行故障分析。故此类设备又称汽车故障分析仪或发动机分析仪(图6-32)。

图6-32 汽车故障分析仪

在线式电路测试设备主要有以下几种功能:
①汽车控制电脑电路数值测量;
②汽车控制电脑电路波形分析;
③汽车电脑控制系统传感器模拟实验;
④汽车电脑控制系统执行器驱动实验;
⑤汽车发动机点火电路波形分析。

以上功能是通过汽车控制电脑输入输出电路接口以并行在线模拟量的测量及实验的方式来完成的,这种测试以监测汽车控制电脑电路信号的在线数值及波形来实现。它还可以通过传感器信号模拟和执行器驱动实验进行传感器和执行器元件及电路的故障分析。

在线式电路测试设备主要有以下几种产品。

1) 汽车万用表(Automobile Analyzing Meter)

汽车万用表是汽车电脑控制电路基本测试仪表,它具有体积小、操作简单、使用方便、价格便宜等优点,因此已经成为现代汽车修理人员随身必备的测试仪表。

汽车万用表的主要测试功能有:交直流电压、电流、电阻、发动机转速、点火闭合角、占空比(%)、频率、温度、喷油时间等,汽车万用表分为普通型和智能型,智能型汽车万用表是在普通型基础上增加了自动量程切换、最大最小平均值显示、峰值捕捉、相对值测量、条形图模拟指针显示、脉冲信号触发电平调整以及背光等功能使其测试功能更加完善。

汽车万用表的典型产品有:美国ACTRON生产的3001、3002、3000,台湾ESCORT生产的EDA230、EDA210B、EDA166。

2) 台式点火示波器(Ignition Scope)

点火示波器是以示波管为核心的测试仪器,专门用于汽车点火系统高低压波形分析,它是汽车发动机点火系统故障诊断的重要测试设备,它不仅能够准确描绘出发动机点火系统的工作状况,还可以通过点火波形进一步扩展分析发动机机械部分的工作状况,因此它是常规发动机检查的核心设备,点火示波器通常与数字分析仪(Digital Analyzer)组合成一台发动机综合性能分析仪,其中数字分析仪相当于台式汽车万用表,但往往增加有单缸断火功率试验功能,另外这种点火示波管还兼有喷油器波形和传感器波形试验功能,故亦可以作为普通示波器使用。

目前此类设备原典型产品有:美国ACTRON公司生产的900和日本Autocrafe公司生产的AP8410MK-2。这种以点火示波器和数字分析为核心的发动机综合分析仪是第一代发动机分析仪器。

3) 便携式智能汽车示波器

便携式智能汽车示波器是最近几年出现的小型多功能测试设备,智能汽车示波器本身装有微处理器,具有委旨处理功能,因此都采用菜单式操作,这使得初学者很容易掌握,同时采用屏幕显示使得体积大为缩小,重量也大大减轻,携带十分方便,为车间现场使用和野外修车提供极大的方便。通常该设备将汽车示波器(含点火示波器和数字存储示波器功能)及汽车万用表功能于一身,使用菜单操作方式并有自动调整功能,即使不会使用的人也可以轻松掌握,因此该设备目前是中、小型汽车修理企业中汽车修理技术人员的首选产品。

目前的典型产品有:美国 FLUKE 公司生产的 FLUKE98(该产品有中文菜单扶持),台湾 ES-CORT 公司生产的 ESCORT325 和 328 两种型号,金奔腾 Dieg Tech-I 型,元征 ADC2000,还有美国 ACTRON 公司生产的 TEK575U 等,以上产品都具有双通道示波器功能,而美国 OTC 公司生产的 3800 上具有四通道示波器功能。

4) 电脑式汽车分析仪

电脑式汽车分析仪是以个人微机为核心的汽车综合分析设备,它通过测试接口和测试程序软件实现在线式测试功能。可以完成点火示波器、汽车示波器的全部测试功能,同时还可以进行自动测试,对于装有汽车数据资料库的系统,还能够实现测试中资料数据库的在线支持和数据自动分析,再加上废气分析仪、真空波形分析等各种测试功能,形成非常完美的测试系统。在显示上采用微机数据处理和图形处理使得显示功能极为丰富,显示画面极为生动,加上测试数据自动统计处理功能使得分析过程简单迅速、准确无误,良好的人机界面和自动程序引导功能,也给操作者带来极大的方便。电脑式汽车分析仪是现代汽车维修企业的核心设备。

此类设备的典型产品有:德国 BOSCH 公司生产的 FSA560,MOT251,美国 SNAP-ON 公司生产的 MT3000A,深圳元征公司生产的 EA1000,美国 BEAR 公司生产的 PACE400。

5) 模块式发动机分析仪

模块式发动机分析仪是将电脑式发动机分析仪的测试接口模块与个人微机分离出来,单独将接口模块和软件作为独立的产品推出的测试设备,这种产品使用时必须配合个人微机才能构成完整的测试系统,它具有不受微机主机升级换代的影响,即可在台式微机上应用,也可以方便地与笔记本电脑构成便携式发动机分析仪。

此类设备典型产品有美国 BEAR 公司的发动机分析模块,美国 SNAP-ON 公司生产的发动机分析 ENGINE-TECH,德国 HERMANN 公司的 HM990 发动机分析模块等。

6) 自动在线分析仪(Multi-Tester)

自动在线分析仪可对汽车电脑电路进行并行自动测试,该机可通过汽车控制电脑转换插座(BOB)将汽车控制电脑接连线束并行引入分析仪中,分析仪在自身电脑程序引导下结合汽车控制电脑电路进行自动测试分析,它将测出的电路参数与分析仪预选存储的参数进行比较,当发现电路参数出现异常时,可自动显示故障及故障的电脑电路插脚号,并将出现故障时汽车控制电脑相关电路的当前参数值现场保存起来以便进行故障分析。因此是一台能够按照分析仪电脑程序进行自动测试的专用设备,它的接口和软卡是按照汽车控制电脑类型来划分的,在连接分析仪时,必须先拆下控制电脑的插座后才能连接上分析仪进行测试分析。

该设备典型的产品是瑞典 AOTO DIAGNOSIS 公司生产的 MULTI-TESTER。

7) 信号模拟器执行元件驱动器

传感器信号模拟器和执行器元件驱动器都是在线式并行对比实验设备,传感器信号模拟器可以产生汽车电脑控制系统各种传感器信号,使用时将模拟器的输出信号接头与汽车控制电脑的输入信号接头相连,以替代对比的方式向汽车控制电脑发出传感器的模拟信号(此时需将传感器断开),然后测试汽车控制电脑和响应信号参数以此分析整个电脑控制系统的工作情况。传感器信号模拟器主要可以提供可变电压、可变频率和可变电阻三种模拟信号从而替代汽车电控系统所有的传感器。这种设备有两种类型:一种是只有模拟信号输出的,另一种是既有模拟信号输出还能显示信号参数的。

其典型产品有美国 OTC 公司的 SST-III 和 SST-X,美国 ACTRON 公司的 2994,英国 GUNSON'S 公司的 4130 等。另外还有一种点火系统传感器的信号模拟器,它可以同步产生曲轴转角传感器和凸轮轴位置传感器两组信号,这样就可以在发动机停机的情况下使汽车发动机控制电脑工作,采用对比方式检查曲轴转角传感器和凸轮轴位置传感器的工作状况及电路状况,这类产品仅有美国 OTC 公司的 ISS。需要注意的是点火系统模拟器在使用时需要选择不同车型的相应软卡,然后将输出接头与发动机控制电脑电路相连进行对比测试。

执行软件驱动器是直接驱动执行器的专用设备,它可以直接对执行元件进行性能实验,检查执行元件的好坏,该设备主要有三种:喷油器驱动器、怠速电动机驱动器和点火线圈驱动器。

其典型的产品有美国 OTC 公司的 3320 和 7951 怠速马达驱动测试器和 3397 喷油器驱动测试器,还有美国 SNAP-ON 公司的 THX398、THX399 和 FID222 怠速马达驱动测试器,以及 THX128 点火线圈驱动测试器,美国 ACTRON 公司的 2531 喷油器驱动测试器,台湾 NEP 公司的 TG310 点火系统测试仪。

3. 综合测试诊断设备

随着汽车电控系统诊断设备的发展,结合上述诊断和分析(串行通信式、并行在线式)设备于一体的综合测试设备应运而生,它既能完成诊断仪串行通信测试内容也能完成分析仪并行在线式测试内容,集两种设备于一身,一机两用甚至一机多用,这就是汽车电控系统综合测试诊断设备。

其典型产品有:美国 SNAP-ON 公司生产的 PAC,通过更换插卡的方式可以具有电脑扫描器、点火分析仪、四通道示波器、汽车万用表、废气分析仪、信号模拟器等多种组合功能,美国 OTC 公司的 GENISYS 也可以通过更换插卡成为集电脑扫描器、发动机分析仪、废气分析仪、双通道示波器、汽车万用表于一体的综合测试诊断设备。

综上所述,汽车电控系统检测诊断设备的类型有两类,即通信式和并行在线式,而两类中又各有几代或几种改进产品,目前两类仪器的功能有逐步统一成综合检测诊断仪的趋势。

6.5.2 典型产品介绍

1. 金奔腾汽车电脑解码器系列(图 6-33)

1)简介

金奔腾-I 汽车电脑解码器(图 6-31a),集国内外解码器之精华,经过多年研制开发成功的汽车电控系统检测设备,是世纪之交汽车电子技术的结晶。

图 6-33 金奔腾汽车电脑解码器系列
a) 金奔腾-I; b) 金奔腾-III; c) 专用微型打印机

由于国外没有一种解码器能够对所有车型进行检测,检测设备技术上的局限性给国内汽车维修界的同仁们带来了诸多不便,而现在"金奔腾-I"汽车电脑解码器,集合了各类检测设备的优点。采用了各大汽车厂家汽车电脑自诊断协议和 OBD II 诊断标准。综合了闪光码、数据通信、OBD I、OBD II 等测试方法。首先能够全面检测国内外常见的各种电控轿车的电控系统,以及采用 OBD II 诊断协议的电控系统,并具备四大基本功能:读取故障码、清除故障码、动态数值分析、测试执行元件。同时对于个别车型可进行系统调整,匹配自适应,驻车防盗解锁,氧传感器监测等功能。同时具有打印功能,可通过随机打印机或个人计算机打印和保存测试结果,是检测维修电喷车的好帮手,是真正的综合型解码器。中、英、日等 5 种语言自由切换,满足不同国家地区的需要。优化的菜单操作界面使得操作简单方便,人人会用。强大的测试功能,满足了不同车型的诊断测试需要。完善的售后服务,高技术人员素质,随时满足升级换代的需要,是汽车医师的真正好朋友。

2)使用注意事项

(1)安全注意事项。

①在进行测试操作前,应先将汽车置于空挡(手动排挡)或驻车挡(自动排挡)位置,并拉紧驻车制动器,避免起动时发生碰撞事故。

②由于汽车的蓄电池电解液中含硫酸,在实测工作中要避免直接接触电解液,防止腐蚀皮肤及衣物,更不能让它溅入眼睛。

③动态测试时,应将车辆停放在通风良好的场所。因为发动机排出的废气中含有毒性化合物(如碳氢化合物、一氧化碳等),要避免大量吸入。

④发动机正常运转时,尽量勿动发动机元件,避免水箱及排气管高温烫伤,或冷却风扇划伤手指。

⑤测试操作中请不要吸烟,或带任何火源,避免引起火灾。

⑥进行验车工作时,应关闭点火开关并注意对线路及电子元件的保护。

(2)检测汽车电路元器件注意事项。

①利用解码器检测时,所有接线的工作都应在点火开关关闭的状态下进行,避免插接错误引起电路损坏。

②点火开关打开时,决不能任意插拔传感器或其他电子装置,因为断开电路时,由于线圈的自感作用,将会产生很高的瞬时高压,这种高压会造成传感器及电脑模块的损坏。

③在汽车上靠近电脑或传感器的地方进行修理作业时,应倍加注意,以免损坏电脑和传感器。

④不能将带有强磁的磁源放置在靠近车身电脑或传感器的位置,否则会严重影响电控

系统的工作状况。

⑤进行汽车电脑或对电脑控制的数字仪表维修、拆卸的过程中,应在手腕处用金属带与车身搭铁,避免身体与车体摩擦产生的高压静电,损坏电脑元器件。

⑥维修人员不应在没有提示的情况下随意用连线跨接电脑接脚,或用 LED 灯直接测试电脑控制系统电路。

⑦在测试程序中没有明确说明的情况下,不应用指针式或低阻抗万用表对电控系统电路进行测试,避免损坏电器元件。

⑧应在维修工作中注意被更换的电器型号,并需测量新元件的相应电阻值,确保维修准确无误并能保持电路正常。

⑨认真检查电控系统线路及接线头,保证无不良搭线或锈蚀的地方而导致元件工作不良。

⑩确保电脑接脚连线插接可靠,否则由于虚接会损坏电脑元件。

(3) 仪器使用操作注意事项。

①首先应注意仪器的保管,不要摔碰,避免潮湿,因本仪器是精密电子集成系统。

②在测试前按车型选择正确的测试接头及测试卡,并根据说明书中连线结构图,插好测试卡,将主机与接头用主线连接好,按说明书规定判断该车型需不需要接外接电源,因为盲目地接通主机外接电源容易烧损仪器。

③测试前应先关闭点火开关,然后将已连接好的仪器测试接头插入车身自诊断座,再打开点火开关进行测试。

④动态测试时,起动发动机后,主机显示屏出现闪烁现象是正常的。

⑤当在检测工作中,主机显示电脑诊断帧出现"错误"提示时,说明自诊断线路连接不良,汽车电脑不能与主机实现通信,需检查各连线接口连接是否良好。在特殊情况下要检查车身线路。

⑥使用仪器过程中,应保证测试卡插到位,不然容易出现花屏、乱码现象。

⑦使用仪器时,需保证外接电源线路连接良好,若主机不显示,请检查外接电源线、点烟器插头内的熔丝是否损坏。

⑧测试工作结束后,应先关闭点火开关,然后切断外接电源,再拔下测试接头,并从仪器上取下测试卡,将仪器分解装箱。

⑨人工故障测试时,应保证试配线(跨接线)与诊断座接触良好,避免中断测试信号。

⑩本仪器运输保存环境:

外界温度 $-40 +50℃$;

相对湿度 $<90\%$。

⑪本仪器适合在下列条件下操作:

电源 $12V(\pm 2V)$;

环境温度 $<40℃$;

相对湿度 $\leq 80\%$。

3) 仪器的组成及测试卡说明

(1) 仪器的组成(图 6-34)。

(2) 测试卡说明。测试卡包含了欧、亚、美各种车型的测试软件,用金奔腾-Ⅰ型解码器对汽车电控系统进行检测时应根据所测车型选择相应的测试卡(表 6-23)。

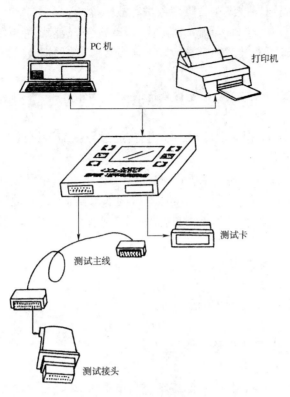

图 6-34 仪器的组成

测试卡及可测车系表 表 6-23

测试卡	可 测 车 系
美洲卡	GM(通用) FORD(福特) CHRYSLER(克莱斯勒) 北京切诺基系列
欧洲卡	BENZ(奔驰) BMW(宝马) AUDI(奥迪) VOLKSWAGON(大众) VOLVO(富豪) OPEL(欧宝) SAAB(绅宝) PEUGEOT(标志) 桑塔纳 2000 时代超人 捷达王 高尔夫 帕萨特 小红旗
亚洲卡	TOYOTA(丰田) HONDA(本田) NISSAN(尼桑) MAZDA(马自达) LEXUS(凌志) HUNDAI(现代) DAEWOO(大宇) 富康 夏利
OBD-Ⅱ卡	所有采用 OBD-Ⅱ 诊断模式的车型
资料卡	汽车英语字典

注意:测试时一定要保证测试卡插卡到位后再通电源,测试完成后一定要先断电源,然后再从主机上拔下测试卡。

4)汽车电控系统故障诊断流程

汽车电控系统出现故障或系统指示灯亮,如 CHECK ENGINE、ABS、SRS 故障指示灯长亮时,就必须读取汽车电脑控制系统记忆中的故障码,迅速判断电控系统故障。若判断某传感器工作是否正常,可通过读取该传感器动态数据,并与标准数据比较,以判断该传感器及其线路是否正常。若判断某执行元件工作是否正常,可通过执行元件测试使某个执行元件单独工作,以判断该执行元件工作是否正常。

(1)读取故障码。用金奔腾-I解码器读取故障码,若有故障码则记录下故障码内容,进入下一步;若无故障码则根据汽车故障现象进行故障诊断。

(2)清除故障码。用金奔腾-I解码器清除故障码,若故障码能够被清除则该故障码为非实发故障;若故障码不能被清除则该故障为实发故障,应根据故障码内容对汽车故障部位进行故障修理。

(3)若该故障码为实发故障,首先检查该故障码指示元件的线路或按着技术手册提示的方法进行检修。

(4)若线路正常,可根据该故障码指示内容,通过数据流测试或执行元件测试来判断传感器或执行元件工作是否正常。

(5)对某些特殊系统和特殊功能的检测,请详细参考说明书及技术说明。

(6)当修理完成后,使汽车运行一段时间再读取故障码,若有故障码则故障没有排除。若无故障码则故障已被排除故障指示灯应熄灭。若此时汽车仍然有故障,请根据汽车现象进行故障诊断测试分析。

5)金奔腾-I解码器操作说明

(1)基本操作流程。

金奔腾-I解码器的基本操作包括:

①选择测试卡;

②选择测试接头,找到汽车诊断座位置;

③使仪器正确连接,保证仪器良好通电;

④根据你需要的诊断结果,选择测试系统和相应测试功能;

⑤输出打印测试结果;

⑥根据实际需要随时设置语言,故障码存储形式及屏幕亮度调节。

(2)准备工作及注意事项。

①被测车辆蓄电池电压应在11~14V之间,并保证稳定供电,本仪器额定工作电压为12V。

②在检测工作进行前,应关闭汽车所有附属电器设备(如空调、音响、灯光等)。

③点火开关在汽车电脑诊断座与本仪器连接好之后,才能打开。此时汽车应处于节气门关闭状态,即怠速触点闭合。车辆水温与油温应达到正常工作温度。水温80~100℃;曲轴箱温度50~70℃。

④点烟器座应有12V供电电压。

⑤汽车诊断座与汽车主电脑连线应保证无断路。

(3)仪器的外部连接。

金奔腾-I主机:由显示屏,功能按键,上端一个9PIN PC打印通信接口,下端一个25PIN测试连接口及一插卡槽组成。

①选择相应测试卡,将商标向上插入仪器的测试卡槽,并确认卡插到位。

②汽车上自诊断座有一些是直接向仪器主机提供电源的,而有一些车型则需接外接电源,根据车型不同,应仔细阅读后面各种车型的详细说明。

③若仪器通电后,仪器自动进入测试状态,表示仪器连接正常。

④如需要接通外接电源时,应从驾驶室内点烟器取电或从蓄电池直接取电(一般诊断座在驾驶室内,从点烟器取电,而诊断座在发动机罩内时则从蓄电池取电)。

取电方法:

①将点烟器热电阻头从点烟器座中取下,把已连接好的主机外接电源线取电头插入孔中。

②将取电头连接仪器自带的双钳电源的红色鳄鱼夹接正极接线柱,黑色鳄鱼夹接负极接线柱。

(4)开机及亮度调节。

①开机:

a. 选择所测车型的测试卡,插卡时必须保证测试卡插到位。

b. 当测试主线的一端与主机相连,另一端与汽车上的诊断座相连接取电或通过双钳电源线取电,仪器通电后显示:

```
金奔腾汽车科技
奥迪/大众车系测试卡
V1.0 <1000>
制造日期:2000/01/15
```

c. 按[确认]键后仪器将自动进行初始化,调入测试程序,显示如下,表示仪器连接成功,即可进入下一步操作。

```
→1. 语言(LANGUAGE)
 2. 汽车诊断测试
 3. 重阅测试故障
 4. 历史测试记录
```

②显示屏亮度调节:在仪器正确连接通电后,显示:

```
金奔腾汽车科技
奥迪/大众车系测试卡
V1.0 <1000>
制造日期:2000/01/15
```

此时按[↑]或[↓]可调整显示屏亮度,以适用于不同的测试环境,使显示屏背光达到最佳显示效果。

(5)键盘控制说明(图6-35)。

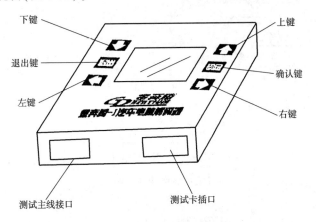

图6-35 金奔腾-I汽车电脑解码器键盘说明

功能键说明：

①〔↑〕和〔↓〕键：移动光标、选择同一类型参数中的某一项参数。选择菜单目录，或输入数字。

②〔确认〕键：当〔↑〕、〔↓〕键移动光标选定项目参数后，按〔确认〕键使语言命令得到认可，并进入下一级子菜单。

③〔退出〕键：返回上级菜单，退出正在执行的测试功能，切断与汽车电脑的通信。

④〔←〕和〔→〕键：翻阅故障码库，选择数位"测试执行元件"与"读取数据模块"两项检测功能自由切换。

(6) 功能流程图（图6-36）。

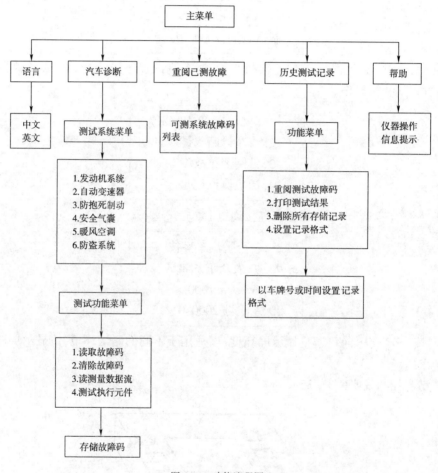

图6-36 功能流程图

①各级菜单仪器显示结果。

a. 主菜单：

b. 可测系统选择菜单：

```
→发动机系统 ……… ENG
 发动机 2   ……… ENG2
 变速器系统  ……… AT
 刹车系统   ……… ABS
```

c. 测试系统功能选择菜单：

```
1. 控制电脑型号
2. 读取故障码
3. 清除故障码
4. 测试执行元件
```

②主要功能及术语简介。

〔语言〕：通过此功能可选择测试语言。

〔汽车诊断测试〕：通过此功能可对汽车不同系统进行综合测试诊断故障，如读取故障码，消除故障码，读数据流及执行元件测试等，不同车系不同车型所具有的诊断功能不同。

〔重阅测试故障〕：在实测过程中，可随时查阅已测故障信息。

〔历史测试记录〕：此功能可进行随机打印及设置故障码的存储形式。

〔帮助〕：提示仪器的详细操作说明。

〔故障码〕：汽车运行过程中，当某些电控元件或电路出现故障时，汽车电脑将以数字形式将该故障存储在汽车电脑中以便修理时迅速调出故障码方便确定故障位置。

〔清除故障码〕：将故障码从汽车电脑中清除。

〔数据流〕：显示电控系统各元件运行参数，通过读取数据流，并与标准值比较以判断该元件是否正常。

〔执行元件〕：电控系统中电脑直接控制的电子元件，如喷油嘴、电磁阀，可通过解码器发出动作命令，让这些元件单独工作，以判断其工作是否正常。

(7) 如何选择测试卡及测试接头。

不同车系、不同车型的诊断座形式多种多样（表 6-24）。因此，测试前选择好测试接头和测试卡是非常重要的。

测试卡及标准接头相应关系表　　　　　表 6-24

车　系	诊断接头	汽车诊断座位置说明
GM（通用）	GM-12PIN 通用-12PIN （需外界电源）	驾驶员一侧仪表板下方
FORD（福特）	FORD-6+1PIN 福特-6+1PIN （需外界电源）	发动机室内左侧中部

续上表

车　系	诊断接头	汽车诊断座位置说明
CHRYSLER 克莱斯勒	CHRYSLER-6PIN 克莱斯勒-6PIN （需外界电源）	发动机室内左侧中部
AUDI （奥迪）	AUDI-2+2PIN 奥迪-2+2PIN （不需外界电源）	发动机室内左后侧熔断丝盒内
	AUDI-16PIN 奥迪-16PIN （不需外界电源）	驾驶室内驾驶员侧，仪表板下方
BENZ （奔驰）	BENZ-38PIN 奔驰-38PIN （不需外界电源）	发动机室内左侧后部
BMW （宝马）	BMW-20PIN 宝马-20PIN （不需外界电源）	发动机室内乘客侧后部
TAYOTA （丰田）	TOYOTA-17PIN 方形 （不需外界电源） 丰田-17PIN 方形 （需外界电源）	位于发动机室内
	TOYOTA-17PIN 圆形 丰田-17PIN 圆形	驾驶室内，仪表板左下侧
	OBD II-16PIN （不需外界电源）	仪表盘下熔丝盒内
HONDA （本田）	HONDA-3PIN 本田-3 （需外界电源）	驾驶室内乘客侧杂物箱下方
NISSAN （尼桑）	NISSAN-14PIN 尼桑-14PIN （需外界电源）	驾驶室内仪表板左下侧熔断丝盒内
MAZDA （马自达）	MAZDA-6+1PIN 马自达-6+1PIN （需外界电源）	驾驶室内仪表板左下侧熔断丝盒内
	MAZDA-17PIN 马自达-17PIN （需外界电源）	驾驶室内仪表板左下侧熔断丝盒内

续上表

车　系	诊断接头	汽车诊断座位置说明
MITSUBISHI （三菱）	MITSUBISHI-12PIN 三菱-12PIN （需外界电源）	驾驶室内仪表板左下侧熔断丝盒内
DAEWOO （大宇）	DAEWOO-2PIN 大宇-12PIN （需外界电源）	驾驶室内乘客侧杂物箱右下方
HUNDAI （现代）	HUNDAI-12PIN 现代-12PIN （需外界电源）	驾驶室内仪表板左下侧熔断丝盒内

①根据所测试车型的生产厂家选择测试卡，如测试"卡迪拉克"车型，该车属于美洲通用车系，就选"美洲"测试卡。

②根据所测车型的诊断座形式及接脚数目选择相应的测试接头，如奔驰600为38PIN圆形诊断座，因此选择"BENZ-38"接头。

2．大众/奥迪中文1552型解码器（图6-37）

本仪器为德国大众原厂技术，可针对39个电控系统全面测试，准确读取故障码、动态数据，进行怠速调整，节气门控制单元调整，混合气、怠速马达、点火正时基本调整，防盗系统综合诊断，使排除大众/奥迪车故障得心应手。

目前唯一可测帕萨特B5的专用仪器。

1）可测系统

(1) 发动机系统（ENG）；

(2) 发动机2（ENG2）；

(3) 变速器系统（AT）；

(4) 制动系统（ABS）；

(5) 空调/加热系统（AC）；

(6) 防盗系统（IMB）；

(7) 音响系统（SS）；

(8) 离合器控制（CCS）；

(9) 悬架系统（SSS）；

(10) 气囊系统（SRS）；

(11) 转向控制（SWC）；

(12) 转向盘助力（SAS）；

(13) 中央锁控制（CLS）；

(14) 减振系统（WOMP）；

(15) 仪表板系统（IP）；

(16) 辅助加热（AHS）；

(17) 距离控制（DC）；

(18) 网关数据总线（GDB）；

图6-37　大众/奥迪中文1552型解码器

(19)电动窗系统(ERF);
(20)左灯控制(LLC);
(21)导航系统(NS);
(22)内部检测(NS);
(23)中央模块(IMS);
(24)自动灯开关(ALS);
(25)电气驾驶(ED);
(26)电池控制(ECS);
(27)紧急呼叫模块(ECM);
(28)停车帮助(PAS);
(29)电控单元(ECU);
(30)四轮驱动(4WD);
(31)防滑控制(ASS);
(32)驾驶员座位调整(SAS);
(33)右灯控制(KLC);
(34)柴油泵系统(DPS);
(35)顶灯范围控制(HLC);
(36)无线电(RDI);
(37)轮胎压力监测(TPM);
(38)座位/后视镜;
(39)电池充电(BCS)。

2)测试功能
(1)读取电脑版本型号;
(2)读取故障码;
(3)清除故障码;
(4)测试执行元件;
(5)基本调整;
(6)读取数据块;
(7)单独通道数据;
(8)控制单元编码;
(9)自适应匹配;
(10)登录;
(11)设置服务站代码。

3. 元征汽车检测仪器系列

1)元征431ME电眼睛(图6-38)

图6-38 元征431ME电眼睛

元征431ME电眼睛是元征公司自主开发的第四代通用型汽车电控故障检测仪,实现了亚、欧、美三大车系检测技术的融合,可检测2000多种车型故障,能配备随机传感器模拟/测试仪附件,随机微型打印机附件和PC联机打印附件,其各项性能指标已达到国际先进水平,并创下在同类产品中产销量全国第一的业绩。元征431ME改进后,称为X-431型。

功能特点：

(1) 配备 11 块测试卡,增加奔驰、宝马、福特、三菱及国产电控车系(北京吉普、富康、夏利、金杯、悦达、电控微型车)等全车系数据流测试,测试车型更齐全。

(2) 配备全新的 26 根专用测试接头/线。

(3) 采用不带尾线的测试接头,操作更方便。

(4) 采用国际最新四层主机板。

(5) 增加随机传感器模拟/测试功能。

(6) 增加随机微型打印机及 PC 联机打印功能,可进行数据流打印。

2) 元征 EA-1000 型发动机综合分析仪(图 6-39)

元征 EA-1000 型发动机综合分析仪由信号提取系统、前端处理器、高速信号采集处理、热键、故障码诊断系统、排放测试系统、LAUNCH 信息网络系统、打印机、显示器与机柜等十大部分组成。

功能特点：

(1) 汽油机初、次级点火波形测试功能；

(2) 进气歧管真空度波形测试功能；

(3) 各缸工作均匀性测试功能；

(4) 电喷发动机传感器测定；

(5) 柴油机供油压力波形测定；

(6) 各缸压缩力压力判断；

(7) 万用表功能；

(8) 示波器功能；

(9) 废气分析功能；

(10) 无外载测功功能；

(11) 故障分析；

(12) 故障码诊断系统；

(13) LAUNCH 元征汽车信息网络服务。

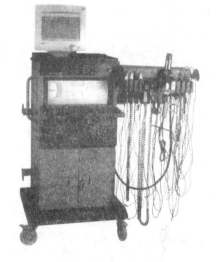

图 6-39　元征 EA-1000 型发动机综合分析仪

3) 元征 ADC2000 汽车诊断电脑(图 6-40)

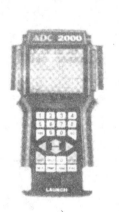

a)　　　　　　　　b)

图 6-40　元征 ADC2000 汽车诊断电脑

元征 ADC2000 汽车诊断电脑包含手持式发动机分析仪的所有功能,集诊断、点火波形、示波器、万用表于一体。同时具备汽车电控系统检测功能。ADC2000 代表了当今世界汽车检测设备最高水平。

功能特点:

(1)电控系统故障检测功能;

(2)四通道高速示波器功能;

(3)分析初级、次级点火波形功能;

(4)万用表功能;

(5)可与 PC 电脑进行联机功能;

(6)可用一般打印机直接打印功能。

4)元征迷你型电眼睛(图 6-41)

迷你型电眼睛是专门针对单一车系设计的微型专用故障检测仪。它造型小巧玲珑、功能完善、操作简单、质优价廉,是汽修厂和车主的理想检测工具。目前已推出了 NDS2000N 尼桑车系、ADS1553B 大众车系迷你电眼睛。产品投放市场以来,深受广大用户欢迎。

功能特点:

(1)测试故障码;

(2)重阅已测故障码;

(3)清除故障码;

(4)读取动态数据流;

(5)动作元件测试;

(6)显示控制电脑版本。

可测系统:

(1)发动机;

(2)自动变速器;

(3)防抱死制动系统;

(4)安全气囊;

(5)中央管理系统。

图 6-41 元征迷你型电眼睛

1. 简述汽车故障自诊断系统的形式和操作方法。

2. 绘出电控发动机"不能起动"和"动力不足"的诊断流程框图。

3. 自动变速器的性能检测包括哪些就车试验?

4. "ABS""ASR"和"ESP"系统之间存在什么联系?如何进行故障诊断?

5. 目前有哪些电脑故障诊断仪?它们各自有什么特点?

参考文献

[1] 李照美.汽车检测与诊断技术[M].北京:中国农业出版社,1996.
[2] 高国恒.汽车检测诊断方法[M].北京:人民交通出版社,1998.
[3] 李品华.现代汽车故障诊断技术[M].上海:上海交通大学出版社,1997.
[4] 何渝生,等.汽车电子技术及控制系统[M].北京:国防工业出版社,1997.
[5] 孙铮,等.新型进口汽车微机控制系统及网络使用维修300[M].福州:福建科学技术出版社,1999.
[6] 交通部公路司.汽车维修质量检验员岗位培训教材[M].北京:科学技术文献出版社,1999.
[7] 刘仲国.丰田凌志轿车故障诊断与维修手册[M].北京:机械工业出版社,2003.
[8] 刘仲国.现代汽车检测与诊断[M].北京:机械工业出版社,2001.
[9] 刘仲国,等.全国汽车维修工等级考试配套教材[M].北京:机械工业出版社,2009.
[10] 张建俊.汽车检测设备应用技术[M].北京:机械工业出版社,2002.
[11] 肖云魁.汽车故障诊断学[M].北京:北京理工大学出版社,2001.
[12] 北京金奔腾汽车科技有限公司.汽车维修技术手册,2000.
[13] ACCORD 维修手册.本田技研工业株式会社,1997.
[14] TOYOTA Service Techniques. TOYOTA Motor Corporation,1997.
[15] VOLVO Service and Repair. VOLVO Car Corporation,1994.
[16] Electrical Service & Repair,Mitchell Com,1994.
[17] G. F. Wetzel. Automotive Diagnosis and Tune-up. Mcknight Publishing Company,1974.
[18] 刘仲国.二手车交易与评估[M].北京:机械工业出版社,2013.
[19] 何勇灵.BOSCH 柴油机管理系统:系统/组成和新实践经验[M].北京:北京理工大学出版社,2010.